本书系国家社科基金重大项目
"法治国家、法治政府、法治社会一体建设进路研究"（21ZDA126）的阶段性成果之一

法治一体建设典型实例评析

Analysis of Typical Examples of Integrated Construction of the Rule of Law

章志远 /主编

北京大学出版社
PEKING UNIVERSITY PRESS

图书在版编目(CIP)数据

法治一体建设典型实例评析/章志远主编. --北京:北京大学出版社,2024.7.
-- ISBN 978-7-301-35205-2

Ⅰ.D920.0

中国国家版本馆 CIP 数据核字第 2024Q7N877 号

书　　　名	法治一体建设典型实例评析
	FAZHI YITI JIANSHE DIANXING SHILI PINGXI
著作责任者	章志远　主编
责任编辑	徐　音
标准书号	ISBN 978-7-301-35205-2
出版发行	北京大学出版社
地　　　址	北京市海淀区成府路 205 号　100871
网　　　址	http://www.pup.cn　新浪微博:@北京大学出版社
电子邮箱	zpup@pup.cn
电　　　话	邮购部 010-62752015　发行部 010-62750672　编辑部 021-62071998
印 刷 者	北京溢漾印刷有限公司
经 销 者	新华书店
	730 毫米×980 毫米　16 开本　14.25 印张　212 千字
	2024 年 7 月第 1 版　2024 年 7 月第 1 次印刷
定　　　价	65.00 元

未经许可,不得以任何方式复制或抄袭本书之部分或全部内容。
版权所有,侵权必究
举报电话:010-62752024　电子邮箱:fd@pup.cn
图书如有印装质量问题,请与出版部联系,电话:010-62756370

前　言

本书是我主持的旨在研究阐释党的十九届五中全会精神的国家社科基金重大项目"法治国家、法治政府、法治社会一体建设进路研究"（21ZDA126）的阶段性成果之一，代表了课题组成员对全国各地法治一体建设典型实践探索样本的深度观察和理论思考。这些来自实践的制度创新，涵盖了行政审批制度改革、社会信用体系建设、营商环境优化、基层协商民主治理、普法责任制、行政应诉、滥诉治理、行政争议协调化解等诸多领域，是一幅生动的法治一体建设实践画卷。在研究过程中，我们坚持回顾历史、观照现实与展望未来相结合的原则，力图在制度的生长轨迹、功能阐释和发展完善中更好助力法治一体建设行稳致远。

本书是集体智慧的结晶，记载了课题组成员一段时间的辛勤付出。作为项目首席专家，我亲自挑选典型样本并写出范例供课题组成员参考。在各个典型样本的写作过程中，我与撰稿人面对面交流讨论，确保文字表达的精准性和学术观点的科学性。按照章节先后为序，本书撰稿人依次为马迅（华东政法大学纪检监察学院讲师、法学博士，第一章）、李明超（深圳大学法学院副教授、法学博士，第二章）、赖楚琳（华东政法大学行政法专业硕士生，第三章）、马琳昆（常州大学史良法学院讲师、法学博士,第四章)、关博豪(华东政法大学副教授、法学博士后,第五章)、尚千惠(南京审计大学法学院讲师、法学博士,第六章)、章志远(华东政法大学教授、博士生导师,第七章)、黄晨阳(华东政法大学行政法专业博士生,第八章)、陈思琳(清华大学行政法专业博士生,第九章)、陈佳文(上海交通大学行政法专业博士生,第十章)。在校稿及联络方面,课题组成员、华东政法大学黄娟副教授协助我做了一些具体工作。借此机会,我向所有参加者表示衷心的感谢。

本书的立项研究和顺利出版,离不开全国哲学社会科学规划办公室的鼎力支持,离不开五位子课题负责人胡玉鸿教授、黄学贤教授、杨代雄教授、陈林林教授、骆梅英教授的大力帮助,离不开华东政法大学科研处和北京大学出版社的全力支持,一并致以诚挚的谢意。

在本书的研究和写作过程中,我们参考了大量学术资料。限于时间和能力,书中还难免存在错漏之处,尚请学界同仁和读者诸君批评指正。

章志远

2024年初于沪上

目录 Contents

第一章 "谁执法谁普法"普法责任制   1
  一、"谁执法谁普法"责任制的生长轨迹   2
  二、"谁执法谁普法"责任制的功能阐释   8
  三、"谁执法谁普法"责任制的发展进路   15

第二章 行政审批改革中的"最多跑一次"探索   25
  一、"最多跑一次"改革的生长轨迹   26
  二、"最多跑一次"改革的功能阐释   31
  三、"最多跑一次"改革的发展进路   41

第三章 行政审批改革中的"告知承诺制"探索   50
  一、告知承诺制的生长轨迹   51
  二、告知承诺制的功能阐释   57
  三、告知承诺制的发展进路   68

第四章 社会信用制度的实践探索   75
  一、社会信用制度的生长轨迹   76
  二、社会信用制度的功能阐释   82
  三、社会信用制度的发展进路   88

第五章　法治营商环境的优化探索　　97
一、法治化营商环境的生长轨迹　　97
二、法治营商环境优化的功能阐释　　110
三、法治营商环境优化的发展进路　　115

第六章　协商民主基础实践的温岭样本　　123
一、民主恳谈制度的生长轨迹　　124
二、民主恳谈制度的功能阐释　　129
三、民主恳谈制度的发展进路　　136

第七章　行政机关负责人出庭应诉的实践探索　　147
一、行政机关负责人出庭应诉制度的生长轨迹　　148
二、行政机关负责人出庭应诉制度的功能阐释　　154
三、行政机关负责人出庭应诉制度的发展进路　　162

第八章　政府信息公开诉讼中的滥诉治理　　166
一、政府信息公开滥诉治理的生长轨迹　　167
二、政府信息公开滥诉治理的功能阐释　　173
三、政府信息公开滥诉治理的发展进路　　179

第九章　冒名婚姻登记纠纷的治理模式　　186
一、冒名婚姻登记纠纷解决的现实样态　　187
二、冒名婚姻登记纠纷治理的功能阐释　　191
三、冒名婚姻登记纠纷治理的发展进路　　198

第十章　行政争议调解中心的浙江探索　　207
一、行政争议调解中心的生长轨迹　　208
二、行政争议调解中心的功能阐释　　211
三、行政争议调解中心的发展进路　　217

第一章

"谁执法谁普法"普法责任制

从1986年第一个普法五年规划实施至今,我国已顺利完成七个五年普法规划,并于2021年拉开"八五"普法大幕,开启了全面建设社会主义现代化国家新征程上的普法工作新篇章。在党的十八届四中全会决定中,首次将"实行国家机关'谁执法谁普法'普法责任制"(以下简称"谁执法谁普法"责任制)确立为一项重大改革任务,2016年发布的"七五"普法规划对此项改革予以确认。2017年中办、国办联合印发《关于实行国家机关"谁执法谁普法"普法责任制的意见》(中办发〔2017〕3号,以下简称《意见》),国家机关如何具体履行普法职责变得有据可循。如果将普法工作嵌入全面推进依法治国的战略全局进行观察,不难发现"谁执法谁普法"责任制的时代演进与法治国家、法治政府、法治社会一体建设(以下简称"法治一体建设")的嬗变历程高度同构。"全面依法治国是一个系统工程,必须统筹兼顾、把握重点、整体谋划,更加注重系统性、整体性、协同性。"[1]本章立足"法治一体建设"的视角,全面揭示"谁执法谁普法"责任制不同发展阶段的法理特质,进一步明确"八五"普法实施的着力重点,充分发挥普法所蕴含的法治沟通价值。

---

[1] 习近平:《论坚持全面依法治国》,中央文献出版社2020年版,第229页。

一、"谁执法谁普法"责任制的生长轨迹

进入"七五"普法周期,中国特色社会主义进入新时代,普法模式也相应地由"法制宣传教育"迈入"法治宣传教育"新阶段。新时代的普法工作"肩负的任务不仅包含了宣传基础法律常识,还包括促进公民积极运用法律手段维护自身权益、监督和制约权力滥用"[①]。党的十八届四中全会决定首次将"实行国家机关'谁执法谁普法'的普法责任制"确立为一项重大改革任务,2016年发布的"七五"普法规划对此项改革予以确认,从而打破了以往由主管部门单核驱动的普法惯例,普法理念和普法制度迎来了一次重大革新。

(一)"谁执法谁普法"责任制的生成动因

"七五"普法前的普法工作主要由以党委宣传部门和司法行政部门为主的普法主管机关推动实施,单核驱动型普法模式带有明显的国家中心主义的管理论色彩,希冀通过法律知识的灌输,督促民众学法、知法,自觉遵守法律,使逐渐完善的社会主义法律体系得以有效运行。必须承认,前三十年的普法运动有助于快速提升公民的法律素质,对于法治社会的生长具有启蒙意义,但总体上是服务于法制国家面向的,存在一定的制度局限性。

第一,普法力量和普法资源相对短缺。普法办既是普法组织者又是普法实施者,普法任务繁重,且大多数工作人员并非专职负责普法工作,在普法之余还要兼顾法律援助、司法鉴定、公证、仲裁、社区矫正、帮教安

---

① 莫桑梓:《普法教育绩效测评指标体系的构建》,载《法制与社会发展》2018年第6期。

置以及基层法律服务等工作,难以保证普法工作的系统性和持续性。再者,在社会主义市场经济的导向下,普法对经济社会发展的贡献值难以衡量,在行政资源分配中也往往处于劣势,尤其在基层,普法经费和预算吃紧现象十分常见。

第二,普法的形式意义大于学以致用的实效考量。普法主体既当"运动员"又当"裁判员",导致普法工作做多做少、做好做坏全由系统内评价,容易滋生普法形式主义问题,为了政绩添油加醋、自卖自夸,加剧了社会公众对普法的疏离感和不信任感。[1] 普法效果经常以发了多少材料、开了几场讲座、办了几次活动来标榜,殊不知在农村这样的基层社会,相比法律读本和宣传海报,一线执法人员的以案释法或者派出法庭的庭审现场等法律互动才是最有效也最容易被村民接受的普法方式。"送法下乡的队伍浩浩荡荡,依法上访的队伍也浩浩荡荡"[2]集中暴露了初期普法的问题。

第三,普法时间和节点的选择趋于被动。在普法时间的选择上,普法主体习惯于在消费者权益保护日、国家宪法日等节日到来之时花大力气集中普法。在普法资源有限的情况下此种选择并无不妥,但普法的理想状态是让学法守法逐渐内化为一种公民生活方式,因此普法常态化机制建设应当提上日程。在普法节点上,采用"事后普法"的情况居多,即在违法和犯罪行为发生后,以相关案例作为警示性素材向社会大众普及法律规定和守法的重要性。[3]

第四,普法内容和方式难以满足差异化需求。传统的普法体制集中

---

[1] 参见李铖:《自上而下与自下而上——关于普法模式的宏观思考》,载《中国司法》2010年第8期。

[2] 许章润编:《普法运动》,清华大学出版社2011年版,第12页。

[3] 参见付子堂、肖武:《普法的逻辑展开——基于30年普法活动的反思与展望》,载《社会科学战线》2017年第6期。

表现为行政主导和自上而下。① 在普法资源十分有限的情况下,普法主体多采取单方灌输的形式,难以收集、整理和研判普法对象的普法需求。即便随着时代发展普法内容不断丰富,普法方式不断推陈出新,也无法从根本上改变"单一普法主体"和"单向信息传输"的普法格局。基于新时代全面推进依法治国的新形势,不同地区、不同行业、不同群体以及公民个体之间的法治需求越发多样,单核驱动下的单向型普法也越来越难以满足不同普法对象的差异化需求,普法供给与普法需求间的矛盾被放大。

(二)"谁执法谁普法"责任制的基本要义

为将国家机关的普法职责细化、实化,2017年中办、国办联合印发《意见》,国家机关如何具体履行普法职责变得有据可循。

第一,明确普法是各级各类国家机关的重要工作职责。在十八届四中全会正式提出"谁执法谁普法"责任制之前,作为国家法律的制定和执行主体,各级各类国家机关主要专注于本系统内的业务工作,除党委宣传部门和司法行政部门外,其他国家机关在普法工作中的主体意识和存在感并不强。"谁执法谁普法"责任制将普法提升到与其他业务工作同等重要的地位,确保"同部署、同检查、同落实"。在工作举措上,结合本部门法定职能和工作实际,制定个性化普法规划、年度计划和责任清单;在责任落实上,明确领导机构和责任人的同时,强调执法单位的全员责任,充分调动每一位国家机关工作人员参与普法的积极性。

第二,利用法律文本起草制定过程向社会普法。受制于立法工作的

---

① 参见凌斌:《普法、法盲与法治》,载《法制与社会发展》2004年第2期。

专业性,社会公众历来对立法活动的参与度较低,①而因管辖的独立性和个案的复杂性,司法裁判的专业化程度有过之而无不及,导致司法解释的起草和制定活动更为封闭。②"谁执法谁普法"责任制不仅将执法过程变为普法过程,而且把普法植入立法领域,使社会公众有机会接触法律法规规章和司法解释产生的"源头活水"。③

第三,建立法律工作者以案释法制度。在鲜活的实际案件中释法说理,是普法效果最好也是人民群众最为喜闻乐见的形式。对此,《意见》专门规定了以案释法制度,分别针对法官、检察官、行政执法人员和律师等不同法律工作者群体提出了各自的工作要求。④对于法官、检察官而言,其办案能力和办案水平最直接的体现就是司法文书,判决书、裁定书、抗诉书和决定书等法律文书是否能够围绕争议焦点充分说理,很大限度上决定着司法文书的质量和公信力,近年来司法裁判文书上网等法治实践的迅猛发展也倒逼司法文书说理工作不断完善。⑤相比司法文书说理的静态属性,公开开庭、庭审现场直播以及巡回法庭过程中的释法活动更具动态性特征,也更为生动直观,与司法文书的静态说理遥相呼应。不同于司法救济的终局性,行政执法的适用面更宽、适用率更高,与

---

① 参见张帆:《多元化、分歧与公众参与立法的难题》,载《法律科学》2013年第4期。
② 参见沈岿:《司法解释的"民主化"和最高法院的政治功能》,载《中国社会科学》2008年第1期。
③ 在法律文本起草制定的不同阶段,《意见》提出了不同的普法要求:社会关注度高、涉及公众切身利益的重大事项,要广泛听取公众意见;草案原则上要公开征求意见;征求意见情况要及时通报;法律文本出台后也要以公布或陈列等适当方式方便公众理解掌握。
④ 为保障以案释法工作的常态化和有序化运转,《意见》要求审判机关、检察机关、行政执法机关、司法行政机关加强典型案例的收集、整理、研究和发布工作,建立以案释法资源库,充分发挥典型案例的引导、规范、预防与教育功能。
⑤ 参见孙万怀:《公开固然重要,说理更显公正——"公开三大平台"中刑事裁判文书公开之局限》,载《现代法学》2014年第2期。

社会公众的交集也更多。① 因此,作为普法责任主体的各级各类行政执法机关,要充分重视和发挥行政告知、说明理由、行政听证和信息公开等法律制度的功效,尤其是行政执法公开不局限于法律依据和救济途径,还要探索完善行政执法决定的公开机制,②拓展以案释法的广度和深度。对于律师而言,在履行刑事辩护、诉讼代理、法律咨询、代拟文书、担任顾问和矛盾调处等执业活动的过程中,负有就法律问题答疑解惑的职责。尤其是在涉法涉诉信访案件中,鉴于严格诉访分离和畅通利益表达是信访救济的关键,③律师要善于引导当事人理性表达诉求、维护自身权益,在"释法"的同时也要做好"析理"工作。

第四,围绕热点难点问题向社会开展普法。包括教育就业、医疗卫生、征地拆迁、食品安全、环境保护、安全生产和社会救助等在内的民生问题一直是人民群众关注的热点和难点,不仅与人民群众的日常生活息息相关,而且一旦处理不当很容易引发社会矛盾甚至是群体性事件。这就要求执法和司法机关要高度重视民生热点问题,善于在矛盾纠纷化解中宣讲政策、阐释法律。另外,鉴于网络平台上的信息分享具有即时性和交互性特征,④针对网络热点问题和事件的回应必须更为权威和透彻。既要组织执法司法人员和专家学者共同进行专业解读,提升普法解读的权威性,也要组织普法讲师团和志愿者参与其中,加大宣传讲解的覆盖面和透彻度,引导网络舆论良性发声。

---

① 参见〔德〕拉德布鲁赫:《法学导论》,米健等译,中国大百科全书出版社1997年版,第130页。
② 参见孔祥稳:《行政处罚决定公开的功能与界限》,载《中外法学》2021年第6期。
③ 参见杨海坤、马迅:《信访救济的功能选择与治理路径》,载《江苏社会科学》2015年第2期。
④ 以网络谣言为例,可通过简单的复制和转发在网络空间中呈几何速度增长,网民的交流和互动也可以突破时空限制,客观上加剧了谣言的蔓延势头。参见马迅:《疫情防控中网络谣言治理模式的精细化转型》,载《法律方法》2020年第2期。

(三)"谁执法谁普法"责任制的创新探索

"谁执法谁普法"责任制的提出将普法责任主体由司法行政主管部门扩展至全部国家机关,实现了普法主体的首次扩容,立法、执法和司法过程演变为一堂生动的普法公开课。与新时代全民普法的奋斗目标相比,只有国家机关作为普法主体仍显不足。例如,作为社会团体的妇联长期从事妇女工作,在开展与婚姻家庭相关的普法活动时具有天然优势。再比如,普法本就是公共法律服务的重要内容之一,除普法外,公共法律服务还包括法律援助、司法鉴定、公证、人民调解和安置帮教等内容,涉及律师、公证员、司法鉴定人员和人民调解员等公共法律服务职业群体,他们在提供法律服务过程中也能发挥重要的普法职能。2017年司法部张军部长在贵州调研期间,首次提出了"谁服务谁普法"的工作理念,[①]"八五"普法规划在"全面落实普法责任制"部分予以确认,[②]使"谁管理谁普法"和"谁服务谁普法"正式上升到普法责任制的高度,普法责任主体由国家机关溢出至社会主体范畴,标志着"八五"普法向全民普法的"大普法"格局迈出了关键一步。

《意见》将普法与业务工作一起纳入本部门的岗位目标责任考核之列,但比较细致成熟的考核评估制度并未在全国范围内普遍建立,导致对普法责任主体工作质量难以作出客观、具体、科学和公正的评判。以上海"谁执法谁普法"智能化评估为例,传统评估模式以台账评审为主,由评审专家检查相关职能单位的工作台账,但从大部分工作指标要求的完成情况来看难以区分高下,给评审工作带来难度。即使引入第三方社

[①] 参见刘武俊:《让"谁服务谁普法"成为"七五"普法新风尚》,载《中国司法》2017年第9期。
[②] "八五"普法规划在"全面落实普法责任制"部分明确提出推行"谁管理谁普法"和"谁服务谁普法",促进各社会团体、企事业单位以及其他组织加强本系统、本行业、本单位人员学法用法,加大对管理服务对象普法力度。

会满意度调查和媒体暗访,也无法从根本上改变传统评估模式的人力局限,难以全面客观地反映国家机关的普法履职情况。为此,上海在2021年设计了一套适用于移动互联网时代的智能化评估新机制,通过全网数据抓取,采集被评估单位普法活动的工作轨迹,形成普法信息大数据库,按照全新设计的评估算法算出得分,实现了履职评议的全覆盖,旨在引领构建以网络融合、实时精准、全民全程、集成浸润为特征的"八五"普法大格局。① 普法效果的实时评估可以保持对普法活动的过程性控制,将问题发现和问题解决纳入同一时空范围内,避免普法落实、普法宣传和普法评估的"两张皮"现象,通过动态监测及时纠正工作不足、弥补制度漏洞、探索机制创新,杜绝普法"形式主义",提升普法供给的精准性。

二、"谁执法谁普法"责任制的功能阐释

传统"送法下乡"式的普法沿袭了我国古代法家以吏为师的习惯做法,强调自上而下的单向灌输,不求普法对象的反馈和互动。② "谁执法谁普法"责任制不仅在普法主体上实现了扩容,而且普法场域从书本上枯燥的文字切换到立法、执法和司法的生动实践,巧妙运用执法对象个体维权的心理,实现了由"我要给你讲法治"到"我们共同讲法治"的转变。③ 习近平总书记指出:"法治国家、法治政府、法治社会三者各有侧重、相辅相成,法治国家是法治建设的目标,法治政府是建设法治国家的主体,法治社会是构筑法治国家的基础。"④ 如果将普法工作纳入依法治国

---

① 参见余东明、吴肖函:《同频共振唱好普法"大合唱"》,载《法治日报》2022年1月5日第7版。
② 参见王永杰:《从独语到对话——论当代中国法制宣传的转型》,载《复旦学报(社会科学版)》2007年第4期。
③ 参见凌斌:《法治的中国道路》,北京大学出版社2013年版,第157页。
④ 习近平:《论坚持全面依法治国》,中央文献出版社2020年版,第229—230页。

的历史进程中观察,"谁执法谁普法"责任制意味着主体间性的普法立场开始取代主客对立的传统立场,普法对象与普法主体间的法律地位渐趋平等,人民群众在立法、执法和司法活动中的参与感也逐渐增强。① 申言之,"谁执法谁普法"责任制不仅继续服务于法治国家建设,而且对于法治政府建设的贡献尤为突出,同时也打上了法治社会的烙印。因此,科学阐释"谁执法谁普法"责任制需要将其纳入"法治一体建设"的理论视野,全面揭示其在法治中国建设中的功能定位。

(一)实现普法由"运动式灌输"到"常态化感知"的理念跨越

传统的普法活动以自上而下单线型的政治动员形式为主,法律知识的传播固然有助于扫除"法盲",降低法律与民众之间的疏离感,但普法与法治实践尤其是与执法司法实践"两张皮"的现象并未从根本上予以解决。② "谁执法谁普法"责任制的推行,将普法融入执法司法过程之中,普法不再停留在纸面上,而是活跃在现实中。"谁执法谁普法"责任制之所以是普法理念的根本性转变,不仅仅在于普法主体在国家机关内部的扩容,而且在于普法场景的切换——由课堂、社区延伸到执法司法过程的时空变化,给普法对象带来的最深刻影响是普法心理的转变。在执法司法过程中的普法对象,往往与案件本身存在或多或少的利害关系,学法守法是基于其自身利益的理性选择,自然而然对普法的态度相比以往的被动接纳有了更多的主动认同,这毫无疑问是维权导向下普法理念的一次重大转变。

一方面,串联法治运转各环节以增强普法客观实效。改革开放以来,

---

① 参见付子堂、肖武:《普法的逻辑展开——基于 30 年普法活动的反思与展望》,载《社会科学战线》2017 年第 6 期。

② 参见黄丽云:《我国普法实践与话语转化的思考》,载《中国司法》2020 年第 2 期。

法治一体建设典型实例评析

我国社会主义法制建设一直坚持"有法可依、有法必依、执法必严、违法必究"的十六字方针。面对新时代我国法治建设迈入新阶段的需要,党的十八大提出了"科学立法、严格执法、公正司法、全民守法"新十六字方针。虽然十六字方针也能体现出立法、守法、执法和司法的内在要求,但每个法治运转环节缺乏具体的评估标准,新十六字方针不仅梳理了立法、执法、司法、守法的逻辑顺位,而且针对不同法治运转环节的特殊性提出了明确的目标要求,即科学、严格、公正和全民。申言之,"新十六字方针"实现了由立法导向的法治建设向体系化法治建设的转变。① 作为传统意义上法治社会建设的重要内容,普法在全民守法中起着支撑性作用,但普法对立法、执法和司法的串联价值未引起广泛关注。"谁执法谁普法"责任制中的"执法"是广义上的"大执法",②将普法理念融入立法、执法和司法活动之中,客观上发挥了串联法治运转各环节的功效。虽然从"三五"普法到"六五"普法,推动普法与实践相结合的依法治理一直是普法重要任务之一,但该阶段所强调依法治理主要是为了调适普法目标,普法的工具性更强,且普治结合泛指"各项事业"和"多层次多领域",不同于"谁执法谁普法"责任制主要聚焦于公权领域。概言之,"谁执法谁普法"责任制不再简单地将普法视为独立于立法、执法和司法之外的助推力量,而是将普法融入立法、执法和司法过程,实现普法在公权运行中的深度嵌入,进而借助公法善治强化普法的客观实效,达到普法与公法治理的同频共振。

另一方面,显著提升普法约束力的同时打造大普法格局。由于责任

---

① 参见蒋传光:《从两个"十六字方针"看我国法治建设的跨越发展》,载《东方法学》2018年第6期。

② 根据司法部的官方解读,《意见》所指"国家机关"既包括政府部门,也包括法院、检察院等司法机关,同时《意见》在"职责任务"的第(四)部分也明确了立法机关要行使"充分利用法律法规规章……起草制定过程向社会开展普法"等普法职责。

机制的缺失,普法在实际工作中向来被视为普法办的分内职责,其他国家机关习惯于自身作为系统内普法对象的客体地位,因此浩浩荡荡的普法运动沦为司法行政机关的"一家忙"和"独角戏"。"普法作为一项涉及面广、领域繁多、周期长的基础性工作,单靠一个部门或者系统推进,不仅无法完成这一高要求、高难度的任务,更为重要的是,不能形成推进的合力。"①有的执法部门甚至认为,相比立法工作,普法是一项"软任务",干好干坏都一样。"谁执法谁普法"本质上属于一种责任机制,将原本处于普法客体地位的其他国家机关纳入普法责任主体的范畴,将国家机关的普法责任与执法责任的评估考核一起绑定,普法的约束力不断强化。②"谁执法谁普法"责任制使普法工作由主管部门的"独唱"变成各部门的"合唱",这并不意味着普法办在普法工作中的角色弱化或压力减轻,相反,普法办要迅速转换角色,由以往亲力亲为的"一线演员"转型为统筹协调的"牵头导演",工作重心要从"实施普法"过渡到"组织、管理、考核普法",充分发挥在党委统一领导、部门分工负责、各司其职、齐抓共管的"大普法"格局中的牵引力、协同力和凝聚力。

(二)通过执法与普法的耦合驱动法治政府"提档升级"

"谁执法谁普法"责任制通过执法与普法的耦合,为法治政府建设注入强大的驱动力。一方面,责任清单、立法草案意见征询、行政执法决定公示、行政行为说明理由和指导性案例等法治政府建设的常规性制度,本就是"谁执法谁普法"责任制的主干内容;另一方面,普法本身的感化功能也使得说服教育、劝导示范、警示告诫和指导约谈等具有柔性色彩

---

① 杨伟东:《落实"谁执法谁普法",推动普法转型升级》,载《人民论坛》2017年第17期。
② 以普法责任清单为例,"谁执法谁普法"责任制不仅要求制定清单,而且要对照责任清单进行检查考核,从而保证普法责任分到部门、分解到人,使之可量化、可考核。

的执法手段获得广泛运用,让执法既有力度又有温度。总体而言,"谁执法谁普法"责任制对法治政府建设的突出贡献主要表现在以下三个方面：

第一,促进执法决定和司法裁判的贯彻落实。长期以来,行政执法所存在的被动性和功利性痼疾,引发了行政执法的信任危机。[①] 同样的,一系列具有广泛社会影响的冤假错案的产生,也动摇了司法公信力。为此,不少案件当事人对执法决定和司法裁判持冷漠态度,执法失范和司法不公更加剧了当事人的抵触情绪和抗拒心理。即使被动服从法律,也多畏于法律强制力的不利后果。[②] 不同于行政处罚和行政强制等刚性行为方式,"谁执法谁普法"责任制中的普法策略更像是一种行政指导,将每一项执法决定和司法裁判的依据和理由主动告知当事人,通过以案释法的方式增强案件当事人的内心认同,提高案件法律文书的可接受度,有利于案件当事人自觉主动守法。《法治政府建设实施纲要(2021—2025年)》将"全面落实'谁执法谁普法'普法责任制,加强以案释法"置于"创新行政执法方式"的内容之下,便体现了"谁执法谁普法"责任制对于法治政府建设的功能旨趣,即让执法既有力度又有温度,促进执法决定和司法裁判的贯彻落实。

第二,倒逼执法、司法全流程规范化水准的提升。"谁执法谁普法"责任制提出,国家工作人员在执法、司法过程中就法律适用问题答疑解惑、以案释法。普法的实时性转变,要求执法、司法人员能够熟练掌握法律专业知识并具备高超的法律适用技艺,否则将难以胜任普法责任制下的工作任务。[③] 普法责任制所要求的实时动态以案释法,除行政执法中结

---

① 参见胡宝岭:《中国行政执法的被动性与功利性——行政执法信任危机根源及化解》,载《行政法学研究》2014年第2期。

② 参见〔奥〕凯尔森:《法与国家的一般理论》,沈宗灵译,商务印书馆2013年版,第49页。

③ 《意见》提出"坚持系统内普法与社会普法并重"的普法原则,这表明努力提高国家工作人员的法律素质,成为"谁执法谁普法"责任制的题中之义。

合案情进行的充分释法说理外,还倡导通过公开开庭、巡回法庭、庭审现场直播、裁判文书上网等生动直观的形式进行,上述举措大大增加了执法、司法风险暴露的可能性,给执法、司法的规范性提出了更高的要求,属于公权自制①面向的自我加压。简言之,"谁执法谁普法"责任制体现了国家机关勇于克服系统内部违法或不当行为的使命担当,实际上产生了倒逼执法、司法规范化建设提档升级的正面效果。

第三,丰富公权力主动接受外部监督的渠道。除执法司法过程中的答疑解惑外,鉴于"谁执法谁普法"责任制将普法对象设定为全体国民,执法决定书和司法裁判书等具有公定力的法律文书要向案件当事人和社会公众公开,供全体国民从公共渠道查阅学习。此举意味着行政执法和司法裁判的全过程都要接受社会公众的潜在监督,社会公众由以往的法治信息被动接受者转变为对公权力行使的主动监督者,公权运行在"谁执法谁普法"责任制中实现了自律与他律的结合。② 可见,"谁执法谁普法"责任制的推行为我国公权力机关主动接受外部监督提供了实践范本,有利于丰富外部监督渠道,助力阳光政府和公正司法建设进程。

(三)以维护公民权益为依归助推"积极守法观"的确立

亚里士多德在两千多年前曾对法治作出经典概括:"法治应当包含两重含义:已成立的法律获得普遍的服从,而大家所服从的法律又应该本身是制定得良好的法律。"③亚氏一针见血地揭示出守法在法治中的决定性意义。不同于立法和司法所带有的建构主义理想色彩,守法是每个共

---

① 以行政执法领域为例,行政自制是指"行政主体自发地约束其所实施的行政行为,使其行政权在合法合理的范围内运行的一种自主行为"。参见刘福元:《行政自制:探索政府自我控制的理论与实践》,法律出版社2011年版,第11页。
② 参见陈思明:《"谁执法谁普法"普法责任制的法治思考》,载《行政法学研究》2018年第6期。
③ 〔古希腊〕亚里士多德:《政治学》,吴寿彭译,商务印书馆1965年版,第199页。

同体成员在一定文化传统中的现实行为选择。① 党的十一届三中全会明确提出了"有法可依、有法必依、执法必严、违法必究"的社会主义法制建设"十六字方针",其中"有法必依"是从"守法"的角度提出的,是对一切国家机关、社会组织和公民个人的行为提出的合法性要求,现行《宪法》在序言部分和第5条第4款中对"有法必依"的守法原则予以肯定。②"全民守法"概念的正式提出最早可追溯到党的十八大报告中,其中提到要"增强全社会学法尊法守法用法意识"。"有法必依"虽然强调人们依照法律行事,但没有明确什么人有法必依,用"全民守法"取代"有法必依",在守法主体的指向性上更具明确性、针对性和科学性。党的十八大以来,以习近平同志为核心的党中央特别强调"全民守法"在全面推进依法治国"四个关键环节"(科学立法、严格执法、公正司法、全民守法)中的重要性,"全民守法,就是任何组织或者个人都必须在宪法和法律范围内活动,任何公民、社会组织和国家机关都要以宪法和法律为行为准则,依照宪法和法律行使权利或权力、履行义务或职责"③,《法治社会建设实施纲要(2020—2025年)》也将全民守法定位为法治社会建设的基础工程。根据《法治中国建设规划(2020—2025年)》,"改进创新普法工作,加大全民普法力度,增强全民法治观念"的普法要求被置于"深入推进全民守法"的任务之下,再次印证了普法要以守法为目标的认知逻辑。

从"一五"普法普及法律常识到"二五"普法开始普及重要法律再到"六五"普法普及法律体系,集中表现出法律知识"大水漫灌"的鲜明特

---

① 参见曹刚:《法治、脸面及其他——中国人的传统守法观》,载《山东社会科学》2015年第12期。

② 《宪法》在序言部分明确规定:"全国各族人民、一切国家机关和武装力量、各政党和各社会团体、各企业事业组织,都必须以宪法为根本的活动准则,并且负有维护宪法尊严、保证宪法实施的职责。"《宪法》第5条第4款规定,"一切国家机关和武装力量、各政党和各社会团体、各企业事业组织都必须遵守宪法和法律。"

③ 习近平:《论坚持全面依法治国》,中央文献出版社2020年版,第23—24页。

征,尽可能将更多的国民培养成法官、检察官和律师这样的"法律专家",整体上提高国民的法律知识储备,但不同实践样态下的国民是否需要以及知法懂法后能否用法,这种专家型普法模式无法兼顾。"谁执法谁普法"责任制将普法对象锁定为诉讼参与人、行政相对人、利害关系人等执法、司法活动的当事人,相比专家型普法中的普法对象,该模式中的普法对象与普法内容之间存在紧密联系,即执法、司法活动的合法性直接关系到普法对象的权利义务,利益驱动下其接纳普法、认同普法的积极性和主动性更高,故"谁执法谁普法"责任制的目标可概括为维权型普法。[①] 以普法对象的主观心态为基准,专家型普法中不关注普法对象的守法意识,大多数普法对象抱持"消极守法观",接受普法多出于公民义务,普法与用法之间不存在必然联系;维权型普法中的普法对象则基于自身利益的考量,对普法内容高度关注,倾向于主动通过诉讼、复议、仲裁和信访等法定争议解决渠道来实现其权利诉求。消极遵守法律即"不违法"是我国法制建设初创时期对社会公众最低层次的要求,全民守法不能表现为被动的恐惧式守法,而应是发自内心的真诚尊重和遵守。[②] "谁执法谁普法"责任制的推行,使得社会主体以维护自身合法权益为核心的"维权型守法"案例大量涌现,促进了公民守法观从"消极守法"到"积极守法"的转变。

三、"谁执法谁普法"责任制的发展进路

"法治一体建设"并不要求法治国家、法治政府、法治社会三者同步建设,例如作为推进全面依法治国的重点任务和主体工程,法治政府建设可以率先突破,但一体建设必须保证三者系统联动、深度融合。目前的

[①] 参见陈思明:《新时代加大全民普法力度的思考》,载《中国司法》2018年第9期。
[②] 参见杨春福:《全民守法的法理阐释》,载《法制与社会发展》2015年第5期。

"谁执法谁普法"责任制更偏重普法在科学立法、严格执法和公正司法这些法治政府建设主要领域的存在感，只是基本串联起立法、执法和司法三个重要环节，但由于缺乏对普法和守法关系的深刻认知，难以打通法治建设全链条。其中一个很重要的原因便是全民守法在法治建设全过程中的特殊性。一方面，科学立法、严格执法和公正司法的有效实施离不开全民守法意识的提升，全民守法为科学立法、严格执法和公正司法奠定前提基础，是法治实施的起点；另一方面，全民守法是法治建设的最终目标，是对科学立法、严格执法和公正司法的自然延续，在此意义上又成为法治实施的终点。① 换言之，全民守法既是起点又是终点，贯穿法治实施全过程。基于此，以全民守法为导向的全民普法，借助全民守法融入法治实施全过程，起到法治建设润滑剂的作用，为"法治一体建设"提供了有力抓手。

（一）全员型普法：参与主体全员化与治理网络全覆盖

党的十八届四中全会要求"坚持把全民普法和守法作为依法治国的长期基础性工作"，党的十九大再次重申"加大全民普法力度"，全员普法成为新时代普法工作的奋进目标。"谁执法谁普法"责任制的完善要从普法主体角度着手，确保普法实施的全员性和普法影响的广泛性，夯实普法工作的组织基础。

一方面，充分动员社会力量开展公益普法。按照权力属性的不同，我国的普法体制存在两个系统，即以"谁执法谁普法"为主体的国家普法系统和以公益普法为代表的社会普法系统。"谁管理谁普法"和"谁服务谁普法"责任制的提出，便在某种程度上触及了社会普法系统，只不过主要

---

① 参见封丽霞：《提升全民法治意识和法治素养的有效路径》，载《中国党政干部论坛》2020年第10期。

从单位的普法责任出发,未突出社会私主体的普法功用。社会私主体参与普法的身份具有两重性,在国家普法系统中作为普法对象处于被动接受地位,而在社会普法系统中却可能是处于主动认知地位的普法主体,加之自媒体时代普法传播途径、内容和形式更为灵活多元,社会普法系统在某些情形下会产生比国家普法系统更好的普法效果。[①] 为此,"八五"普法规划从推进全民普法的高度出发,旗帜鲜明地提出了"充分运用社会力量开展公益普法,畅通和规范普法参与途径"的主张。此处所指的社会力量,除"谁管理谁普法"和"谁服务谁普法"责任制中的群团组织和社会组织外,还包括市场主体、新社会阶层、社会工作者和志愿者等社会私主体以及专门的公益性普法组织。其中,由于组成人员的特殊性,普法讲师团和普法志愿者队伍是两支极具代表性的社会力量。普法讲师团主要由法律实务工作者和法学教师组成,普法志愿队伍则主要由退休法官检察官、老党员、老干部和老教师等组成,他们均具备专业的法律知识或较强的法治意识,在公益普法中能够发挥自己的职业背景优势。与此同时,为了保障公益普法的有序开展,早在党的十八届三中全会便提出"健全社会普法教育机制"的要求,"八五"普法规划对此予以重申,要求加强管理服务、组织引导和政策、资金、项目扶持,完善政府购买、社会投入、公益赞助等相结合的运行机制。

另一方面,搭建"纵向到底、横向到边"的普法依法治理网络。在纵向维度,3.0阶段的普法从中央到地方再到基层,实现纵向到底。"八五"普法规划将普法融入基层治理作为普法工作的基本原则之一,并在组织实施中专门强调"突出抓基层、强基础、固基本的工作导向",为基层开展普法和依法治理创造更好条件。以乡村(社区)普法为例,2018年发布的

---

① 参见赵天宝:《中国普法三十年(1986—2016)的困顿与超越》,载《环球法律评论》2017年第4期。

《中共中央 国务院关于实施乡村振兴战略的意见》在"加强农村基层基础工作,构建乡村治理新体系"部分提出"建设法治乡村"的治理目标,要求"加大农村普法力度,提高农民法治素养,引导广大农民增强尊法学法守法用法意识"。2019年中共中央办公厅、国务院办公厅印发的《关于加强和改进乡村治理的指导意见》将大力开展"民主法治示范村"创建、深入开展"法律进乡村"活动、实施农村"法律明白人"培养工程作为农村普法的三项重点任务。2020年中央全面依法治国委员会印发的《关于加强法治乡村建设的意见》中,对如何创建"民主法治示范村(社区)"从指导标准、动态管理、干部培训和评价考核等方面进行了细化。在此基础上,"八五"普法规划关于"深化法治乡村(社区)建设"部分基本囊括了《关于加强法治乡村建设的意见》中涉及乡村普法的全部内容。鉴于乡村有效治理是乡村振兴的重要内容,"八五"普法规划立足加强乡村(社区)依法治理,创造性地提出探索实行积分制,因地制宜推广村民评理说事点、社区"法律之家"等做法,丰富了乡村普法的有效阵地。此外,对于乡村(社区)"法律明白人"培养工程,"八五"普法规划设置了专栏,注重清单化管理、项目化推进、责任化落实,力图重点培育一批以村"两委"班子成员、人民调解员、网格员、村民小组长等为重点的"法治带头人",以抓"重点人"的方式形成示范效应。在横向维度,普法与行业治理、专项治理相结合,普法有机融入诸如企业合规审查、网络安全教育和疫情防控等各个领域。从"五五"普法开始的"法律六进"到现在的"法律七进",逐渐形成"纵向到底、横向到边"的普法依法治理网络,普法的覆盖面和影响力不断扩大。

(二)精准型普法:针对性供给与开拓性革新

在社会基本矛盾转化的语境下,公民对法治中国的向往与当代中国法治发展不平衡不充分之间存在矛盾。① 同样的,普法主体的供给与普法对象的需求之间的矛盾也是贯穿普法模式发展过程的主要矛盾。在"八五"普法新阶段,要以人民群众对法律知识和技能的真实需求为风向标,着力推进普法供给侧结构性改革,形成以需求牵引供给、以供给创造需求的更高水平动态平衡。② 普法供给侧结构性改革意味着精准普法是催生普法工作机制不断创新的力量之源,普法供给和普法方式应具备针对性和实效性。

  为解决普法精准度及针对性问题,实现普法实时化和智能化,厦门市翔安区于 2020 年 3 月建立"谁执法谁普法动态智能管理平台"。平台主要由对内"督导管理"与对外"公众评议"两部分组成:"督导管理"是对各部门落实普法工作任务进行内部督导考核,主要由常态管理、专项督导及激励创新三大板块组成,③ 具备采集归类、雷达搜索、预警通知、排名公示等功能;"公众评议"则面向公众开放,是群众了解执法部门普法工作职责和法治宣传内容、表达普法需求、对部门普法效果进行评议的入口。2021 年 5 月,翔安区对"谁执法谁普法动态智能管理"项目进行再升级,从理念上跳出政府主管部门的"管理"思维,改变普法责任主体和受众对立的意识,运用技术赋能,探索实现共治共享的管理新模式。平台升级后更加注重普法大数据的集成与运用,使该管理平台成为一个普法大数

---

  ① 参见王奇才:《论社会主要矛盾转化语境下的法治发展不平衡不充分》,载《法治现代化研究》2019 年第 2 期。

  ② 参见蒲晓磊:《修好普法这门功课 走好新的赶考之路》,载《法治日报》2021 年 7 月 14 日第 7 版。

  ③ "常态管理"主要针对各部门共性的普法任务、日常普法工作进行常态化考核,考核实施加分制,常态管理部分同时对接上级普法考核指标。"专项督导"主要围绕区委区政府中心工作以及社会关注的热点问题,实时向普法成员单位下达专项普法任务,并通过施行"扣分+加分"双轨制,倒逼执法部门及时、精准地完成普法任务,最大限度地发挥普法功效。"激励创新"是鼓励相关部门不断创新普法形式的加分项目。

法治一体建设典型实例评析

据中心,作为科学建立各种普法需求研判模型的依据与来源,实现集实时化、智能化、集约化、互动化为一体的普法管理平台,从而实现法治、自治、智治、共治,使普法工作能够充分融入当地中心与大局工作,能够有效敦促执法部门主动普法,把矛盾化解在可预知的风险之前,有效激发了法治宣传教育预防、创稳的内在功能。[①] 可见,在数字社会时代,智能化手段不但可以运用到普法方式中,而且可以融入整个普法管理全过程,普法管理的翔安实践为全国范围内的精准普法提供了示范创建的参考样本。

随着新技术和新媒体的快速发展,我国的普法方式迎来了新一轮创新发展的热潮。普法方式的创新主要体现在普法内容、网络平台和方式方法三个层面。关于普法内容,顺应我国社会基本矛盾的变迁,人民群众对法治的需求也出现了从"有没有"到"好不好"的转变,未来的"谁执法谁普法"责任制需要更好地处理普法供给和法治需求之间的动态平衡。例如,青岛市市南区聚焦不同群体法律需求,开展"订单式"精准普法,分别针对普法重点对象、行业领域、社区群众和重要法律提供"专属订单""垂直订单""上门订单"和"全面订单"。[②] 不同类型的"普法订单"根据不同群体的具体需求"量身定做",能够最大化利用有限的公共普法

---

① 参见赵文明:《"谁执法谁普法动态智能管理模式"一再升级》,载《法治日报》2021年7月28日第3版。

② 青岛市市南区的"订单式"普法供给方案是指:向重点对象提供"专属订单",发挥领导干部和青少年的学法带动作用;把未成年人自我保护、预防未成年人犯罪和校园欺凌作为青少年普法重点,模拟法庭、法治课堂等形式活泼有趣。对行专领域供给"垂直订单",行业主管部门落实普法责任,为本行业从业人员提供相关法律法规政策的快速宣传和权威解读。为社区群众配送"上门订单",将公共法律服务体系延伸至社区,社区法律顾问宣讲法律、解答咨询、调处纠纷,让居民享受到"家门口"的法律服务。将重要法律列入"全面订单",针对《中华人民共和国宪法》《中华人民共和国民法典》等大法要法,在全区范围内持续性、大规模、多渠道全面铺开宣传,务求家喻户晓、深入人心。参见《全面落实"谁执法谁普法"普法责任制 把法治宣传教育融入法治实践全过程》,载《青岛日报》2020年12月29日第6版。

资源,达到最佳的普法效果。关于普法网络平台,融合互联网思维和全媒体视角的智慧普法成为新趋势。全国智慧普法平台不仅要积极对接中央政法机关普法网络平台和地方新媒体普法平台,而且要实现与中国裁判文书网、中国庭审公开网和"学习强国"等网络平台的信息共享。关于普法方式方法,"八五"普法规划从传播体系的时代变革入手,抛弃传统的单向式普法传播模式,致力于建设融"报、网、端、微、屏"于一体的全媒体法治传播体系,以达到互动式、服务式和场景式传播的模式转变。

(三)浸润型普法:法治文化建设与普法环境营造

进入"八五"普法新周期,普法现状与"法治一体建设"的期待仍存在不少差距,尤其是普法在思想之维的深化依然面临不少挑战,譬如对法治文化重要性的关注不足、公民法治认同的评价不一、统一的法治信仰尚未形成。从"七五"普法开始,法治文化建设正式进入普法主要任务序列,法治文化在普法中的重要性开始引发关注。[1] 进入"八五"普法周期,法治文化建设在普法规划中设立专章,与公民法治素养提升、普治结合、普法实效并列成为普法工作重点,法治文化建设与全民普法的同构性更强,两者紧密联系、相互促进、共同提升。[2] "公民对法律知识的认知仅仅是浅层要求,更紧要的是增强公民对法律精神的感悟和体认,更本质的要求是教化社会成员养成一种尊重法律、信奉法律、敬畏法律、认同法律

---

[1] 《关于加强社会主义法治文化建设的意见》指出:"社会主义法治文化是中国特色社会主义文化的重要组成部分,是社会主义法治国家建设的重要支撑。"

[2] 对比《关于加强社会主义法治文化建设的意见》与"八五"普法规划不难发现,法治文化建设的八项主要任务在规划中都有体现。司法部有关负责人也强调指出,要"把法治文化建设纳入法治建设总体规划,与'八五'普法启动实施同部署、同落实、同检查"。参见白杨:《社会主义法治国家建设的重要支撑》,载《新华每日电讯》2021年4月7日第2版。

价值的意识和生活方式。"①这意味着进一步加强法治文化建设、营造优良普法环境、打造永续型普法,成为优化"谁执法谁普法"责任制的重中之重。

第一,推动法治文化与传统文化、红色文化、地方文化、行业文化和企业文化等融合发展。为建设文化强国,作为中国特色社会主义文化重要组成部分的法治文化,应当与其他各类文化相互融合,完善公共文化服务体系,更好满足人民日益增长的精神文化生活需要。例如,中华传统法律文化中包含民为邦本、礼法并用、以和为贵、明德慎罚、执法如山等思想精华,民间广为流传的诸如"修身齐家治国平天下""勿以恶小而为之、勿以善小而不为"等善良风俗也蕴含着深刻的法治内涵。家庭是社会的基本细胞,家庭美德中也不乏法治元素。习近平曾指出:"尊老爱幼、妻贤夫安、母慈子孝、兄友弟恭、耕读传家、勤俭持家,知书达礼、遵纪守法,家和万事兴等中华民族传统家庭美德,铭记在中国人的心灵中,融入中国人的血脉中,是支撑中华民族生生不息、薪火相传的重要精神力量。"②普法要顺应时代潮流,认真领会习近平同志关于家庭家教家风的一系列重要论述,推动优秀传统法律文化创造性转化和创新性发展,让社会主义法治精神在家庭中生根。再比如,革命时期党领导人民进行法治建设的过程中,形成了诸如"马锡五审判方式"等具有鲜明红色基因的法治文化。在普法实践中发掘、研究、保护、阐释和传播红色法治文化,能够增强中国特色社会主义法治的道路自信。

第二,坚持社会主义核心价值观引领下的德法共治。作为两类重要的社会规范,法律与道德关系的处理是法治文化建设的重要一环。习近

---

① 封丽霞:《提升全民法治意识和法治素养的有效路径》,载《中国党政干部论坛》2020年第10期。

② 习近平:《论党的宣传思想工作》,中央文献出版社2020年版,第280页。

平指出:"法律是成文的道德,道德是内心的法律,法律和道德都具有规范社会行为、维护社会秩序的作用。"①在两者的功能定位上,习近平作出了更为精准的概括,即"法安天下,德润人心"②。建设社会主义法治文化,必须提高全民法治意识和道德自觉,坚持法治和德治相结合,引导全体人民遵守法律这一底线要求的同时,加强公民道德建设,强化道德对法治的支撑作用。党的十八届四中全会在论述建设高素质法治专门队伍时强调,要"把思想政治建设摆在首位,加强理想信念教育,深入开展社会主义核心价值观和社会主义法治理念教育"③。"核心价值观是决定文化性质和方向的最深层要素。一种文化能不能立起来、强起来,关键取决于贯穿其中的核心价值观。"④为此,法治文化建设必须始终坚持社会主义核心价值观的引领,把社会主义核心价值观融入法律、党内法规、公共政策,融入科学立法、严格执法、公正司法、全民守法,融入法治国家、法治政府、法治社会一体建设,使社会主义核心价值观这一法治文化建设中的精神纽带贯穿法治建设全过程各环节。此外,法治文化建设也要纳入社会信用体系之中,把公民法治素养与诚信建设相衔接,加大对公德失范、诚信缺失等行为的惩处力度和对崇法向善、坚守法治先进典型的正向激励,健全信用奖惩和信用修复机制,形成守法光荣、违法可耻的良好社会风尚,营造尊法学法守法用法的浓厚社会氛围。

第三,经由公民法治素养促成普法效果的主客观统一。未来的普法工作需围绕思想观念的主观维度和法治实践的客观维度共同发力。"法

---

① 习近平:《论党的宣传思想工作》,中央文献出版社2020年版,第109页。
② 同上书,第165页。
③ 本书编写组编著:《党的十八届四中全会〈决定〉学习辅导百问》,党建读物出版社、学习出版社2014年版,第22页。
④ 本书编写组编著:《〈中共中央关于制定国民经济和社会发展第十四个五年规划和二〇三五年远景目标的建议〉辅导读本》,人民出版社2020年版,第108页。

治中国的现实使命就是要进行主体的角色建构与意识内化,使法治从一种客观存在变为人的潜在素质的不可或缺的细胞。"[1]进入"八五"普法周期,法治素养已经成为普法主流话语,而法治素养相比法治精神、法治观念、法治意识和法治思维等概念,更加注重知行合一,即注重将所学法律知识和所悟法治原理内化,而后运用于法治实践的行动能力,以实现普法效果的主客观统一。为持续提升公民法治素养,"八五"普法规划首次提出"实施公民终身法治教育制度",普法不再是阶段性和周期性任务,而是被纳入干部教育体系、国民教育体系和社会教育体系之中,由此得以破除普法的运动式痼疾。在公民法治素养提升行动中,公务员和青少年两大群体十分关键。一方面,要落实国家工作人员学法用法制度,重点抓好"关键少数"并解决其尊法问题。"只有内心尊崇法治,才能行为遵守法律。只有铭刻在人们心中的法治,才是真正牢不可破的法治。"[2]另一方面,要全面落实《青少年法治教育大纲》,将普法纳入学校教育体系,引导青少年从小养成尊法、守法习惯。

---

[1] 汪习根:《论法治中国的科学含义》,载《中国法学》2014年第2期。
[2] 习近平:《论坚持全面依法治国》,中央文献出版社2020年版,第135页。

第二章

行政审批改革中的"最多跑一次"探索

我国行政审批制度创立于20世纪50年代初期,是计划经济的产物,也是政府进行行政管理的重要手段。从20世纪80年代的"放权让利"开始,到十八大后国务院提出"简政放权"的新议程,行政审批制度改革始终贯穿于我国政府改革的全过程,被称为政府的"自我革命"。我国行政审批制度改革主要有三个面向:一是行政审批事项改革,涉及行政许可的设定问题,主要由中央自上而下推动,不断清理审批事项;二是行政审批机构改革,主要由地方政府推动实施,通过成立"行政审批局"或"行政服务中心",探索相对集中行政许可制度实施;三是行政审批程序改革,中央或地方政府通过清理不合理的申请障碍与审批环节,以保证行政审批的效率和公平。三个方面的改革看似独立,其实彼此牵连。① 近年来,始于浙江、燎原于全国的"最多跑一次"②改革是行政审批制度改革的最新探索,也是既有改革的集大成者,系统整合了不同维度的行政审批制

---

① 参见李明超:《行政审批事项改革的基本类型与法理阐释》,载《广东社会科学》2021年第2期。

② "最多跑一次"是指群众和企业到政府办理"一件事情",在申请材料齐全、符合法定受理条件时,从政府部门受理申请到作出办理决定、形成办理结果的全过程一次上门或零上门。

度改革,倒逼各层级政府、各职能部门协同合作,全面推进了政府治理现代化。对于"最多跑一次"改革,现有研究主要围绕"最多跑一次"改革的核心理念、演进逻辑、理论基础、地方实践与经验、面临问题及对策等展开讨论,[①]从法理层面阐释改革理念的研究较为匮乏。[②]"最多跑一次"改革不仅仅涉及法治政府建设中政府职能转变和"放管服"改革的内容,还与法治社会建设息息相关。从坚持法治国家、法治政府、法治社会一体建设的视角出发,可以更加系统地解读"最多跑一次"所蕴含的法理与内在价值,充分发掘其制度优势如何转化为治理效能,为"最多跑一次"改革的深入推进与促进法治一体建设提出具体的完善构想。

一、"最多跑一次"改革的生长轨迹

我国法治建设实践样本显示,一种自下而上与自上而下相结合、坚持党的领导和坚持以人民为中心辩证统一的地方试验型法治一体建设模式已初步生成。地方试验、中央认可、稳步推广和法治固化是其运作的基本逻辑,分别构成了这一模式的基础、关键、重心和归宿。[③]"最多跑一次"改革是一种典型的地方试验型法治一体建设的模式,经历了地方试验、中央认可和全国推广三个阶段。

(一)"最多跑一次"改革的浙江试验

作为民营经济较为发达、社会发育较为充分的地区,浙江省在改革开

[①] 参见阳盛益、张瑶:《"最多跑一次"改革研究趋势与评述》,载《治理研究》2020年第4期。
[②] 主要研究参见唐明良、骆梅英:《地方行政审批程序改革的实证考察与行政法理——以建设项目领域为例》,载《法律科学》2016年第5期。
[③] 参见章志远:《法治一体建设地方试验型模式研究》,载《中共中央党校(国家行政学院)学报》2021年第2期。

第二章 行政审批改革中的"最多跑一次"探索

放后探索形成了"强县扩权""集中审批""机关效能建设"和"四张清单一张网"等深化行政审批制度改革的具体策略,分别从纵向政府的权力重构、地方政府行政审批机制创新和职能部门权力规范等角度切入,回应了不同时期经济社会发展的现实要求。① 为了更好地将政府改革成果转化为民众的获得感,时任浙江省代省长车俊在2016年12月省委经济工作会议上提出了"最多跑一次"改革的倡议,要求树立"以人民为中心"的改革新理念,以群众感受倒逼政府变革,再创浙江体制机制优势。2017年2月16日,浙江省人民政府办公厅印发《浙江省人民政府办公厅关于加快推进"最多跑一次"改革全面梳理公布群众和企业到政府办事"零上门"和"最多跑一次"事项的通知》,开始启动"最多跑一次"事项梳理工作,要求全省分两批完成"最多跑一次"事项梳理公布工作。其中,59个省级单位梳理958项,设区市本级平均梳理1002项,县(市、区)平均梳理862项。2月20日,浙江省人民政府印发《加快推进"最多跑一次"改革实施方案》,不仅提出了"最多跑一次"改革的思路,确定了时间表、路线图和任务书,而且明确要求省市县乡四级全面推进"最多跑一次"改革。浙江省"最多跑一次"改革自提出以来,在较短时间内就取得了显著成效,显现出牵一发动全身、一子落满盘活的示范带动效应,引领形成了浙江改革发展的新优势。②

为了深化改革进展、巩固改革成果,浙江省从2017年便开始探索以立法的形式推动"最多跑一次"改革,以建立改革的长效机制。2017年7月28日,浙江省人大常委会通过了《关于推进和保障桐庐县深化"最多跑一次"改革的决定》,一方面正式授予桐庐县人民政府在得到省、设区市

---

① 参见郁建兴等:《"最多跑一次"改革:浙江经验,中国方案》,中国人民大学出版社2019年版,第36页。
② 参见车俊:《坚持以人民为中心的发展思想,将"最多跑一次"改革进行到底》,载《求是》2017年第20期。

人民政府依法委托后实施行政许可的权力,另一方面规定桐庐县人民政府应依据改革精神、根据改革需要调整合并本级政府部门职能、实施配套机构改革。地方立法机构的参与标志着"最多跑一次"改革真正具备体制创新的可能性。在地方探索取得阶段性进展后,《浙江省保障"最多跑一次"改革规定(征求意见稿)》于2018年4月25日开始公开征求意见,11月30日,浙江省人大常委会审议通过《浙江省保障"最多跑一次"改革规定》。该规定于2019年1月1日起施行,成为全国"放管服"改革领域首部综合性地方性法规。

(二)"最多跑一次"改革的中央认可

"最多跑一次"改革于2016年底由浙江省率先发起并实施,2017年5月,中共中央办公厅信息专刊印发了浙江省"最多跑一次"改革经验。2017年9月,国务院办公厅通报表扬浙江省"最多跑一次"改革。2018年1月,中央全面深化改革领导小组专门听取了《浙江省"最多跑一次"改革调研报告》,建议向全国推广。之后,"最多跑一次"被写入2018年政府工作报告,在深化"放管服"改革部分,要求"深入推进'互联网＋政务服务',使更多事项在网上办理,必须到现场办的也要力争做到'只进一扇门''最多跑一次'"。2018年5月,中共中央办公厅、国务院办公厅印发《关于深入推进审批服务便民化的指导意见》,将浙江省的改革作为第一项经验做法向全国复制推广。2018年10月,"最多跑一次"改革获得第五届"中国法治政府奖"。[①] 2019年10月,国务院《优化营商环境条例》颁行,浙江省"最多跑一次"改革的许多做法被吸收采纳。

---

① 参见中国政法大学法治政府研究院主编:《中国法治政府奖集萃》(第五届),社会科学文献出版社2018年版,第1—10页。

(三)"最多跑一次"改革的全国推广

"最多跑一次"改革从"地方探索"跃升为"顶层设计",从"区域创新"扩散为"全域改革",展现了"由点及面、平行扩散、中央采纳、辐射全国"的当代中国政策创新扩散轨迹。"最多跑一次"改革创新实践的扩散由点及面不到两年的时间,就从浙江省迅速扩散到全国29个省、自治区、直辖市。仅仅截至2018年6月,从中央政府及其部委到全国各省、自治区、直辖市、各级政府就已经颁布了400余份"最多跑一次"相关政策文件。从空间维度来看,"最多跑一次"改革制度扩散包括自上而下、横向平行、自下而上三种模式。① 总体上,"最多跑一次"改革的制度扩散呈现出由东南沿海地区向中西部内陆地区扩散的趋势,浙江、江苏、广东三省是制度创新的先锋地区,内陆地区中陕西省部分城市的创新采纳速度最快。② 在制度扩散过程中,制度目标的价值理念具有趋同性,政策工具的选择组合具有相似性。一方面,在制度目标的价值理念上,都重视从民众视角出发,关注"满意度""获得感""便民""活力"等,同时也提出从政府视角出发需要优化服务和提升效率,体现为深化简政放权、放管结合、优化服务等各项工作。另一方面,大部分省份在"监管""标准化""试点""公示""信用"等核心政策工具方面具有趋同性。特别是,各省份都采用了"监管"这一强制性的政策工具,要求全面加强和创新政府监管,建立有效的监管体系,以更强的监管促进更好的放权和服务,是各地政府在实

---

① 参见郁建兴等:《"最多跑一次"改革:浙江经验,中国方案》,中国人民大学出版社2019年版,第123—126页。
② 参见刘佳、刘俊腾:《"最多跑一次"改革的扩散机制研究——面向中国294个地级市的事件史分析》,载《甘肃行政学院学报》2020年第4期。

施"最多跑一次"改革中的重要政策举措。①

同时,在"最多跑一次"改革制度扩散过程中,一些制度扩散跟随者在政治因素和社会因素的作用下,形成了结合不同地方情境的多种制度形式,实现了一定程度上的制度再生产,如"不见面审批""马上办网上办一次办""一门式一网式""一枚印章管审批"等。其中,"不见面审批"是江苏省委、省政府以"互联网＋政务服务"为抓手,以行政审批为突破口,提出的一项综合性改革方案,以"在线咨询、网上申请、网上审批、网端推送、快递送达"为基本改革模式。②"不见面审批"的制度目标除了强调政府简政放权和提升群众满意度外,更加注重营造良好的市场环境,注重通过行政效能提升来降低企业的交易成本,其政策工具更强调政府信息平台技术提升和整合以及数字治理。"一门式一网式"是广东省响应国家决策部署而开展的重要改革,随着"最多跑一次"改革的全国推广,广东省结合自身实际,于2017年9月颁布《广东省人民政府办公厅关于印发广东省贯彻落实全国深化简政放权放管结合优化服务改革电视电话会议重点任务有关措施及分工方案的通知》。在制度内容上将"互联网＋技术"作为创新实践的必备要素,在政策工具方面呈现出对于"最多跑一次"创新实践的制度再生产,提出了多项结合广东实际的创新组合措施,如"强市放权""减证便民""多帽合一"等,其制度目标的出发点和落脚点更侧重于政府服务模式改革,注重政府行政效能的提升。③

此外,"最多跑一次"改革不仅仅局限于行政审批领域,还进一步延伸

---

① 参见郁建兴等:《"最多跑一次"改革:浙江经验,中国方案》,中国人民大学出版社2019年版,第178—180页。
② "不见面审批"改革的主要内容可参见《江苏省人民政府办公厅印发关于全省推行不见面审批(服务)改革实施方案等四个文件的通知》以及中共中央办公厅、国务院办公厅《关于深入推进审批服务便民化的指导意见》附件2《江苏省"不见面审批"经验做法》。
③ 参见郁建兴等:《"最多跑一次"改革:浙江经验,中国方案》,中国人民大学出版社2019年版,第183—193页。

至社会治理领域。提高保障和改善民生水平、加强和创新社会治理是当前社会体制改革的主要内容。以"最多跑一次"改革撬动社会体制改革,关键在于不断完善公共服务体系,提高公共服务水平,让人民群众有更多改革获得感,以打造共建共治共享的社会治理格局,实现政府治理和社会调节、居民自治良性互动。[①] 如浙江聚焦民众关注度高的民生领域,完善浙江政务服务网,"最多跑一次"进入水、电、煤、气、通信、电视、公共交通等领域;推进"互联网+教育""互联网+医疗""互联网+文化"等,促使各领域公共服务全面上线,使"最多跑一次"改革加速向公共服务领域延伸,特别是聚焦医疗卫生领域改革,大力推进智慧医疗建设等。[②] 实践中,"最多跑一次"改革不仅延伸到公共服务供给领域,还面向镇街社区,通过向基层放权、政务资源下倾、夯实基层治理结构,让基层社会治理运转起来。

二、"最多跑一次"改革的功能阐释

从法治一体建设的三极来看,法治是法治国家、法治政府、法治社会的共性元素,只是法治要素在三者中会表现出不同的重心。法治国家的"法治"强调权力控制,法治政府的"法治"则强调依法办事、依法行政,法治社会的"法治"更强调人权保障。[③] 法治政府可以为法治社会发展提供制度支持,法治社会治理体系和治理能力现代化可以为法治政府建设提

---

① 参见郁建兴、高翔:《浙江省"最多跑一次"改革的基本经验与未来》,载《浙江社会科学》2018年第4期。

② 参见郁建兴等:《"最多跑一次"改革:浙江经验,中国方案》,中国人民大学出版社2019年版,第100—111页。

③ 参见姜明安:《论法治国家、法治政府、法治社会建设的相互关系》,载《法学杂志》2013年第6期。

供环境保障,进而实现法治政府与法治社会的良性互动。①"最多跑一次"改革改变了"政府中心主义"的治理逻辑,将"以人民为中心"作为核心理念,不仅是政府的"自我革命",也是重构政府和社会关系的过程。总体上,"最多跑一次"改革激发了市场和社会主体的活力。通过减少行政审批事项和审批流程,大大缩短了一些事项的审批时间,为企业生产经营活动的开展赢得了时间、降低了成本。通过数据化协同,不但减少了琐碎的证明材料,而且使政府监管更加精准全面,增强了社会自律意识和诚信意识。通过下放审批权力,增强地方和基层政府的审批能力,大大便利了各社会主体的审批活动,增强了社会的积极性和活力,推动形成政社良性互动的关系格局。②

(一) 以公民诉求作为政府改革出发点

新时代人的发展权是个体全面发展和社会全面发展的有机统一,社会全面进步必须以人的全面发展为价值目的和归宿。③"国家不只拥有发布命令的权力,同时要履行满足公众需要的义务。"④习近平总书记指出:"中国坚持把人权的普遍性原则和当代实际相结合,走符合国情的人权发展道路,奉行以人民为中心的人权理念,把生存权、发展权作为首要的基本人权,协调增强全体人民的经济、政治、社会、文化、环境权利,努力维护社会公平正义,促进人的全面发展。"⑤"归根结底,法治最终的功能指向乃是满足人类社会有序、稳定、健康运转的需要,它本身就可以被

---

① 参见张清、武艳:《包容性法治社会建设论要》,载《比较法研究》2018年第4期。
② 参见汪锦军:《"最多跑一次"改革与地方治理现代化的新发展》,载《中共浙江省委党校学报》2017年第6期。
③ 参见张文显:《新时代的人权法理》,载《人权》2019年第3期。
④ 江必新、王红霞:《法治社会建设论纲》,载《中国社会科学》2014年第1期。
⑤ 《习近平谈治国理政》第3卷,外文出版社2020年版,第288页。

第二章　行政审批改革中的"最多跑一次"探索

视为一种社会关系的缔结方式和社会秩序的存在方式。它生发于社会并回馈于社会,社会是法治的真正母体。这就是说,法治必然地内蕴着社会的面向,没有理由被任何主体武断地据为己有,当作统治社会的工具或方式。"①"以人民为中心"就是要通过法治来增强人民群众的获得感、幸福感和安全感,保障人民安居乐业。为此,必须确立以民生为基调的法治发展目标,②"在整个发展过程中,都要注重民生、保障民生、改善民生,让改革发展成果更多更公平惠及广大人民群众,使人民群众在共建共享发展中有更多获得感。特别是要从解决群众最关心最直接最现实的利益问题入手,做好普惠性、基础性、兜底性民生建设,全面提高公共服务共建能力和共享水平,满足老百姓多样化的民生需求,织就密实的民生保障网。"③"最多跑一次"改革以与民众生产生活关系最紧密的领域和事项为改革起点,具有显著的"需求导向""问题导向"的特征,致力于让政府的公共服务与民众真实需求相匹配。

"最多跑一次改革"以民众定义的"一件事"为行动基础。传统的行政审批以政府部门相互分割的"事项"为标准,而在民众眼中,"一件事"往往由一个或多个部门的多个"事项"构成。因此,"最多跑一次"改革的第一步就是主动转变立场,从民众的视角定义"一件事",重新梳理、归并、整合政府权力"事项",明确规范"一件事"的名称、适用依据,最大限度地缩减"一件事"所需的材料、办事流程、办理时限,尽可能穷尽各种非常规情形的处理方式等内容,分批通过报纸、互联网等多个渠道公布实现"最

---

① 参见庞正:《法治社会和社会治理:理论定位与关系厘清》,载《江海学刊》2019年第5期。
② 胡玉鸿:《"以人民为中心"的法理解读》,载《东方法学》2021年第2期。
③ 中共中央文献研究室编:《习近平关于全面建成小康社会论述摘编》,中央文献出版社2016年版,第157—158页。

多跑一次"的"一件事"清单。① 从各省公布的清单情况来看,"最多跑一次"清单按内容可以划分为原生型、衍生型和混合型三类。其中,原生型清单是指在法定条件下,将符合社会公众到政府办事只跑一次甚至一次不用跑要求的事项进行梳理并对外公示的清单;衍生型清单在次数上变化出"最多跑两次"清单,内容上分为"四办"清单,即"马上办、网上办、就近办、一次办";混合型清单在梳理出"最多跑一次"清单的同时还梳理了"四办"清单。②

"最多跑一次"改革还建立了一系列旨在识别并回应民众需求的机制。一是借助技术手段分析以往政务服务的实际发生频率,由此确定政府改革具体事项的优先次序和服务资源配置。浙江省在2015年11月成立了数据资源管理中心,建立了省级政务服务的数据库。在"最多跑一次"改革中,省数据资源管理中心与省编办等职能部门通力合作,选取民众办件量最多的前100个事项集中攻关。在市、县,不少行政服务中心也建立了政务事项办理的监测机制,实时了解各类政务服务事项的办理情况。如衢州市行政服务中心基于排队叫号系统,定期了解不同窗口的排队等候情况,根据这些信息调整一线窗口工作人员的数量与结构安排,推动后台的政务事项改革。二是发挥一线窗口部门的信息优势,发现在实践中需要继续优化的政务服务事项。实践中,一线窗口部门可以直接由办理业务的窗口工作人员向特定政府机构反馈信息,也可以建立专门的工作机制,安排负责流程优化的部门负责人入驻一线,更好地了解政务服务中的实际情况。如义乌市行政服务中心为了发现政务服务中"不必要证明材料",在5个主要部门、14个镇街建立了村(社区)监测点。三

---

① 参见郁建兴等:《"最多跑一次"改革:浙江经验,中国方案》,中国人民大学出版社2019年版,第25页。
② 参见宋林霖、杨建萍:《"最多跑一次"清单制度:类别、挑战与路径选择》,载《新视野》2020年第1期。

是建立面向市民、个体工商户和企业办事人员等办事主体的反馈机制，查漏补缺。在杭州市、湖州市等地，行政服务中心借助12345政务服务热线为民众提供与政务服务事项有关的反馈渠道。宁波市行政服务中心建立了"一次未跑成"服务台，供民众反馈其在便民服务、商事证照登记以及企业投资项目审批中未能一次完成的政务事项。①

（二）以政府自我改革保障公民权利实现

政府是社会的管理者，法治政府建设对法治社会建成起关键性、决定性作用，是法治社会的指导者和推动者，也是法治社会公平、正义的保障。② 法治政府建设意味着对政府权力和行为边界的明晰设定，通过体制机制层面法治化的规范和设置，为法治社会建设提供一系列制度保障。③ "人是万物的尺度"，法治归根结底是为人服务的，更加重视为每一个具体的人服务，在法治上就是强化对个人权利的保障。④ 深化行政审批制度改革，就需要继续简政放权，推动政府职能向创造良好发展环境、提供优质公共服务、维护社会公平正义转变。"最多跑一次"改革尽管始于政府直接面向民众的政务服务，但它不再是以往"在政府外围开辟一片缓冲区域"意义上的机制创新，而是旨在以结果为导向、需求为导向系统优化经济体制、社会体制、权力运行机制等的全面变革。⑤ "最多跑一次"改革不是聚焦于某个行政审批环节的专门改革，而是从结果倒推的

---

① 参见郁建兴等：《"最多跑一次"改革：浙江经验，中国方案》，中国人民大学出版社2019年版，第54—57页。
② 参见方世荣：《论我国法治社会建设的整体布局及战略举措》，载《法商研究》2017年第2期。
③ 参见陈柏峰：《中国法治社会的结构及其运行机制》，载《中国社会科学》2019年第1期。
④ 参见江必新：《建设与经济新常态相适应的法治》，载《理论视野》2015年第11期。
⑤ 参见郁建兴等：《"最多跑一次"改革：浙江经验，中国方案》，中国人民大学出版社2019年版，第50页。

系统再造,使得政府权力行使更加规范化、透明化、便民化和智能化。从"最多跑一次"制度自身变革来看,主要包括四个方面的内容。

一是整合审批事项,推动部门协同。在官僚制结构中,部门分工是基本原则。政府部门各司其职,分工有余,协同不足,导致相关事项无法合并,相关业务无法整合,严重影响办事效率。针对这种现象,2017年4月28日,浙江省建设厅联合省发改、公安、财政、人防、物价、档案和数据管理中心等7个部门和单位,下发了《关于贯彻落实"最多跑一次"改革决策部署全面推进施工图联合审查的实施意见》,全面启动了施工图联合审查改革工作。原来这些部门审查的标准不统一,结果也不互认,企业办事异常烦琐。改革之后,统一标准、集中服务、结果互认、依法监管。通过此项改革,审批时间压缩一半。同时,针对企业投资项目中的环境影响评估、能耗评估、水土保持影响评估等各自为政的现象,浙江省积极推行区域评估、多评合一。能评、环评、水保等方面不再单个企业进行,而是区域整体评估,企业达标进入。多评合一,减轻了负担。在此基础上,积极推行联合验收,多测合一。政府十多个部门对竣工项目进行规划、档案、消防、质量、水保、绿化等联合验收。多个部门、多次测量变成联合测量,一次完成。①

二是精简审批材料,优化审批流程。浙江在全省范围推行20个领域"证照联办"、12个事项"多证合一、一照一码",推动企业"一照一码走天下",解决"办照容易办证难"等问题。比如对外贸企业,行政服务中心实行"一窗受理,全程代办",在原"五证合一"基础上,再将海关、商务、公安、出入境、人民银行、贸促会六个单位的证(表)合到一本营业执照上,实现"十一证合一"。办理这项事务,审批材料从56份减少到23份,全流

---

① 参见陈宏彩:《"最多跑一次"改革:新时代的政府效能革命》,载《治理研究》2018年第3期。

第二章 行政审批改革中的"最多跑一次"探索

程审批时间从30多个工作日缩短到6个工作日,跑腿次数从14次减少到只需跑1次。①桐庐县将原先"办照—刻章—银行开户—税票申领"流程内10个环节优化整合为"企业开办受理—审核—发放"3个环节。税票申领、银行开户、公章刻制环节从串联变成并联,刻章单位、银行、税务部门从接到数据推送起同步受理、同时推进,最大限度省去各环节等待时间。其中税务部门推出新办企业套餐服务,将"多证合一"信息确认、存款账户报告、税种核定、票种核定、最高开票限额申请、发票领购等事项予以一次性办结,实现当天发放。商业银行收件后1小时内派专人到综合受理窗口进行身份核实和面签,完成尽职调查。银行开户许可由原来5天压缩到2天。刻章单位接到推送消息后,1小时完成制章和备案。由此,企业开办可常态化压缩到3天内。②

三是通过技术赋能,实现数据共享。从技术层面看,政府部门数据信息不共享是造成"百姓办事跑路多"问题的症结所在。"最多跑一次"改革找到了办事、审批、条块、时空的交叉点共性点转换点,即"数据",开启了"数据革命"特征的政府治理创新。通过数字技术变革倒逼政府变革,实现关键信息数据在各个层级、部门之间的标准统一、数据共享和流动,实现流程优化再造,使群众办事真正实现"一个门、一张网",为促进体制机制创新、规范政府权力、提高行政效能、提升群众和企业获得感提供重要支撑。如温州市充分运用互联网思维、信息化支撑、大数据共享,在全省率先实施开展政务服务网"四个一"创新工程,以"一站导引""一网通办""一库共享""一端服务",推动政务服务平台整合,打破数据壁垒,促进条块联通,实现政务信息资源互认共享、共通共融和多方利用。2017

---

① 参见马宝成:《深化"最多跑一次"改革:从系统性迈向重构性》,载《治理研究》2018年第3期。

② 参见中共中央党校(国家行政学院)国家战略发展研究中心课题组:《浙江桐庐:深入推进"最多跑一次"改革》,载《行政管理改革》2018年第10期。

年全市84项共1.35亿条基础数据已归集实现共享,日均查询1.2万次,公安、民政、教育等12个部门逐步取消不动产、社保、无违法犯罪证明等各类纸质证明、证照材料,每年可减少群众跑腿次数200万次以上。①

四是下放审批事项,优化政府服务。为了让群众享受到更便捷的审批服务,桐庐县要求各部门按照"应放尽放"的原则,将基层能够审批的事项下放到基层,使群众在"家门口"就能办事。为此,桐庐县从提升群众获得感的角度出发,在法律法规允许的范围内,通过对全县审批事项进行全面梳理,将被征地农民社会保障参保登记等202项审批服务事项下放到乡镇(街道)办理。与此同时,推进素质高、业务精、能力强、服务优的骨干力量下沉入驻乡镇(街道)便民服务中心,制定出台了《关于县级部门派驻基层"四个平台"工作机构人财物管理意见》,并提出"城管执法人员下沉比例不得少于专项编制的85%,市场监管所、国土所不得少于专项编制的60%"等刚性要求。同时,桐庐县把三级代办服务作为推动"最多跑一次"改革的重要抓手,健全机制、整合队伍,努力实现"代办队伍帮忙跑,群众办事不用跑"。在县级层面,由"全科店小二"为重点项目提供全程代理协办服务;在乡镇(街道)层面,由镇级领导牵头、科室代办员组成镇级"贴心人"代办队伍,主要代办镇级重点项目和县级办理事项;在村级层面,由村便民服务中心人员和网格长、网格员组成"保姆式"代办队伍,主要代办便民服务事项。②

(三) 以公民获得感和满意度作为衡量政府改革成效标准

法治社会是一个富有价值取向意蕴的概念,它以社会成员和社会组

---

① 参见李文峰:《浙江"最多跑一次"的创新实效——基于"第三方评估"的报告》,载《浙江学刊》2018年第5期。
② 参见中共中央党校(国家行政学院)国家战略发展研究中心课题组:《浙江桐庐:深入推进"最多跑一次"改革》,载《行政管理改革》2018年第10期。

第二章　行政审批改革中的"最多跑一次"探索

织的独立、自愿、自治、商谈为基本交往方式,以整个社会法治观念的普及和法治氛围的存在为文化条件,以自由、平等、公正、人权、秩序等价值目标为理想愿景。这些价值标准,决定了法治社会范畴具有较强的规范性、评价性语用。① 法治社会建设最终将法治国家和法治政府建设的成果体现在社会生活之中,使法治成为一种可察、可感、可知的社会生活样态和社会治理状态,也会为法治政府建设的推进提供来自社会深层的持续动力。② 习近平总书记指出:"在全面深化改革进程中,遇到关系复杂、难以权衡的利益问题,要认真想一想群众实际情况究竟怎样?群众到底在期待什么?群众利益如何保障?群众对我们的改革是否满意?提高改革决策的科学性,很重要的一条就是要广泛听取群众意见和建议,及时总结群众创造的新鲜经验,充分调动群众推进改革的积极性、主动性、创造性,把最广大人民智慧和力量凝聚到改革上来,同人民一道把改革推向前进。"③ 在改革的评价标准维度方面,"以政府为中心"的公共管理重点关注公共服务组织(主要是政府)自我定义的效率,并将其作为评价公共服务的核心标准。民众作为公共服务的实际使用者,常常被排除在理论与实践之外。这些以效率作为公共管理主要评价标准的做法,具有显著的工业化、产品化特征,使得公共服务组织常常陷入"自娱自乐"的境地,名义上公共服务组织也许具有较高绩效,但从公共服务使用者的视角来看,公共服务供给的有效性往往较低。"以民众为中心"的公共管理以民众作为基本分析对象,关注公共服务在服务使用者一端即民众端的有效性,强调民众定义公共服务的绩效。④ "最多跑一次"改革把人民需

---

① 参见庞正:《法治社会和社会治理:理论定位与关系厘清》,载《江海学刊》2019年第5期。
② 参见陈柏峰:《中国法治社会的结构及其运行机制》,载《中国社会科学》2019年第1期。
③ 《习近平谈治国理政》第1卷,外文出版社2018年版,第98页。
④ 参见郁建兴、黄飚:《超越政府中心主义治理逻辑如何可能——基于"最多跑一次"改革的经验》,载《政治学研究》2019年第2期。

求纳入改革考量,是政府对人民服务效能的数量与质量双重承诺,让人民群众"只跑一次腿"甚至"零跑腿"是衡量政府政务服务效能的数量标准,"人民群众满意"是对政府政务服务效能提出的质量要求,①市民、个体工商户和企业办事人员的实际体验成为评价改革成效的核心标准。

"最多跑一次"改革自"起跑"就明确了人民群众是"监督员""裁判员",将改革评价权交到群众手中,变政府自我评价为群众评价,变群众观望为群众参与,使群众成为改革的监督者、评判者、推动者,并确立了改革满意度第三方评估机制,摒弃以往政府改革"自改自评"的惯例,破解以往政府既当"运动员"又当"裁判员"的怪圈。② 从各地发布并实施的"最多跑一次"改革评估办法来看,大多与预期目标的设置相匹配,将"最多跑一次"的实现率、民众的满意度等作为评价改革成效的标准。以最早开展"最多跑一次"改革的浙江为例,2017年2月浙江省人民政府发布的《关于印发加快推进"最多跑一次"改革实施方案的通知》明确提出:"以切实增强群众和企业获得感为衡量标准,检验和评价改革的成效,到2017年底基本实现群众和企业到政府办事'最多跑一次是原则、跑多次是例外'。"根据浙江省官方公布的数据,从2017年6月至2017年12月,"最多跑一次"的实现率从77.7%上升至87.9%,截至2018年6月,"最多跑一次"的实现率为88.8%;民众满意率从2017年6月的86.9%,至2017年12月上升至94.7%。再如较早开展"最多跑一次"改革的云南省昆明市,在2017年7月发布的《关于昆明市推进"最多跑一次"改革的实施意见》同样指出这项改革的工作目标是:"以切实增强群众和企业获得感为衡量标准,检验和评价改革的成效。"根据第三方调查机构关于昆明

---

① 参见国虹:《"最多跑一次"改革:新时代"以人民为中心"的公共行政创新运动》,载《西南大学学报(社会科学版)》2019年第6期。
② 参见李文峰:《浙江"最多跑一次"的创新实效——基于"第三方评估"的报告》,载《浙江学刊》2018年第5期。

市政务服务情况的评价,截至 2018 年 9 月,昆明市"最多跑一次"实现率为 97.42%,服务满意率为 86.6%。①

三、"最多跑一次"改革的发展进路

中共中央、国务院印发的《法治政府建设实施纲要(2021—2025 年)》在"深入推进'放管服'改革"部分,明确提出要依托全国一体化政务服务平台等渠道,全面推行审批服务"马上办、网上办、就近办、一次办、自助办",大力推行"一件事一次办",提供更多套餐式、主题式集成服务等。可见,"最多跑一次"改革仍然是当前行政审批改革的重要方式。2022 年 10 月,国务院办公厅印发《关于加快推进"一件事一次办"打造政务服务升级版的指导意见》,对"最多跑一次"改革的深化发展提出了新的要求。遵循法治政府建设要率先取得突破、带动法治社会建设的法治发展逻辑,未来应从三个方面重点完善"最多跑一次"制度。

(一) 面向整体性治理的部门协同

为了实现"最多跑一次",各地政府都采取了促进部门协同、业务整合的系列措施,取得了较好的效果。但是,当前的政府部门整合更多集中在协调层面,还远未达到内生和固化的层面,职能整合和机构设置的相应调整也显然还没有进入议事日程。改革中旧的利益关系被打破,但新的利益结构尚未完全确立,将使制度处于非均衡状态,这种制度化难题构成改革的内生困境。如杭州市某区行政服务中心退休综合窗口包含退休、社保、医保、就业等四块工作,但是后台登录系统仍分为四个账号,没

---

① 参见郁建兴、黄飚:《超越政府中心主义治理逻辑如何可能——基于"最多跑一次"改革的经验》,载《政治学研究》2019 年第 2 期。

有统一登录账号,导致办理时间长;综合窗口往往只是对外实现了一个口子接收材料,但在内部运转上仍是部门分别办理,再汇总输出结果。之所以出现上述种种问题,根本原因在于部门主义模式下的职能分属。这样的分治还存在于下级政府部门之间的协作整合已实现了飞跃性进步,但上一级政府仍处于部门分割的格局,阻碍了"最多跑一次"的实现。因此,必须从整体性治理出发,对政府机构进行彻底重组,以克服当前部门林立、条块分割、层级节制的传统官僚制下的科层化问题,转而以精简的组织结构和高效的协作机制构建整合型政府,实现整体性治理。①

整体政府旨在推动社会公共事务向整体治理的方向发展,主要涉及三个方面的整合:一是治理功能的整合,主要表现在政府职能部门的整合和职权的整合;二是治理层级的整合,如中央和地方机关的整合;三是政府和社会组织相互支撑、多元兼容,形成政府和社会共治的合作伙伴关系。② 在"最多跑一次"改革中要以协作信任机制构建整合型治理架构。一是要加强顶层设计,推进上一级政府与下一级政府以及不同省市之间的改革协同和共享共认及合作;二是针对不同领域,如不动产登记、商事登记、投资项目审批、医保社保、公安服务等,通过联席会议制度、业务与技术人员共同组成专项组等多种形式,搭建同级政府部门间的横向协调合作机制,协同梳理解决该领域内的重点难点问题;三是动员整合社会力量参与改革,基于不同组织形态的特色与优势,充分发动社区、社会组织、市场,甚至公民个人,推进公私合作,形成相互信任的共享协作模式,实现"无缝隙整合";四是在确保政府上下级权威的基础上,着力构

---

① 参见陈丽君、童雪明:《整体性治理视阈中的"最多跑一次"改革:成效、挑战及对策》,载《治理研究》2018年第3期。

② 参见王敬波:《面向整体政府的改革与行政主体理论的重塑》,载《中国社会科学》2020年第7期。

建纵向层级间的协调机制,向上争取授权,拓展改革空间,向下充分放权,支持基层改革创新,转变请示汇报批复的文来文往模式,建构就事论事式的共商机制;五是有序整合政府部门功能,以逆部门化、逆碎片化方向稳步推进政府部门及其内设机构、下设事业单位的整合调整,渐进式改变各行其是的部门分治模式。①

同时,通过在线协作和数据共享实现政府部门间的线上整合。《国务院关于加强数字政府建设的指导意见》提出,要构建协同高效的政府数字化履职能力体系,以数字政府建设支撑加快转变政府职能,推动政府运行更加协同高效。特别要求加快建设全国行政许可管理等信息系统,实现行政许可规范管理和高效办理,推动各类行政权力事项网上运行、动态管理;强化审管协同,打通审批和监管业务信息系统,形成事前事中事后一体化监管能力;充分发挥全国一体化政务服务平台作用,促进政务服务标准化、规范化、便利化水平持续提升。互联网平台路径的整体性政府建设主要解决两大问题:一是政府部门间的在线协作;二是政府部门间在线上实现数据共享。一方面,在线协作的基础是行政流程的整体化和审批标准的统一化。行政流程的整体化是指将分散的、无序的行政流程进行归类、整合、排序,从而提高流程整体性的过程;审批标准的统一化,则是对于同一份审核材料或审核条目,政府各部门的审核标准具有一致性,即一个部门审核通过,则其他部门也一定会审核通过。在"最多跑一次"改革过程中,互联网构筑的在线协作平台使线下的职责分工在线上得到了部分整合,极大地降低了职能碎片化的风险,提高了行政过程的整体性和行政效率,搭建了整体性政府在线协作的基本架构。实质上,作为在线协作基础的行政流程的整体化正是将政府部门间的矛

---

① 参见陈丽君、童雪明:《整体性治理视阈中的"最多跑一次"改革:成效、挑战及对策》,载《治理研究》2018年第3期。

盾由外部向内部转变的过程。在此基础上，审批标准的统一化则又倒逼政府将内部矛盾进一步消解，政府各部门间"依法打架"的现象大为减少，协同性大幅提升。另一方面，数据共享是与职能整合和在线协作协同推进的。数据共享需要解决的不仅仅是互联网、大数据技术的应用问题，更是部门利益和信息保护的问题。这就需要在法律保障的基础上着力打破部门间的保护主义，以更高的协调力和统筹力来推动数据共享的持续深入。①

（二）通过事中事后监管保障政府改革成效

随着"最多跑一次"改革的不断深化，在简政放权的同时，应吸取部分国家治理失败的教训，防止国家力量和能力下滑可能造成的改革风险。要打破"一管就死，一放就乱"的怪圈，就需要政府在放松事前介入控制的同时加强事后补救性监管，探索简政放权与加强监管之间恰当的平衡点。②《国务院关于加强和规范事中事后监管的指导意见》指出，持续深化"放管服"改革，要坚持放管结合、并重，把更多行政资源从事前审批转到加强事中事后监管上来，推进政府监管与服务相互结合、相互促进，增强人民群众幸福感、获得感和安全感。传统审批重审批、轻监管，以批代管、只批不管等现象十分突出，既影响政府办事效率，也影响社会治理效果。"最多跑一次"改革应加强事中事后监管，从"放管服"的总体布局中来谋划监管，对放管结合进行系统布局，普遍着眼于建立健全功能完善、防控严密、执行高效的事前事中事后工作体系。

推进"最多跑一次"改革向事中事后监管延伸，就需要联动推进行政

---

① 参见陈国权、皇甫鑫：《在线协作、数据共享与整体性政府——基于浙江省"最多跑一次改革"的分析》，载《国家行政学院学报》2018年第3期。

② 参见国虹：《"最多跑一次"改革：新时代"以人民为中心"的公共行政创新运动》，载《西南大学学报（社会科学版）》2019年第6期。

第二章 行政审批改革中的"最多跑一次"探索

审批制度改革、综合行政执法体制改革和社会信用体系建设,在进一步精简事前审批的同时,探索智慧监管、审慎监管,全面推行"双随机、一公开"监管,推动行政处罚等监管信息全面纳入信用体系,构建"事前管标准、事中管达标、事后管信用"的监管体系。① 一是以责任清单为抓手,明确监管责任。监管主体不一、责任不明、边界不清是出现多头执法、重复检查、无人管理等监管问题的主要原因。通过制定责任清单,明确部门监管职责,细化具体工作事项,并根据具体问题,逐项厘清涉及部门边界划分的事项,明确监管责任。对已经取消审批但仍需政府监管的事项,主管部门负责事中事后监管;对下放审批权的事项,要同时调整监管层级,确保审批监管权责统一;对审批改为备案的事项,主管部门要加强核查,对未经备案从事相关经营活动的市场主体依法予以查处;对没有专门执法力量的行业和领域,审批或主管部门可通过委托执法、联合执法等方式,会同相关综合执法部门查处违法违规行为,相关综合执法部门要积极予以支持。二是强化信用约束,加强过程监管。信用风险分类监管作为一种执法资源调配手段,在事中事后监管体系构建中扮演了较为核心的角色。在当前行政审批的改革背景下,放松规制的政策试验带来市场主体的大量涌入,给有限的行政监管资源带来巨大压力,所以,带有"回应性规制"色彩的信用风险分类监管无疑能够起到节省执法资源、有效辨识风险与提高监管效能的重要功用。而且就监管执法效果而言,通过监管执法资源的倾斜配置并增强行政检查频次,是改变被规制方的合规动机并提升规制效率的有效手段。② 在这种监管方式下,企业由被动接受监管向主动适应规则转变,政府由重审批向重标准、重监管转变,改革由"规则内的选择"转向"规则间的选择"。三是推进"双随机、一公开"

---

① 参见马宝成:《深化"最多跑一次"改革:从系统性迈向重构性》,载《治理研究》2018年第3期。

② 参见卢超:《事中事后监管改革:理论、实践及反思》,载《中外法学》2020年第3期。

监管。《国务院关于在市场监管领域全面推行部门联合"双随机、一公开"监管的意见》对检查对象名录库和执法检查人员名录库、监管工作平台、抽查程序与结果公示等制度建设进行了详细部署,尤其提出要促进"双随机、一公开"监管与信用监管有效衔接,将"双随机、一公开"抽检结果作为企业信用风险分类的重要考量因素,并根据企业风险信用确定抽检比例与频次。但是,"双随机、一公开"监管对行政执法程序的流程改造,在一定程度上也可能会加剧行政执法资源与市场监管对象之间的张力,尤其是使得基层执法资源的匮乏现象更加紧迫突出。因此,也需要考虑城乡体系、地区经济以及监管领域的影响,根据不同地区、不同监管领域执法资源的差异,针对性地对"双随机、一公开"的监管程序设计进行细化,防止其脱离本土国情而被悬置空转。①

(三) 以政府改革推动社会治理现代化

改革开放以来,我国政府推进型的法治模式过分依赖国家(政府)单方面的努力,存在着先天的动力单一的缺陷,暗含着某种法治的悖论,同时也容易导致法治共识不足、法律工具主义、制度认同乏力、司法公信缺失等困境。法治社会命题的提出,克服了把法治动力完全寄托于国家的单一性弊端,并且有助于现实的法治实践更加贴近法治的核心要义。②任何政府要实现有序和有效的治理,一个必要条件是全社会意志的统一。这不能只靠政府和执政党自上而下的灌输,还要靠社会的沟通、协议、参与——民众分散的意志集中、融合为共同意志,达成共识,从而形成政府治国的政治基础和社会基础。③"最多跑一次改革"中"以民众为中

---

① 参见卢超:《事中事后监管改革:理论、实践及反思》,载《中外法学》2020年第3期。
② 参见庞正:《法治社会和社会治理:理论定位与关系厘清》,载《江海学刊》2019年第5期。
③ 参见郭道晖:《论法治社会及其与法治国家的关系》,载《中共中央党校学报》2015年第1期。

第二章　行政审批改革中的"最多跑一次"探索

心"的公共管理主体间关系表现为平等、协作,即公共服务组织(主要是政府)与民众在公共管理过程中处于平等地位,相互协调与配合,公共服务组织与民众之间既非一方凌驾于另一方,也非相互对立、二分的割裂状态,而是相互谋求最大共识,相互促进、共同实现有效治理的良性互动关系。① 因此,通过"最多跑一次"改革,可以进一步强化社会参与和社会监督,有助于推动构建更加和谐良性的政社关系,从而为社会治理现代化建立基础。

社会治理使社会组织和广大公民以各种形式参与社会事务的管理,与政府的管理活动形成积极配合和良性互动,共同发挥治理作用。社会组织和广大公民与政府的合作参与关系主要体现为配合与协作关系、决策与决定的参与关系和监督关系等。② 以"最多跑一次"改革强化社会自我治理能力,需要通过积极简化社会组织登记注册的审批流程,鼓励社会组织的增长;通过强化政府对社会组织活动的监管能力,引导社会组织健康发展;通过下放审批权力、增强数据协同运用,提升社区治理和服务能力;通过整合强化社会监督政务的平台建设,增强社会参与积极性。③ 但是,当前社会公众在"最多跑一次"改革中的参与程度有限,尚未实现全过程参与。如从"最多跑一次"清单事项的梳理、制作、效果评价与反馈一系列环节的整体运行情况来看,清单的梳理制作主要基于政府的视角,缺少与社会公众的互动交流。一方面,社会公众参与意见表达的渠道有限。尽管大部分地区"最多跑一次"清单制度推行过程中在清

---

① 参见郁建兴、黄飚:《超越政府中心主义治理逻辑如何可能——基于"最多跑一次"改革的经验》,载《政治学研究》2019 年第 2 期。

② 参见方世荣:《论我国法治社会建设的整体布局及战略举措》,载《法商研究》2017 年第 2 期。

③ 参见汪锦军:《"最多跑一次"改革与地方治理现代化的新发展》,载《中共浙江省委党校学报》2017 年第 6 期。

单的办事指南内或清单外增设了公众事项评价环节,拓展了公众参与渠道,但公众只能在事后环节参与评价,对整个改革进程的参与度仍非常有限。虽然部分地区在推行"最多跑一次"改革的过程中对部分社会群体的需求进行调查,如杭州市就曾广泛发动党员、团员、志愿者、企业家、普通群众等开展调查,征集改革的意见建议,通过网络平台开设改革专栏,了解民声民意,但大部分地区更多是从政府自身的能力和管理水平出发梳理清单事项,未在清单梳理之前展开充分调查。另一方面,评价方式单一、评价内容笼统。大多数省份的评价维度单一,仅设置三至五个评价维度,公众依据页面设置选择一个维度对事项进行简单评价。以浙江省教育厅的"最多跑一次"清单制度中"查看评价"一环为例,办事评价分为很满意、满意、基本满意、不满意、很不满意五个维度。公众只能就以上五个维度对事项进行评价,缺少向政府表达更详细意见和建议的渠道。

对于上述问题的解决,应着力健全社会公众参与机制。一是建立健全激励机制。设计有效的奖励措施,激励公众、企业和社会组织参与清单制定、清单调整、清单评估的积极性。二是建立健全评价机制。在清单制度的评估阶段,应以政府服务的态度、速度、政务公开度等为评估要素,公民需秉持实事求是、客观公正的原则对公众满意度和公共服务的质量进行评价。三是建立健全公民意见反馈机制。意见反馈机制体现在"最多跑一次"清单制度体系建设的全过程,对扩展公共话语空间、明确公众选择与偏好、提升政府公信力、降低决策风险和成本有重要作用。借助互联网平台和大数据技术,政府有更好的机遇和更大的可能性扩展"大众话语空间",通过网络平台与社会公众形成双向互动机制,更快了解民众偏好、回应民众诉求。① 同时,中介服务也是法治社会建设的重要力量,其健康发展对于约束公权力、提升政府公信力有促进作用。但实际生活中却存在"红顶中介",成为某些行政机关和公务员牟取行政审批权红利的工具。② 以"最多跑一次"改革推进审批中介改革,包括对审批中介服务进行规范、推进审批部门和审批中介脱钩、强化审批中介的透明度和竞争机制、降低审批中介的服务价格等,使审批中介成为"亲、清"政商关系的桥梁和纽带。

---

① 参见宋林霖、杨建萍:《"最多跑一次"清单制度:类别、挑战与路径选择》,载《新视野》2020年第1期。

② 参见张鸣起:《论一体建设法治社会》,载《中国法学》2016年第4期。

第三章

行政审批改革中的"告知承诺制"探索

告知承诺制产生于我国行政审批制度改革的大背景下,最初是上海市相关改革工作中的一项创新性举措,是基于地方政府先试先行而形成的先进改革经验,进而上升为国家层面《优化营商环境条例》中的一项宏观制度倡导。随着"证照分离"改革工作在上海试点实施,根据《关于上海市开展"证照分离"改革试点总体方案》的内容,"证照分离"改革试点的目标是进一步清理和取消一批行政审批事项,具体进路有三种:一是取消审批;二是推动一部分行政许可事项由审批改为备案;三是推动一部分行政审批事项实行告知承诺制。对于行政审批制度改革中的告知承诺制,法律法规和各地规范性文件中多以过程性描述的方式来陈述告知承诺的内涵。譬如,《上海市行政审批告知承诺管理办法》第2条明确指出,告知承诺是指"公民、法人和其他组织提出行政审批申请,行政审批机关一次性告知其审批条件和需要提交的材料,申请人以书面形式承诺其符合审批条件,由行政审批机关作出行政审批决定的方式"。理论界多数观点认为,告知承诺制是一个典型的市场取向许可改革方案,是实

第三章　行政审批改革中的"告知承诺制"探索

现亲市场化战略的突破口,是我国行政许可改革的方向。① 随着法治一体建设中政府职能转变和"放管服"改革的深入推进,告知承诺制在创新政府管理方式、优化审批环节、提高审批效能、服务企业发展等方面都发挥了积极作用,其规范化实施不仅是行政许可工作方式创新的体现,对于行政执法体制改革和法治化营商环境的建设同样具有积极意义。习近平总书记在党的二十大报告中强调"扎实推进依法行政",对转变政府职能、深化行政执法体制改革、强化行政执法监督机制和能力建设等作出重点部署,并提出明确要求,为新时代法治政府建设提供了根本遵循。本章将追溯行政审批制度改革中告知承诺制的生长轨迹,以坚持法治国家、法治政府、法治社会一体建设为视角,对告知承诺制所蕴含的法治功能进行挖掘和阐释,并在法治一体建设视域下就制度优势如何转化为实际治理效能,提出告知承诺制的具体完善构想和规范化发展进路。

一、告知承诺制的生长轨迹

告知承诺制是一项极具中国本土特色的实践探索,在国外没有被称作"告知承诺"的相关制度。回望告知承诺制在我国二十多年的生长轨迹,不难发现,告知承诺制是一项试验于地方、发展至中央、再推广到全国的行政审批改革中的重要制度创新。早在2001年10月,上海市工商行政管理局和浦东新区人民政府即在浦东新区对企业登记率先试行"告知承诺"制度,因试点成效显著而广受各界关注,甚至被社会舆论称为对传统"图章审批"发起的"图章革命"。② 从一个行政审批创新概念及制度

---

① 参见袁曙宏、杨伟东:《论建立市场取向的行政许可制度》,载《中国法学》2002年第5期。
② 参见李孝猛:《告知承诺制及其法律困境》,载《法治论丛》2007年第1期;胡永鸣:《"告知承诺"挑战"图章审批"》,载《人民法院报》2002年10月16日第1版。

的提出,到政府官方文件落实在上海市浦东新区等地区进行改革试点的规定,告知承诺制实现了从理论到实践的飞跃。近年来,告知承诺制在全国各地不断推进试点试验和实践推广,逐渐以其高效便民、权利义务内容明确的特点为社会公众所青睐。总体来看,告知承诺制的产生和发展大致经历了三个阶段。

(一) 告知承诺制的上海试点

"从法治一体建设地方试验型模式的运作上看,地方改革创新试验是漫长征程的'首站'。"[①]告知承诺制发轫于上海,最早源于上海市浦东新区行政审批改革试点,最初适用范围仅限于企业设立登记以及公共卫生许可领域。2001年,上海市政府发布了《上海市政府关于本市行政审批制度改革的通知》。该通知规定,可以用告知承诺、事后监管等手段进行管理的事项应取消审批,以对现有的行政审批项目进行全面清理作为改革工作的主要目标,并决定先在浦东新区等市内辖区进行行政审批制度改革的试点,对企业设立的项目推行告知承诺制。2001年7月和9月,上海市政府分别批准了《外高桥保税区行政审批制度改革方案》和《关于浦东新区企业设立、开业试行告知承诺审批方式的意见》。同年8月、10月,外高桥保税区和浦东新区率先在企业设立、开业环节分别开始试行告知承诺审批方式,提高企业办理经营许可证和营业执照的速度。2002年,两辖区在总结试点改革和制度革新经验的基础上,经上海市政府批准,开始逐步扩大实行告知承诺方式的审批事项范围,并且在部分基建审批环节和其他管理领域也开始试行告知承诺的审批方式。2003年,上海市将浦东新区试点实施的19项告知承诺制事项在其他区县全面推行,

---

① 章志远:《法治一体建设地方试验型模式研究》,载《中共中央党校(国家行政学院)学报》2021年第2期。

直至次年末,告知承诺审批方式已在上海市全市得到推广,告知承诺事项累计发展至38项。①

2014年4月,上海市质监局正式印发《中国(上海)自由贸易试验区内产品质量检验机构资格审批部分变更审批告知承诺办法》和《中国(上海)自由贸易试验区内产品质量检验机构计量认证部分变更审批告知承诺办法》,这是上海市质监局首批开展告知承诺制的审批项目,同时也标志着上海在全国率先于检验检测机构资质认定审批领域实施告知承诺制。随着告知承诺制在上海市的试点实施成果日益显著,有关制度的各事项规定也在上海市政府及其职能部门发布的实施文件中不断得到细化。2004年2月,上海市首次出台单独规定告知承诺制的行政规范性文件,即《关于本市行政审批实行告知承诺制度的意见(试行)》。随后,上海市政府又于2009年4月发布《上海市行政审批告知承诺试行办法》,第一次明确了告知承诺的制度定义,规定了告知承诺制的除外原则和适用条件的方式以及规定建立诚信档案。自此,告知承诺制在上海的试点实施工作逐渐以趋于制度化和规范化的姿态步入正轨。2018年4月9日,上海市政府第八次常务会议通过《上海市行政审批告知承诺管理办法》,该办法是全国范围内首个对告知承诺制进行规范的创制性地方政府立法,首次为行政许可告知承诺制度提供了法制保障。该办法不仅明确了行政机关的责任、告知承诺的操作流程、注销和公开条款以及参照执行条款,还规定了建立诚信档案管理体系,对违反承诺行为实施警告和罚款的行政处罚以及在事后监管中可以适当简化内部手续。纵观告知承诺制在上海市的试点历程,其制定法规位阶从行政机关发布的规范性文件到地方政府规章,相应立法位阶的逐级提高,也意味着告知承诺制的法

---

① 参见《上海市人民政府办公厅转发市审改办〈关于今年本市行政审批制度改革中有关部门职责分工意见〉的通知》,https://www.shanghai.gov.cn/nw12943/20200815/0001-12943_1156.html,最后访问日期:2022年11月11日。

律地位随着试点工作的稳步推进而逐步提升。

(二) 告知承诺制的中央认可

随着行政审批制度改革在上海市顺利进行试点应用,告知承诺制作为行政审批制度改革的一项创新举措逐渐获得了中央的关注和认可。近年来,国务院不断汲取上海市行政审批改革试点的有益经验,开始尝试在国内其他地区和其他社会规制领域渐次推行告知承诺制。2015年5月12日,国务院印发《2015年推进简政放权放管结合转变政府职能工作方案》,该方案中提及要推行告知承诺等办法,形成政府监管、企业自治、行业自律、社会监督的新格局。此后,国务院又接连发布多个文件推进告知承诺制的具体应用与施行。2015年12月22日,《国务院关于上海市开展"证照分离"改革试点总体方案的批复》正式同意了上海市浦东新区开展"证照分离"改革试点的请示。其中,具体的改革方案就包含"推动一批行政许可事项实行告知承诺制"这一内容。浦东新区将告知承诺作为开展"证照分离"改革试点的主要方式,并于2020年又进一步推动了"一业一证"改革,建立起以信用监管为支撑的告知承诺审批管理制度。2016年5月13日,《国务院关于北京市开展公共服务类建设项目投资审批改革试点的批复》也明确:创新审批方式,探索实行告知承诺制,由实行审批部门一次性告知项目单位应具备的条件和需提交的材料,以及项目建设具体标准和要求,项目单位书面承诺按照标准和要求执行后,审批部门即以一定方式认可项目单位的申请事项,项目单位据此即可开展所申请事项的实施工作。2017年3月30日,《国务院关于印发全面深化中国(上海)自由贸易试验区改革开放方案的通知》中再次强调要深化"先照后证"改革,按照告知承诺和加强市场准入管理等方式进一步优化调整需要保留的行政审批。2017年9月22日,《国务院关于在更大范围推进"证照分离"改革试点工作的意见》同样指明要通过实行告知承诺制开展改革试点工作,要求各行业主管部门在清理规范行政审批事项的同时,还应全面加强行业规范建设,制定明确具体的行业经营标准,督促企业对照标准进行备案或实行告知承诺。可见,基于现有改革经验的积累和后续改革发展的需要,中央明确了要进一步扩大实行告知承诺制领域的目标,在更大范围内探索告知承诺制的实行方式。

2019年1月,习近平总书记在中央政法工作会议上强调,要持续开展"减证便民"行动。李克强总理也多次要求取消各种无谓的证明和烦琐的手续,最大限度减少企业和群众跑政府的次数,不断优化办事创业和法治营商环境。同年5月,司法部印发了《开展证明事项告知承诺制试点工作方案的通知》,这是国家层面首次就证明事项告知承诺制的试点工作专门作出的实施规定,该方案对告知承诺制的实施原则、主体、程序等方面作出了规定,可见国家旨在积累告知承诺制的改革试点经验,为后续统一立法规制做好准备。同年10月,随着国务院以行政法规的形式出台《优化营商环境条例》,告知承诺制首次在立法上获得了中央层面的认可,这对于告知承诺制的实施具有里程碑式的意义。《优化营商环境条例》第19条提出,行政机关及其工作部门应当精简企业经营许可事项和程序,积极推行告知承诺制在行政审批改革工作中的实施。这不仅体现了中央对于上海市实施的告知承诺制改革试点工作的正式认可,也对接下来在全国范围内推广行政审批告知承诺制改革提出了宏观意义上的倡导。

(三)告知承诺制的全国推广

在"放管服"和"优化营商环境"向纵深推进的改革背景下,国务院根据上海市行政审批制度改革提供的先进指导经验,逐渐在全国范围、多个领域推广告知承诺制。2018年9月,随着"证照分离"改革在上海市浦东新区试点满三年,国务院发布《关于在全国推开"证照分离"改革的通知》,决定在全国范围内推行"证照分离"改革。告知承诺制作为其中一项重要改革举措,正式步入全国推广实践的阶段。次年,司法部按照《开展证明事项告知承诺制试点工作方案》,组织天津、河北、辽宁、上海、江苏、浙江等13个省(市)和公安部、人力资源社会保障部、自然资源部、交通运输部等5个国务院部门开展证明事项告知承诺制试点工作。其中,公安部确定在浙江省的户籍管理领域试行证明事项告知承诺制,群众在办理户籍业务、户口迁移业务时,对居民户口簿、户口迁移证件适用告知承诺制后免予提交。江苏省以投诉监督平台集中反映的问题为导向,将亲子关系证明、未婚证明等使用频次较高的证明事项,列为试点事项。自然资源部则针对由于亲属关系的复杂性以及地域、历史等因素影响,在办理不动产继承登记过程中,群众辗转多个部门难以获取或者无法获取的证明事项试行告知承诺制,群众可以通过告知承诺方式直接申请办理登记。此外,四川省还针对"学校就读证明""与失业人员关系证明""住所使用权证明"等证明事项提出了实行告知承诺制的政策倡导。至2019年9月底,试点市和试点部门开展涉及试点证明事项63类,申请人累计减少提交73194件证明材料。截至2019年底,通过开展告知承诺制试点,全国13个省(市)、国务院5个部门累计试点告知承诺制证明事项约2500项,告知承诺制的试点实施覆盖了公安户籍、交通运输、人力资源和社会保障、不动产登记、教育、科技、司法行政等60多个领域。①

从地域分布上看,告知承诺制在全国的推广实施早期主要在东部沿海经济发达地区进行。其实早在2003年,浙江省人民政府就曾借鉴上海市改革试点的实践经验,并提出了在企业登记前置审批实行告知承诺制的意见,以优化浙江地区的企业营商环境。随后,这一制度在江苏、广

---

① 参见《司法部多措并举推进证明事项告知承诺制》,http://xyzl.jlzhenlai.gov.cn/cms/news/content/720924099076947968,最后访问日期:2022年11月11日。

西、福建、重庆等各地也相继进行试点实施。① 作为司法行政改革的一项亮点工作,告知承诺制在全国范围内一经推行,各地在告知承诺的事中事后核查方式上也因时而异、因地制宜,改革的创新探索举措如雨后春笋般不断涌现。四川省成都市司法局对申请律师执业的无犯罪记录证明实行告知承诺制,将"行政许可申请人犯罪记录查询表"函寄市公安局,由市公安局协助核查反馈。通过建立部门间信息函询协查制度,明确协查形式和程序,在一定程度上破解了部门间信息核实查询的障碍。江苏、广东等地探索通过公示承诺书、公布投诉举报电话等方式,借助社会力量对告知承诺事项进行事中事后核查。其中,江苏省建立承诺公示制度,对于核查难度大、社会关注度高,且不涉及国家机密、商业秘密和个人隐私的事项,鼓励申请人主动在社区或政务服务中心网上公开。广东省由法律援助机构将"法律援助申请承诺书"在政府网站或法律援助机构指定场所进行公示,逾期无异议的视为符合法律援助申请条件。就目前全国各地告知承诺制的推广实施情况而言,"证照分离"改革工作的持续推进为告知承诺制的发展打下了坚实的制度基础,成为促进制度发展的重要推手,告知承诺制在改革精神的指导下在全国各个省市地区进一步发展,其实施范围也不断扩大。

二、告知承诺制的功能阐释

回顾我国行政审批改革中告知承诺制的本土实践探索,大致经历了"地方试点—中央认可—全国推广"和"依托文件—政府规章—行政法规"的发展历程,呈现出由地方试点至全国各地、从单一部门向各个行政领

---

① 参见曾德才等:《卫生行政许可"告知承诺制"的实践与分析》,载《中国卫生法制》2012年第5期。

域全面扩散的发展态势。① 在告知承诺制最初的推广阶段,学界侧重于将该制度广而告之,同时揭示该制度所蕴含的激发市场主体活力以及保障相对人利益的价值内核。② 随着2020年中央全面依法治国工作会议的召开,习近平总书记强调,"坚持依法治国、依法执政、依法行政共同推进,法治国家、法治政府、法治社会一体建设。全面依法治国是一个系统工程,要整体谋划,更加注重系统性、整体性、协同性。""推进全面依法治国,法治政府建设是重点任务和主体工程,对法治国家、法治社会建设具有示范带动作用,要率先突破。……要用法治给行政权力定规矩、划界限,规范行政决策程序,健全政府守信践诺机制,提高依法行政水平。"③ 在新时代倡导依法治国的背景下,有必要立足于更为宏大的法治一体建设视角,对行政审批中告知承诺制的实施状况进行分析解读,从法治层面对告知承诺制的改革举措进行功能审视,并及时将其纳入规范化的实施轨道之中。

(一) 以信用承诺制度推动诚信社会建设

十八大以来,党中央对于法治社会建设作出了一系列重要部署。从治国方略层面来看,"法治社会"是具有高度中国实践特色的概念,系指公权力运作系统以外的社会生活的法治化。④ 法治社会的建设和发展,在制度层面上需要国家法律、自治规则等构成的多元规则体系,在心理层面上需要社会群体和成员对规则之治的认同和践行,在秩序层面上需

---

① 参见卢超:《行政许可承诺制:程序再造与规制创新》,载《中国法学》2021年第6期。
② 参见袁曙宏、杨伟东:《论建立市场取向的行政许可制度》,载《中国法学》2002年第5期。
③ 习近平:《坚定不移走中国特色社会主义法治道路 为全面建设社会主义现代化国家提供有力法治保障》,载《求是》2021年第5期。
④ 参见陈柏峰:《中国法治社会的结构及其运行机制》,载《中国社会科学》2019年第1期。

第三章　行政审批改革中的"告知承诺制"探索

要社会各类组织、成员与国家职能部门形成自治与统治的分工协作。①其中,制度对文化有塑成和引导作用,良好的制度一方面可以对行政管理行为起到规范作用,另一方面可以促进社会信用体系的建设,从而引导社会形成相应的信用文化。②建设诚信社会是一项全方位立体化的系统工程,它既涉及公民自身的道德建设,又关系到社会法治建设,需要全社会各方面的共同努力,而制度约束是建设诚信社会的基本路径之一。实行告知承诺制与建设诚信社会是相辅相成、相互成就的关系。党的十九大报告为建设诚信社会指明了制度化的基本方向,报告指出,"推进诚信建设和志愿服务制度化,强化社会责任意识、规则意识"。党的十九届五中全会再次提出了"推进诚信建设"的宏观倡导,进一步明确了推进诚信建设的抓手在于标本兼治。《法治社会建设实施纲要(2020—2025年)》也将"提高全社会诚信意识和信用水平"作为法治社会建设的发展目标之一,提出要"加快推进社会信用体系建设,提高全社会诚信意识和信用水平。完善企业社会责任法律制度,增强企业社会责任意识,促进企业诚实守信、合法经营"。行政审批制度改革中的告知承诺审批方式最初应用于涉企经营许可领域。通过将诚实信用原则引入政企合作关系之中,在申请人与行政机关双方告知承诺和相互信赖的基础上开展行政审批工作,从而有助于推动企业自主管理、自我约束,实现增强企业自律意识和社会责任感的长远目标。党的二十大上,习近平总书记再一次强调了社会信用对构建新发展格局、推进高质量发展的重要性,提出了"弘扬诚信文化,健全诚信建设长效机制"的最新指示,而告知承诺制的实施为企业更好地履行社会责任营造了良好的环境,通过政府对企业诚实守

---

① 参见江必新、王红霞:《法治社会建设论纲》,载《中国社会科学》2014年第1期。
② 参见杨慧鑫:《行政领域"信用承诺"的法治逻辑——以行政协议为视角的分析》,载《中国信用》2021年第5期。

信和自律管理的信任,推动企业与社会之间建立良好的互助互信关系,助推法治社会诚信建设长效机制的健全和完善。

"行政执法工作面广量大,一头连着政府,一头连着群众,直接关系群众对党和政府的信任、对法治的信心。要推进严格规范公正文明执法,提高司法公信力。"[1]告知承诺制作为"放管服"改革中市场准入环节的主要改革方向,同样体现着"一头连着政府,一头连着群众"的制度本色,在发挥市场主体的积极主动性和营造良好的营商环境方面起到了重要作用。因此,人民群众与党和政府之间长期稳定的互信关系应为行政审批制度改革的根基所在。2019年7月9日,《国务院办公厅关于加快推进社会信用体系建设构建以信用为基础的新型监管机制的指导意见》提出,创新事前环节信用监管,建立健全信用承诺制度。告知承诺制以申请人的主动承诺替代行政主体的形式审查,在此基础上,为确保申请人诚实守信,其承诺的真实性是行政主体面临的新问题,承诺的真实与否也将直接影响社会秩序和公共利益。[2] 2021年1月31日,中共中央办公厅、国务院办公厅印发的《建设高标准市场体系行动方案》指出:"完善市场主体信用承诺制度。依托各级信用信息共享平台和行业信用信息系统,按照有关规定将市场主体的承诺履行情况记入信用记录,作为事中事后监管的重要依据。"告知承诺制与信用规制的紧密契合是其最为明显的创新特征,由于取代了传统许可下的实质审查程序,告知承诺制所附带的市场风险与监管义务,便由信用规制等事中事后监管模式予以兜底。由于信用体系与政府平台因素的涌现,国家的监管义务逐步后移,市场主体自身的承诺行为也将其引入信用平台的互联网监控体系之

---

[1] 习近平:《坚定不移走中国特色社会主义法治道路 为全面建设社会主义现代化国家提供有力法治保障》,载《求是》2021年第5期。

[2] 参见闫海、兰天:《我国市场准入告知承诺制的法治构建》,载《长白学刊》2021年第2期。

下。① 有观点认为,行政审批改革中告知承诺制的实施,实际上是通过告知承诺书这一载体在政府规制体系中形成一种"第三方信任",从而激活规制体系中的"第三方信任"机制。② 随着申请人签署告知承诺书,其与行政机关之间的信任关系便初步建立了,这意味着双方对彼此将来的行为都给予一定的良好预期。而当告知承诺书向全社会公开时,所有社会公众则作为第三方加入到这一信任关系中,"第三方信任"机制从而得以激活。由此可见,一方面,告知承诺制的实施依托于社会信用体系的建设和运转。该制度自 2001 年在上海市开始试点以来,经历漫长的试点过程到最终大面积推广,体现了法治社会的信用体系建设逐渐趋于完备。在此背景下,发达的社会信用体系反而对行政相对人形成了"软约束",使得其不敢轻易作出虚假承诺以骗取行政许可,否则将面临严重的信用惩戒措施。同时,先进的社会信用体系也有助于行政机关对行政相对人的信用情况进行事前审查。另一方面,市场主体的自律管理和诚信经营,对于社会的有序运转、法治政府和法治社会的建立又起到了正向促进的作用。政府节约了管理成本,企业实现了审批便利,一个良性循环的诚信生态圈便由此生成。告知承诺制通过合理引导行政相对人遵纪守法、信守承诺,从而提高市场主体自治、行业自治的法治水平,进一步推动了社会信用体系的完善,这同样也是对诚信社会建设工作的重要有机补充。

(二)以审批方式简化促进政府职能转变

"法治政府"是一项具有中国本土特色的政策要求和法治实践,其话

---

① 参见卢超:《行政许可承诺制:程序再造与规制创新》,载《中国法学》2021年第6期。
② 参见林鸿潮等:《公共安全领域告知承诺制的实施困境及其调适》,载《中国行政管理》2021年第3期。

语总体上是特定阶段官方从法治视角对政府权力运行状态的阶段性理想定位,是一种基于管理视角、着力于规范行政活动的内部制度。① 习近平法治政府建设理论蕴涵着积极法治观,既强调要规范公权力的行使以维护人民权益,又强调促进和保障公权力积极发挥作用以增进人民福祉。尤其是在风险社会,政府承担更多的公共职责,许多行政任务的实现、行政目标的达成都需要政府以更积极的状态去履行职责。② 有观点认为,新时代人们对行政权所持的相对消极立场会发生变化,将步入一个相对积极的时代,"控制行政权以保障私人权益"和"激励行政权以增进社会福祉"将成为新时代行政法的两大主题。③ 在2015年5月举行的全国推进简政放权放管结合职能转变工作电视电话会议上,李克强总理提出,深化行政体制改革、转变政府职能总的要求是简政放权、放管结合、优化服务协同推进,即"放管服"三管齐下。在我们党的重要报告中也曾多次提出要建设职能科学、结构优化、廉洁高效、人民满意的服务型政府。2021年,中共中央、国务院印发《法治政府建设实施纲要(2021—2025年)》,它成为我国新发展阶段全面建设法治政府的奋斗宣言和行动纲领。自该纲要实施以来,法治政府建设在一系列环节取得重要进展。尤其是在政府职能依法全面履行方面,行政审批制度改革持续深化,"放管服"改革取得成效显著,营商环境不断得到优化。④ 上述2021年纲要中专门提到今后将"推行行政审批告知承诺制",加快建设社会主义法治政

---

① 参见刘国乾:《法治政府建设:一种内部行政法的制度实践探索》,载《治理研究》2021年第3期。

② 参见江必新、黄明慧:《习近平法治思想中的法治政府建设理论研究》,载《行政法学研究》2021年第4期。

③ 参见卢护锋:《新时代我国行政法的主题变奏与体系建构》,载《吉林大学社会科学学报》2018年第4期。

④ 参见章志远:《新发展阶段法治政府建设的时代特色——〈法治政府建设实施纲要(2021—2025年)〉法理解读》,载《法治研究》2021年第5期。

第三章　行政审批改革中的"告知承诺制"探索

府。因此,进一步深入推进政务服务改革,把"放管服"改革落到实处,大力优化营商环境,建设人民满意的服务型政府,是增强我国经济社会发展新动能、新活力,同时也是迎接当前和今后一段时期各种复杂挑战的迫切要求。① 在此发展背景下,告知承诺制是促进政府职能转变、创新行政管理方式、构建服务型政府的一项重要标志。政府通过实施告知承诺的审批方式,改变了传统的"重审批、轻监管"和"重管理、轻服务"的行政许可情况,促进政府职能实现从"管理型政府"到"服务型政府"的转变。根据告知承诺制的工作流程,申请人通过与行政机关签署告知承诺书,得以清楚了解政府对其管理的内容和要求,从而自愿接受法律规范的指引,在社会活动中自觉遵守相关法律法规。

习近平指出:"全面推进依法治国是一项庞大的系统工程,必须统筹兼顾、把握重点、整体谋划,在共同推进上着力,在一体建设上用劲。"② 2019年2月,习近平总书记在中央全面依法治国委员会第二次会议上再次指明:"法治政府建设是重点任务,对法治国家、法治社会建设具有示范带动作用。"其中,"共同推进、一体建设"要突出法治政府建设这个重点。法治政府建设是重点任务和主体工程,对法治国家、法治社会建设具有示范带动作用。③ 随着2018年《上海市行政审批告知承诺管理办法》的颁布施行,告知承诺管理制度从深层次上得到完善,进一步推动了政府治理能力的现代化建设。"行之有效的政务服务告知承诺制改革可极大优化行政审批流程,激励投资者创新创业热情,是相关改革措施中

---

① 参见李燕:《完善政务服务告知承诺制度　推进信用承诺及服务型政府建设》,载《宏观经济管理》2021年第3期。
② 习近平:《加快建设社会主义法治国家》,载《求是》2015年第1期。
③ 参见马怀德:《习近平法治思想中法治政府理论的核心命题》,载《行政法学研究》2020年第6期。

最具'含金量'的'重头戏'。"①在告知承诺审批方式中，政府职能从事前的直接把关，转变为事前的间接把关，主要职能是通过事中事后监管督促申请人落实审批条件。在传统行政审批模式下，企业办理行政审批时，总会有一种审批机构高高在上的感觉，但如今通过告知承诺的方式进行行政审批制度改革，就相当于通过政企共同合作来完成有关事项的审批，告知承诺的格式文本也需要申请人和审批机构共同签字才能发生法律效力。告知承诺制通过将行政机关的事前实质性审查替换为事前形式性审查，改变了传统许可方式中行政机关占据绝对主导地位的情形，顺应了新时期加快政府职能转变、建立服务型政府的法治社会发展潮流。

随着公共治理理论不断完善发展，传统的自上而下、权威管理的行政模式逐渐被时代所摒弃，民间机构、行业组织等多元社会主体不断发展壮大，并成为协调市场与政府关系的重要辅助力量，促使现代政府逐步从管制的主导者过渡到公共治理。政府更多关注社会各方的互相交流、协同配合，通过多元主体自主的相互磨合优胜劣汰，用一种更全面、系统和整合的方法来改进公共政策的执行和公共服务提供的过程。我国政府在行政审批体制改革的过程中也逐步实现简政放权，由计划经济下的管制型政府向市场经济下的服务型政府转变。从管制行政到服务行政的转变，是法治一体建设视野下构建社会主义和谐社会的必然要求。服务行政视域下的行政告知，是指政府以一种积极的态度，始终持肯定、激励的态度对公众进行基本评价，始终以接纳、包容的姿态面对社会公众。②而告知承诺制正是以这样一种积极的态度，以诚信为基础、以告知为纽带、以责任为机制，促使政府与特定公众群体间开展良性互动。正如司法部

---

① 李燕：《完善政务服务告知承诺制度 推进信用承诺及服务型政府建设》，载《宏观经济管理》2021年第3期。

② 参见卓越、卓萍：《行政告知：从管制行政到服务行政——关于构建服务型政府的深入思考》，载《马克思主义与现实》2009年第5期。

第三章　行政审批改革中的"告知承诺制"探索

相关负责人在介绍告知承诺制的试点工作时所说："开展证明事项告知承诺制试点，目的是为了转变监管方式，加强信用监管，切实减少烦琐证明，使办证办事更加方便，降低制度性交易成本，营造更加公开透明、规范有序、公平高效的营商环境，加快建设人民满意的服务型政府。"① 同时，传统的行政审批方式极易导致权力寻租，滋生腐败乱象，手握审批大权的政府官员与市场主体之间往往会形成隐蔽的利益结盟和物质贿送。采用告知承诺的审批方式也能够使申请人更加清楚明晰地了解行政机关的审批程序和审批条件要求，使行政审批流程更为公开透明，具有可操作性和可预见性，有利于推进法治政府的廉政建设，营造风清气正的良好政治生态和市场主体创业的良好环境，加快实现新时代廉洁政府的建设目标。

（三）以审批制度革新助推营商环境优化

党的二十大报告提出"在法治轨道上全面建设社会主义现代化国家"的战略命题，深刻揭示了法治与现代化之间的必然联系，把法治建设提升到更加突出、更加重要的位置。在法治一体建设的视野下，建设法治国家是建设法治政府的前提，建设法治政府是建设法治国家的关键，法治政府建设成功与否是衡量法治国家建设成功与否的重要指标。同时，建设法治国家是建设法治社会的基础，建设法治社会是建设法治国家的条件，只有加强法治社会的建设，才能为法治国家建设提供适宜的环境。② 习近平指出："要坚持顶层设计和法治实践相结合，提升法治促进

---

① 《司法部多措并举推进证明事项告知承诺制》，http://xyzl.jlzhenlai.gov.cn/cms/news/content/720924099076947968，最后访问日期：2022 年 11 月 11 日。

② 参见姜明安：《论法治国家、法治政府、法治社会建设的相互关系》，载《法学杂志》2013 年第 6 期。

国家治理体系和治理能力现代化的效能。"① 在《法治中国建设规划（2020—2025年）》中也明确提出了"持续开展'减证便民'行动，推行证明事项告知承诺制"的法治中国建设目标。在当前"放管服"改革背景下，具体到行政许可的制度革新，无论是以审批服务中心、行政审批局为代表的行政组织法改革，还是以告知承诺制为代表的一系列行政许可程序的改造模式，均集中反映了中央旨在借助许可工具的规制创新，去推动实现优化营商环境、激发市场活力的国家治理诉求。② 法治是国家的长久之治，国家治理现代化要求实现法治化，而国家治理法治化实则是一个实践过程，应体现在国家治理的各个方面，体现在全面依法治国的整个过程。这个过程包含着国家治理对于法治的要求，也体现着法治在国家治理体系和能力建设上的重大意义。③

随着2020年国务院《优化营商环境条例》的正式施行，优化营商环境从立法层面获得了更强有力的支撑和保障，营商环境建设被纳入社会主义法治化轨道，法治化营商环境建设开始提上政府工作日程，并作为重点融入国家治理体系和治理能力现代化建设之中。告知承诺制作为行政审批制度改革的重要创新举措，有关制度实施细则的相关规定也散见于各地针对优化营商环境而制定的规范性法律文件之中。比如，《北京市优化营商环境条例》第31条第1款规定，"本市在除直接涉及国家安全、公共安全和人民群众生命健康等以外的行业、领域，推行政务服务事项办理告知承诺制。"又如，《上海市优化营商环境条例》第27条第1款规定，"本市全面推行行政审批告知承诺制度。对审批条件难以事先核实、

---

① 习近平：《推进全面依法治国，发挥法治在国家治理体系和治理能力现代化中的积极作用》，载《求是》2020年第22期。
② 参见卢超：《行政许可承诺制：程序再造与规制创新》，载《中国法学》2021年第6期；李洪雷：《营商环境优化的行政法治保障》，载《重庆社会科学》2019年第2期。
③ 参见卓泽渊：《国家治理现代化的法治解读》，载《现代法学》2020年第1期。

第三章　行政审批改革中的"告知承诺制"探索

能够通过事中事后监管纠正且风险可控的行政审批事项,行政审批机关可以采取告知承诺方式实施行政审批,但直接涉及公共安全、生态环境保护和直接关系人身健康、生命财产安全的以及依法应当当场作出行政审批决定的行政审批事项除外。"再如,《深圳经济特区优化营商环境条例》第31条第2款明确规定:"对涉及市场主体的许可事项,可以依法采取直接取消审批,或者将审批改为备案、告知承诺等方式;推进审批服务标准化,提高审批效率,降低市场主体办事成本。"可见,在法治一体建设视域下,行政审批制度的革新是法治化营商环境优化的题中应有之义,作为制度革新举措的告知承诺制则是法治社会中优化营商环境的助推器。根据现有社会科学领域的研究,我国行政审批制度改革的确与当前的"放管服"改革精神相契合,对于优化营商环境和民营企业有着极为显著的正面影响。"行政审批制度改革显著提升了公司注册的便利度,降低了注册公司的时间和成本,有效提高了公司获得执照和许可的方便程度,基于倾向值匹配法的分析,审批制度改革和营商环境改善之间存在一定的因果联系。"① 在告知承诺的流程下,只要许可申请人作出其符合许可条件的书面承诺,审批机关便不再进行实质审查,而是直接作出准予许可的行政决定。告知承诺制改革的核心功能就在于对传统行政许可程序进行简化和再造,并借此放松市场准入的关口,降低市场申请主体的进入门槛,节约其时间成本,从而达到进一步优化营商环境,激发市场主体活力的最终目的。②

---

① 廖福崇:《治理现代化、审批改革与营商环境:改革成效与政策启示》,载《经济体制改革》2020年第1期。

② 参见卢超:《行政许可承诺制:程序再造与规制创新》,载《中国法学》2021年第6期。

三、告知承诺制的发展进路

坚持法治国家、法治政府、法治社会一体建设,不仅是我国推动法治中国建设的内在要求,也是法制建设进入精细化、规范化、民主化发展阶段的时代任务,是深化改革开放、发展市场经济、推动观念更新和国家治理现代化的必然要求。① 在行政审批制度改革的央地互动与政策试点进程中,告知承诺制等创新性的规制举措主要适用于行政许可领域,审批方式的革新不仅大幅度提升了行政效能与市场活力,也极大地丰富了行政许可的受理、审查、后续监管等制度实践,为《中华人民共和国行政许可法》(以下简称《行政许可法》)的修改积累了宝贵的实证素材和丰富的地方经验。遵循法治政府建设要率先取得突破、带动法治社会建设的法治发展逻辑,未来可以从事前控制、事中规制和事后追责三个维度进一步探索告知承诺制度的发展进路。

(一)明确告知承诺制的适用范围

随着行政审批制度改革的持续推进,关于行政审批的相应替代性制度也应运而生。在此背景下,告知承诺制是典型的"以自我规制替代事前审批的有益探索"②,其适用范围的大小也将直接影响到行政审批制度改革的成效。倘若告知承诺制的适用范围过大,势必会给利害关系人权益和行政管理秩序带来风险,制度本身也会随即陷入泛化和滥用的危机之中;倘若适用范围过小,告知承诺制在简化行政程序和节省办事成本

---

① 参见莫于川:《依法治国战略方针与法治一体建设路向》,载《社会主义研究》2015 年第 1 期。

② 王克稳:《论行政审批的分类改革与替代性制度建设》,载《中国法学》2015 年第 2 期。

第三章　行政审批改革中的"告知承诺制"探索

方面的制度优势便难以得到真正的发挥。① 因此,自创制以来,告知承诺制就始终伴随着行政效率与安全价值之间的动态博弈。较之于其他行政法基本原则,行政效率原则几乎贯穿于整个"放管服"改革的进程之中,"简政放权""减少行政程序"这些改革目标本身即体现了法治政府对效率价值的追求。然而需要注意的是,当前我国政府对于效率价值的极致追求,很可能会导致公共行政的恣意无序。② 当前,对于涉及公共安全、环境资源保护和食品药品监管等直接关系人身健康、生命财产安全的审批事项通常不适用告知承诺制,因为相较于传统的经济目标,这些领域的事项必须在利益衡量的过程中得到优先考虑。比如,《上海市优化营商环境条例》第 27 条在规定全市推行行政审批告知承诺制的同时,就明确将"直接涉及公共安全、生态环境保护和直接关系人身健康、生命财产安全的以及依法应当当场作出行政审批决定的行政审批事项"排除在告知承诺制的适用范围以外。可见,告知承诺事项在适用范围上也应当具有一定的边界和限度。

由于当下对告知承诺制除外原则的规定仍然处于"散兵游勇"的状态,散见于各地制定和发布的规范性文件之中,并未得到统一的立法规制,未来或可乘《行政许可法》修改之机,通过统一立法对禁止适用告知承诺制的事项进行逐项列举,明确规定不予适用告知承诺的事项范围。面对具有一定专业性特点的特定领域行政审批事项,应将该领域内告知承诺的具体适用范围交由具体的规范性文件进行规定。此外,考虑到当下社会的发展变化和行政审批事项的削减趋势,告知承诺制度适用事项并非一成不变,而是需要根据实际情况和市场评估进行及时调整和完

---

① 参见聂帅钧:《行政许可告知承诺制:法律属性、运作逻辑与规范化进路》,载《中国行政管理》2022 年第 8 期。

② 参见宋华琳:《中国行政法学总论的体系化及其改革》,载《四川大学学报(哲学社会科学版)》2019 年第 5 期。

善。目前,我国已有部分地区开始在特定领域对告知承诺事项的动态调整机制进行实践探索。《包头市投资项目审批告知承诺制管理办法(试行)》第18条规定:"建立告知承诺制审批事项清单动态调整机制。各审批部门应当定期对告知承诺制事项、材料清单进行效果评估,及时总结经验,结合申请人的意见建议,逐步扩大实行告知承诺制的事项和材料范围。对通过事中事后监管无法把关,或已产生严重后果的告知承诺制事项,要及时按程序调整并向社会公布。"无独有偶,类似的制度规定在《柳州市工程建设项目审批告知承诺制管理办法(试行)》中也同样有迹可循。因此,加强信用承诺适用范围和适用制度方面的规制,立法工作应当厘清告知承诺制适用的领域和事项名录,并将实施名录向社会公布、动态更新,明确可以适用告知承诺制的资格标准并严格按照公示的行为进行行政管理。① 立足于法治一体建设的视角,应以整体的、动态的眼光推进行政审批告知承诺制的规范化实施,有必要在统一立法规制的前提下,建立告知承诺制适用事项的动态调整机制。

(二) 强化告知承诺制的监管手段

在当代中国规制改革的布局中,中央着重强调了"'双随机、一公开'监管""信用风险分类监管""大数据监管"等监管工具,旨在通过对新型监管工具的铺陈推广,实现对传统许可事前审查的替代功能。在强调放松市场规制和优化营商环境的改革背景下,需要从行政过程与规制创新的整体视角,去理解告知承诺制与事中事后监管的"互动共演"关系。告知承诺制改革既要最大限度释放市场活力,同时也要防止市场秩序溢出

---

① 参见杨慧鑫:《行政领域"信用承诺"的法治逻辑——以行政协议为视角的分析》,载《中国信用》2021年第5期。

第三章　行政审批改革中的"告知承诺制"探索

规制管控,两者内在统一、不可失衡偏废。① 《国务院办公厅关于聚焦企业关切进一步推动优化营商环境政策落实的通知》专门指出,各部门要创新工作方法,积极推进"双随机、一公开"监管、信用监管、大数据监管、"告知承诺＋事中事后监管"等新型监管方式,在提高行政机关监管效能的同时又切实减少对企业的干预。在告知承诺制的实施过程中,事中事后监管作为保证制度有效实施的"最后屏障",可以对申请者的违诺行为和虚假承诺行为作出有效识别,从而及时阻止许可申请者的不法经营行为。② 以上海市告知承诺制的试点经验为例,上海市在探索告知承诺制的实施进路时,通过不断完善信用监管机制,行政机关从建立诚信档案到建立诚信档案管理系统,逐步建立起各个行政部门之间的有效信息网,以社会主体的信用信息作为行政审批改革中告知承诺制施行的重要背书和制度保障。

告知承诺制旨在通过各类事中监管手段发挥对传统行政审批制度中事前许可的替代作用。一般而言,在告知承诺制的实施过程中,当申请人向行政机关自愿签署告知承诺书并按要求提交材料后,并不意味着告知承诺实施程序的终结。对告知承诺审批方式实行事中规制,关键就在于将告知承诺后的配套监管手段和监管机制落实到位。《国务院关于"先照后证"改革后加强事中事后监管的意见》指出,按照"谁审批、谁监管,谁主管、谁监管"的原则要求,加强事中事后监管,在审批与监管之间建立有效衔接,防止出现监管真空。在告知承诺的事中事后监管过程中最重要的因素就是行政机关能否有效行使监管权。告知承诺制中监管权的落实主要是指,行政机关在其职责范围内,依照法律规定主动对申请者进行审查和事后现场监督核验,在不增加许可申请人义务的前提下,

---

① 参见卢超:《行政许可承诺制:程序再造与规制创新》,载《中国法学》2021年第6期。
② 参见成协中:《"放管服"改革的行政法意义及其完善》,载《中国行政管理》2020年第1期。

采用创新监管工具以防范告知承诺制实施过程中可能出现的风险。此外,告知承诺制为了提高行政审批效率,放松了在事前审批阶段对审批事项的实质审查。一方面,对申请人而言,既然告知承诺审批方式已经提前照顾到其利益,使其获得快速进行行政审批的便利,避免了在市场竞争中面临的机会成本损失,那么申请主体相应就要在事中事后承担更为严格的监管责任才合理。另一方面,对审批机关而言,告知承诺制放松了市场准入的关口,降低了市场申请主体的进入门槛,故其事中事后监管责任理应比传统审批方式更为严格,只有宽进严管才能保障行政审批制度的合法性和合理性不受行政效率的侵蚀,从而得以守住行政审批对社会进行事前管控的底线。

(三) 厘清告知承诺制的事后责任

"在研究改革方案和改革措施时,要同步考虑改革涉及的立法问题,及时提出立法需求和立法建议。……实践条件还不成熟、需要先行先试的,要按照法定程序作出授权。对不适应改革要求的法律法规,要及时修改和废止。"[1]而行政许可告知承诺制的程序再造以及其所蕴含的规制创新,未来或许能提供一整套在规范体系上重构《行政许可法》的崭新框架。[2] 建立对违法申请行政许可相对人的事后追责机制是《行政许可法》不可或缺的组成部分,而告知承诺制的事后责任追究是指以设计完善的法律责任体系为逻辑起点,在行政机关作出许可决定之后,构筑一个全面覆盖的责任追究机制,从而遏制许可申请人虚假承诺并确保行政机关

---

[1] 中共中央文献研究室编:《习近平关于全面依法治国论述摘编》,中央文献出版社2015年版,第51页。

[2] 参见卢超:《行政许可承诺制:程序再造与规制创新》,载《中国法学》2021年第6期。

第三章　行政审批改革中的"告知承诺制"探索

尽到审慎审查的义务。① 换言之,对告知承诺制的事后追责机制,既包括对不诚信行政相对人的事后责任追究,也包括要求违法审批或审批有误的行政机关承担相应的行政赔偿责任。

无论是《行政许可法》还是有关告知承诺制的其他文件都规定,公民在办理行政事务时应当按照法律要求提供真实有效的材料,并对自己提供材料的真实性负法律责任。在告知承诺制中,对许可申请人监督的内容主要体现为对其承诺的真实性进行监督,从监督的来源上看包括行政机关对申请人的事后监督和对其他利益相关人及公平竞争权人的监督。就告知承诺制的实施而言,申请人应当对其承诺内容的真实性负法律责任,行政机关应在准予其在申请决定作出后的规定时间内对其承诺内容开展现场监督核验。事后监督作为告知承诺制实施的关键所在,必须严格进行,对于未达到条件、要求、标准的申请人责令其限期整改,情节严重的,还应当给予相应行政处罚以及信用联合惩戒措施。② 如果在事后监督过程中发现申请人的实际情况与其提交申请时的承诺不相符,对于承诺仅存在细小瑕疵的申请人应当责令其当场或限期改正;对于实质性情况与事前承诺内容有出入的申请人,应当严格按照法律规定追究其法律责任,对许可证等证件或执照予以撤销,同时根据情节的严重与否决定处以罚款或准入禁止。从利益相关人与公平竞争权人的角度来说,当发现申请人在通过告知承诺的方式获取某种资质时存在虚假承诺、违法生产经营或者通过虚假承诺非法获取资质损害自身公平竞争权等违法违规问题,可以通过以下方式对其进行监督以维护自身利益:其一,要求行政机关依法公布申请事项的有关信息;其二,向行政机关投诉;其三,向

---

① 参见聂帅钧:《行政许可告知承诺制:法律属性、运作逻辑与规范化进路》,载《中国行政管理》2022年第8期。

② 参见闫海、兰天:《我国市场准入告知承诺制的法治构建》,载《长白学刊》2021年第2期。

司法机关提起行政诉讼等。① 此外,现行《行政许可法》对信用惩戒机制的规定并不完善,仅对于提供虚假材料骗取许可者视其情节轻重采取一定年限的市场准入禁止。未来在探索告知承诺制的规范化路径时,可以考虑在告知承诺的事后追责体系中适当引入信用联合惩戒机制,对虚假承诺者的信用情况进行专门记录,并在其下次办理行政事务时通过信用审查进行筛查,从而在告知承诺制的实施领域完善"一处失信,处处受限"的联合惩戒机制。②

综观我国行政审批告知承诺制的各级规范条文,可以初步勾勒出告知承诺制的制度运行框架。但现阶段在制度框架内尚缺乏对第三人权益的有效救济机制和保障机制。当申请人因虚假承诺获得行政审批或不履行承诺致其不符合相关审批条件、标准时,在实际社会生活中极容易损害到第三人的人身权、财产权等其他合法权益。基于此,一方面,从国家赔偿的角度而言,违法审批的赔偿义务主体是事前进行审批的行政机关,行政机关理应对其违法审批或审批有误承担相应的赔偿责任。另一方面,《国务院办公厅关于全面推行证明事项和涉企经营许可事项告知承诺制的指导意见》明确提出:"对涉及经济利益价值较高、事中事后核查难度较大的事项,可以探索引入责任保险制度,降低实行告知承诺制可能引发的行政赔偿风险。"责任保险制度,即指通过国家投保的方式以保险公司作为行政赔偿义务机关。③ 因此,出于降低与分散行政赔偿风险的考量,未来可以探索在告知承诺的事后追责机制中建立责任保险制度,以此作为行政赔偿的一种替代手段或补充方式,从而在告知承诺制度框架内形成以政府为主、保险机构为辅的新型赔偿体系。

---

① 参见关保英:《行政相对人介入行政行为的法治保障》,载《法学》2018年第12期。
② 参见沈毅龙:《论失信的行政联合惩戒及其法律控制》,载《法学家》2019年第4期;闫海、兰天:《我国市场准入告知承诺制的法治构建》,载《长白学刊》2021年第2期。
③ 参见石佑启等:《国家赔偿法新论》,武汉大学出版社2010年版,第199页。

第四章

社会信用制度的实践探索

社会信用一直是党中央高度重视的建设领域。党的十八大以来，针对社会信用建设的专门性、前沿性、科学性举措更是前所未有。社会信用体系作为社会主义市场经济体制和社会治理体制的重要内容，以政务诚信、商务诚信、社会诚信和司法公信全方位地描述了我国诚信体系建设蓝图。面对声势如此浩大的工程建设，社会信用制度在建设过程中遭遇了来自依法行政原则、比例原则、禁止不当联结原则、正当法律程序原则等公法原则的质疑，[①]作为新型治理工具的社会信用制度，在新时代对于树立诚信文化理念、弘扬诚信传统美德、提高全社会的诚信意识和信用水平的意义不可或缺。面向新时代新征程，党的二十大指出"坚持法治国家、法治政府、法治社会一体建设"是全面依法治国、推进法治中国建设的重要进路，并要求"扎实推进依法行政""严格公正司法""加快建设法治社会"。社会信用制度事关政府公信力、司法公正度以及社会价值观，社会信用制度建设的方向及路线应当顺应新时代社会发展之特色。为此，本章追溯社会信用制度二十多年的生长轨迹，从坚持法治国

---

① 参见沈岿：《社会信用体系建设的法治之道》，载《中国法学》2019年第5期。

家、法治政府、法治社会一体建设的视角重新审视其内在功能,并就其制度优势如何转化为治理效能提出规范化发展进路。

一、社会信用制度的生长轨迹

我国现代社会信用体系建设发轫于改革开放,与社会主义市场经济体制一同逐步确定。早前在计划经济体制向市场经济体制转型过程中,由于市场规则、法律法规、制度规范尚未定型,经济活动中的违约失信现象屡见不鲜。1984年,辽宁省抚顺市工商行政管理局开展了"重合同守信用"的活动,开启了我国探索社会信用体系建设的先河。经上海、北京、浙江等地的试验,逐渐在全国推广。1999年,社会信用体系概念被提出。① 社会主义市场经济体制确立后,商业信用、银行信用等逐步被纳入法治化运行轨道。2002年,党的十六大报告正式提出了"社会信用体系"概念,并提出要"整顿和规范市场经济秩序,健全现代市场经济的社会信用体系"。2004年,我国关于信用建设的首部地方性法规《海南省人民代表大会关于加强信用建设的决定》颁行,该决定指出要形成以道德为支撑、产权为基础、法律为保障的社会信用制度。2007年,国务院办公厅发布了《国务院办公厅关于社会信用体系建设的若干意见》(国办发〔2007〕17号),从目标指向、具体任务、实施路径对社会信用体系建设作出部署。党的十八大以来,社会信用体系建设进程稳步前进。2014年《社会信用体系建设规划纲要(2014—2020年)》(以下简称《信用建设纲要》)颁行,使得社会信用制度的建设方向和重点得以明确。总体来看,社会信用制度的成长主要经历了如下三个阶段:

---

① 1999年10月,中国社会科学院世界经济与政治研究所启动了最早关于社会信用体系问题的课题"建立国家信用管理体系",后发布了其研究报告《国家信用管理体系》。

第四章　社会信用制度的实践探索

(一) 始于经济信用危机的初创期

改革开放以来,我国在经济体制转轨过程中出现的合同违约、商业欺诈等社会信誉失范、失序现象普遍,信用管理体系与社会主义市场经济发展的矛盾冲突与日俱增。与进展迅速的社会主义市场经济相比,我国在信用领域建设较为滞后。"社会信用"一词最早出现在中央政务文件正是为解决伴随经济快速发展产生的诚信问题。[①] 1996 年,我国国内市场全面转入买方市场,市场需要为各类"授信人"创造适应信用交易活动的环境。[②] 在既要保证市场各类商业和金融信用的大规模且公平地投放,又要保证授信人取得高的授信成功率的需求下,我国于 1998 年正式启动社会信用体系建设,在"中央引领、地方试验"的推动下,社会信用制度探索进行得如火如荼。[③] 2003 年 3 月,国务院提出要用五年时间初步建立起与我国经济发展相适应的社会信用体系的基本框架和运行机制。同年 10 月,党的十六届三中全会通过《中共中央关于完善社会主义市场经济体制若干问题的决定》。至此,关于经济信用建设的"通知""意见"和"办法"扑面而来,集中在个人信用、企业信用、银行信用领域。[④] 2007 年在《国务院办公厅关于社会信用体系建设的若干意见》的指导下,商务部办公厅发布《2007 年商务领域信用体系建设工作要点》,要求出台《商务领域信用信息管理办法》,通过推行信用分类监管制度、打击商业欺诈专项行动、加强商会协会行业信用建设和宣传教育等各项工作,推动商

[①] 参见《国务院关于在全国范围内开展清理"三角债"工作的通知》(国发〔1990〕19号)。
[②] 参见林钧跃:《社会信用体系理论的传承脉络与创新》,载《征信》2012 年第 1 期。
[③] 1999 年,国务院批示要求尽快建立银行信贷登记咨询系统、全国联网,同意个人信誉公司在上海试点。1999—2002 年,国务院研究室组织专家对发达国家的征信体系进行考察,在温州、南宁、杭州进行城市信用体系规划研究。
[④] 如《个人贷款管理暂行办法》《个人信用信息基础数据库管理暂行办法》《企业信用评价指标体系分类及代码规范》《社会组织信用信息管理办法》等。

务信用体系建设。2008年6月,中华人民共和国国家标准GB/T 22117-2008《信用 基本术语》发布,填补了信用类法律法规的漏洞。但因缺乏宪法、法律等高位阶规范的准确指引和专门指引,信用制度建设对企业的个体权利、地位保护以及对市场需求回应较低,以商业信用市场秩序作为主要整顿对象导致信用工具针对个人信用、企业信用及银行的实操性上如一盘散沙,欠缺系统性和程序性。

进入"信用经济时代"后,政府信用也愈发重要。为解决短期内财政资金不能满足基础设施建设等投资需求的矛盾,通过承诺政策优惠、发行地方债券等为地方政府赢得了融资,政府信用自然就成为社会信用的组成部分。相对个人信用、企业信用的研究来说,政府信用在建设初期并未受到足够重视。地方政府"征收口号""年龄门"等严重影响政务诚信的事件时有发生。[①] 党的十七大报告提出,应尽快"完善各类公开办事制度,提高政府工作透明度和公信力"。随着2007年《中华人民共和国政府信息公开条例》的颁行,政务诚信在各地逐步有序开展,也带动了对司法公信的建设。在司法改革进程中,"立案难、审理难、执行难"的现状长期成为建设司法公信力的桎梏。司法机关依法裁决的规则能否为公众信任将直接影响司法公信力。近年来随着司法改革的推进,审判公开与检务公开的广度、深度有明显拓展。公开审判和裁判文书上网均是推动司法公信的重要举措。各地法院还通过发布执行失信联合惩戒典型案例来破解"执行难"。2011年10月党的十七届六中全会强调,把诚信建设摆在突出位置,大力推进政务诚信、商务诚信、社会诚信和司法公信建设,抓紧建立健全覆盖全社会的征信系统,加大对失信行为惩戒力度,在全社会广泛形成守信光荣、失信可耻的氛围,为社会信用制度的发展奠定了坚实基础。在党和国家政策文件的推动下,《征信业管理条例》(2013

---

① 参见王伟国:《诚信体系建设法治保障的探索与构想》,载《中国法学》2012年第5期。

年)等法规范颁行标志着社会信用制度在本阶段的法制体系初步建成。

(二) 基于系列规划纲要的推进期

通过编制和实施国家规划来设定目标、整合资源、引领发展是中国特色法治建设的经验。[①] 2014年《信用建设纲要》的颁行表明了社会信用体系建设不仅仅着眼于经济领域,还涉及政务诚信、社会诚信和司法公信。《信用建设纲要》提出到2020年,覆盖全社会的征信系统基本建成,信用监管体制基本健全,信用服务市场体系比较完善,守信激励和失信惩戒机制全面发挥作用。此后,各地逐步落实纲要内容,食品安全、医药卫生、电子商务等领域的信用制度逐步形成。2014年《企业信息公示暂行条例》创设了企业经营异常名录和严重违法失信企业名单制度。这部以商事登记作为基础的行政法规,不同于其他国家的分散式立法模式,对我国商事法制及信用建设具有重大贡献,同时也为国际商事法制贡献了中国方案。2015年《法治政府建设实施纲要(2015—2020年)》将"守法诚信"纳入法治政府建设目标,指出要发挥政府诚信建设示范作用,加快政府守信践诺机制。2016年《国务院关于建立完善守信联合激励和失信联合惩戒制度加快推进社会诚信建设的指导意见》进一步规定,不断完善诚信典型"红名单"制度和严重失信主体"黑名单"制度。社会信用制度转变为国家有效的监管方式,以信用为基础的新型监管机制充分符合了规制的目标,监管能力和监管效能得以提升。[②] 2017年国家发改委和中国人民银行联合颁布了《关于加强和规范守信联合激励和失信联合惩戒对象名单管理工作的指导意见》,统一规范了"红黑名单"的认定、失信

---

① 参见马怀德:《迈向"规划"时代的法治中国建设》,载《中国法学》2021年第3期。
② 参见《国务院办公厅关于加快推进社会信用体系建设构建以信用为基础的新型监管机制的指导意见》(国办发〔2019〕35号)、《国家发展改革委办公厅、人民银行办公厅关于对失信主体加强信用监管的通知》(发改办财金〔2018〕893号)。

联合惩戒、守信联合激励、信用修复等问题。随后,国家发改委与中国人民银行牵头同多个部门签署了失信联合惩戒备忘录,规范性文件数量不断增加,包含了医药卫生、劳动用工、教育、环保、交通运输等诸多领域。2022年3月《关于推进社会信用体系建设高质量发展促进形成新发展格局的意见》的发布意味着社会信用体系建设迈向高质量发展阶段。

除了持续探索高效信用监督机制外,道德领域问题的突出让党和国家意识到诚信意识培育也不可缺少。诚信是中华民族长期实践中培育和形成的独特思想理念和道德规范,党的十八大以后被纳入了社会主义核心价值观。不仅社会公众要树立诚信意识,领导干部等官员更应当发挥导向作用。2013年8月,习近平同志在辽宁省考察时讲话指出,领导干部要把深入改进作风与加强党性修养结合起来,自觉讲诚信、懂规矩、守纪律。领导干部等官员代表了党和国家的形象和威信,官员守法诚信对社会公众诚实意识形成具有表率作用和示范作用。在培养社会诚信意识方面,2001年中共中央印发的《公民道德建设实施纲要》率先开启先河。随后,诚信与职业道德、社会公德、传统美德等内容结合的宣传教育活动在全社会范围内开展。2019年中共中央、国务院印发了《新时代公民道德建设实施纲要》,要求持续推进诚信建设,诚信理念、诚信文化、契约精神均要与社会主义市场经济相适应。在系列纲要规划等政策文件的指导下,社会信用制度的硬件和软件系统双管齐下,为进一步完善社会信用制度助力。

(三)依托信用平台建设的发展期

互联网、大数据、人工智能等现代信息技术的广泛应用推动社会信用制度进入快车道。数字时代下社会信用模式也发生了转变,芝麻信用、腾讯征信、蚂蚁花呗、考拉信用分、京东金条、微粒贷、平安惠普贷款等网

第四章 社会信用制度的实践探索

络信贷平台的发展加速了社会信用体系的数字化进程。① 相比传统社会信用信息,数字信用具有高透明度、自动化、智能化、虚拟化特征。社会信用体系的正常运转是信用信息能够被合法地公开、收集和处理的基础。2015年《国务院办公厅关于运用大数据加强对市场主体服务和监管的若干意见》要求建立全国统一的信用信息共享交换平台,整合各领域信用信息,利用大数据标准体系提高政府治理能力。共享和利用失信信息惩戒失信者是建设社会信用制度的重要举措,其中,以法院、政府、人民银行为主要的发布主体。2013年《最高人民法院关于公布失信被执行人名单信息的若干规定》中,各级人民法院享有公布失信被执行人名单的职责。2016年《中共中央办公厅、国务院办公厅关于加快推进失信被执行人信用监督、警示和惩戒机制建设的意见》中,地方政府成为建设失信被执行人信用信息共享体制的主体。在统一的社会信用代码制度建设下,2016年全国各类法人和其他组织存量代码转换率整体达97%,全面、提前、超额完成存量代码转换任务,为各地方、各部门共享共用信用信息创造了条件。②

2018年中国信息协会信用专业委员会在首届"信用中国论坛"上发布了我国首个综合信用管理平台,旨在实现政府信息化管理向信用化管理的升级。在"社会信用体系建设创建示范城市"的六项评估标准中,信

---

① 参见熊治东:《改革开放以来中国社会信用体系建设:成就、经验、问题与展望》,载《征信》2020年第10期。

② 如国家公共信用信息中心主办的信用中国/全国信用信息公共服务平台,国家市场监管总局主办的国家企业信用信息公示系统,最高人民法院主办的中国裁判文书网、中国执行信息公开网,交通运输部主办的全国公路建设市场信用信息管理系统,海关总署主办的中国海关企业进出口信用信息公示平台,证监会主办的证券期货市场失信记录互联网查询平台,中国人民银行主办的互联网个人信用信息服务平台、动产融资统一登记公示系统、中征应收账款融资服务平台,国家税务总局主办的信用中国(重大税收违法失信名单),人力资源社会保障部主办的国家企业信用信息公示系统(拖欠农民工工资"黑名单")等。

用信息交换共享平台的考核权重达到1/4。当前,从中央到地方均构建了严密的公共信用组织体系,专业化的平台逐步得到完善。①如中央层面建设了"公共信用中心""信用中国"等网站,全国信用信息共享平台进一步完善。针对企业信息建设的国家企业信用信息公示系统,针对个人信息建设的行政处罚、行政许可、行政强制等信息公示平台,进一步强化和规划信用信息归集共享。信用信息平台的建设也为推动分级分类监管提供指导。《市场监管总局办公厅关于在部分地区开展企业信用风险分类管理工作试点的通知》(市监信〔2019〕51号)提出,要以平台为中心,通过对信用风险的四个分级,进一步提升监管效能。2021年,《法治政府建设实施纲要(2021—2025年)》发布,要求"健全法治政府建设科技保障体系,全面建设数字法治政府"。在数字政府建设进程中,我国社会信用制度的数字治理体系将稳步推进。

二、社会信用制度的功能阐释

回顾社会信用制度的发展历程,党委和政府的推动作用不言而喻。党的十八大以来,以习近平同志为核心的党中央在多个场合都强调了诚信的重要性,诚信不仅事关经济、政治和各项社会事业的繁荣,而且事关人民生活安康、和谐、幸福。2012年12月,习近平首次提出了"坚持法治国家、法治政府、法治社会一体建设"重大理论命题,为社会信用制度的发展注入了新思想和新理念。在法治一体建设中,法治国家是"体",法治政府和法治社会是"翼",法治国家建设侧重于全面依法治国的顶层设

---

① 我国信用管理平台主要由"两网、三库、四系统"构成,包括:信用门户网、信用服务网;大数据库、信用信息库、信用产品库;征信系统、分析系统、信评系统和数字化服务系统。

计,法治政府与法治社会是并行关系。① 习近平法治思想中的"法治一体建设"为新时代社会信用制度建设注入了新思想和新理念。在法治一体建设的指导下,以治理信用危机、构建诚信社会、形成守信风气为宗旨的社会信用制度立足诚信政府建设规范权力运行、立足诚信社会建设培养社会公众守法践诺意识,在形成良好社会治理有效互动的同时共同推进诚信中国建设。

(一)以公众监督完善权力制约机制

公权力运行离不开制约与监督。在法治发达的国家中,国家治理的关键就在于治权。习近平法治思想中行政权力的监督问题是需要重点研究的部分,在任何国家,法治的重心都是制约和控制行政权力,防止其滥用和异化。② 社会信用制度中政务诚信和司法公信与国家公权力密切相关,它将国家权力行使纳入到其掌控范围,使得执法者本身也受到监视,进而消解有权者和无权者的界限。③ 相较于美国的市场化运作模式、欧洲的中央信贷登记系统主体模式、日本的会员制模式等西方发达国家的征信模式而言,我国社会信用制度建设明显属于政府赋能模式。④ 政府在社会信用制度建设中发挥"组织、引导、推动和示范"的作用,负责制订规划、健全标准、培育和监管信用。政府与社会关系的长远健康发展离不开公众的信任,而司法机关在公布失信执行人名单时也同样具有征信和惩戒的权力,这些权力行为不可恣意妄为,需要有相应的监督机制。

---

① 参见陈柏峰:《中国法治社会的结构及其运行机制》,载《中国社会科学》2019 年第 1 期。
② 参见马怀德:《法治政府建设的根本遵循》,载《中国司法》2021 年第 11 期。
③ 参见〔英〕安妮·施沃恩、史蒂芬·夏皮罗:《导读福柯〈规训与惩罚〉》,庞弘译,重庆大学出版社 2015 年版,第 124 页。
④ 参见谢新水、吴芸:《新时代社会信用体系建设:从政府赋能走向法的赋能》,载《中国行政管理》2019 年第 7 期。

完善的权力制约机制是确保行政权、司法权等国家权力规范行使,增强社会公众的认同感和提升国家公信力的重要手段。

社会信用制度中所构建的信息公示是保证公众有效行使监督权的路径。就政务诚信而言,以政务信息公开为核心的制度建设是保障政府信用、政务诚信建设的关键。准确的信息公开目录让行政权在阳光下行使,将政府权责清单化、规范化有助于厘清政府与市场、政府与社会的边界,让市场在资源配置中发挥决定性作用。政府通过加强自身诚信建设、守信履诺、诚信施政,带动全社会诚信意识的树立和诚信水平的提高,避免因朝令夕改助长失信行为的不正之风,导致"劣币驱逐良币"。只有在较高的政府公信力状态下,行政执法合法性与稳定性才能得以巩固。就司法公信而言,"提升司法公信与建设法治国家是同步的,是一项复杂的社会系统工程"①。司法公开对司法公正形成倒逼效应,尤其在司法权运行机制改革、贯彻司法责任制的背景之下,通过司法公开实现社会监督,是目前最符合司法规律,也最能防止司法责任制演变为司法官暗箱操作的措施。② 司法是社会公平正义的最后一道防线。一旦司法诚信出现问题,整个社会信用体系就会因无以寻求补救而导致其根基发生动摇,乃至引起整个社会信用体系的垮塌。因此,只有让民众了解司法,让司法权在阳光下行使,以"看得见的方式实现正义",司法公信才具有有效保障。

(二) 以信任机制规范社会公众行为

在现代法治主义国家,法律体系发展完善是其重要标志,但执行的欠

---

① 江西省高级人民法院课题组:《人民法院司法公信现状的实证研究》,载《中国法学》2014年第2期。
② 参见龙宗智:《影响司法公正及司法公信力的现实因素及其对策》,载《当代法学》2015年第3期。

第四章　社会信用制度的实践探索

缺也随之产生。习近平在庆祝全国人民代表大会成立60周年大会上指出:"法律的生命力在于实施,法律的权威也在于实施。'法令行则国治,法令弛则国乱。'"《信用建设纲要》颁布后,社会信用体系建设的实践把通过社会信用体系加大对违法违规行为的惩戒力度,以期减少此类行为作为重要目标之一。① 社会急速转型导致社会结构的变化,经济领域中不诚信行为的反复频出,社会信任断裂,不仅突破了道德约束,甚至逾越了法律底线。当社会信用体系建设被纳入规划纲要后,信任机制在政务诚信、社会诚信、司法公信等领域的作用承载了推动经济发展、提升全社会诚信意识与信用水平的预期。信任是人面对复杂社会的一种态度和信念,作为一种"简化机制",可以弥补理性的缺陷,减少社会交往过程中的复杂性。② 信任在熟人社会中,并非对契约的重视,而是发生于对一种行为的规矩熟悉到不假思索时的可靠性,但信任在现代陌生人社会中是很难直接形成的,这才发生了法律。③"法律务实,信任务虚;法律着眼既往,信任着眼将来;法律取决于国家,信任取决于个人。"④ 相对于法律而言,信任是温情且具有灵活性的,甚至在熟人社会中并不需要法律,信任可以自成秩序体系。以信任来促成法律的实施,以及弥补法律作为正式制度的缺位或不足,才是正常社会需求。⑤

社会信用制度对社会主体行为具有规范和引导作用。现代社会中,不同类型群体通过公示的信息产生的公共评价生成对应的声誉,声誉作

---

① 参见沈岿:《社会信用体系建设的法治之道》,载《中国法学》2019年第5期。
② 参见〔德〕尼克拉斯·卢曼:《信任:一个社会复杂性的简化机制》,瞿铁鹏、李强译,上海人民出版社2005年版,第30—31页。
③ 参见费孝通:《乡土中国》,商务印书馆2018年版,第9页。
④ 季卫东:《法治与普遍信任——关于中国秩序原理重构的法社会学视角》,载郑永流主编:《法哲学与法社会学论丛》(2006年第1期),北京大学出版社2006年版,第155页。
⑤ 参见徐化耿:《论私法中的信任机制——基于信义义务与诚实信用的例证分析》,载《法学家》2017年第4期。

用于自然人、法人以及非法人组织上就反映出其品格和信用。信用评价的高低往往决定着社会交往和市场交易的成功率,在信用制度下,社会主体的权利、义务与责任都将会受到约束。随着系列纲要、意见、通知及失信惩戒备忘录等政策的施行,中央到地方的社会信用信息平台等强大的征信系统和政府信用监管系统为保障法律规范的实施提供了支撑。如2014年《厦门市纳税信用管理实施办法(试行)》、2017年《重庆市用人单位劳动保障违法行为失信惩戒办法》、2022年《广西壮族自治区企业统计信用管理实施办法》等。在"放管服"改革下,对告知承诺制度的探索也是通过发挥信任机制让行为人自觉守法,维护市场交易安全。社会信用制度入法赋予信用强制性的特征,这就意味着社会主体在参与社会交往中对何事能为、何事不能为以及应当如何为等都具有明确依据,也知悉当违背信用后会受到相应的处罚并承担责任。在以"声誉效应"为核心的信任机制助力下,公共机构的执法压力得以缓解,尤其是当不利信息被公示后,这种惩戒效果将远高于纯粹罚款工具。[①] 实践中频繁运行的列入违法黑名单、违法行为列入失信记录、违法违规信息披露、严打违法失信行为等做法频频将"违法"与"失信"等同,这种公众舆论在信息化的加持下还将快速传播并强化,公开制裁后不仅对违法失信行为人带来声誉不利、资格剥夺、自由限制等不可预估的后果,还将扩大制裁范围,实有"连坐"意味。就此视角而言,建构失信惩戒机制和征信系统实有强化社会公众严格守法之意。

(三) 以官民合作推动政社协同共治

新时代我国法治建设的重点不是单一地强调控权或是管理,而是倾向于如何运用权力进行服务,通过"政社共治"来解决社会转型带来的冲

---

① 参见应飞虎、涂永前:《公共规制中的信息工具》,载《中国社会科学》2010年第4期。

第四章　社会信用制度的实践探索

突与矛盾、回应社会需求。社会"是人的生活和活动的空间,是包含在人的生活和活动之中的",社会作为一个整体,社会信用的形成就是多主体相互作用的行动"流"。[①] 正是这些主体相互沟通,对信用关系有了需求,才能形成协同行动的动力,达到协同的效果。通过表达信用的各种载体,人们愿意进行可通约的沟通,并在此基础上达成重叠共识,而这是人们能够产生一致行为和发生合作的基础。[②] 信用社会在本质上并不以利益为基础,而是建立在个人对诚信价值内心认可的基础上。[③] 虽然这种内心认可是一个漫长的过程,但基于信用形成社会认同的基础是一切社会行为取得有效性甚至合法性认同的根本支撑,社会信用制度能在理性和感性层面促进官民合作,进而为法治国家、法治政府、法治社会一体建设助力。为应对社会变迁与社会转型,国家通常采取建立健全国家治理体系的"制度化"方式以保证国家与社会转型时期的政治稳定与社会稳定。[④] 当诚信原则被纳入法律体系后,社会信用制度具备一般社会规范没有的强制力、执行力。合理的法律制度最重要的功能之一就是降低社会成本,而社会规范可以帮助降低法律的执行成本。[⑤] 社会信用制度契合了经济社会发展由"管理型"转向"合作型"的需要。

社会信用制度要求政府同社会合作,达成诚信共识、培养守信意识。这种合作既体现在社会信用制度分支建设中相互促进,又体现在对信用工具引领诚信之风的共同维系。基于公开的信息与政务数据,社会公众

[①] 参见谢新水、吴芸:《新时代社会信用体系建设:从政府赋能走向法的赋能》,载《中国行政管理》2019年第7期。

[②] 参见〔美〕约翰·罗尔斯:《政治自由主义》,万俊人译,译林出版社2000年版,第408页。

[③] 参见孟融:《社会信用体系建设中的美德缺失及其填补——关于信用法治构建的政治与法律哲学思考》,载《浙江学刊》2022年第3期。

[④] 参见孟融:《国家治理体系下社会信用体系建设的内在逻辑基调》,载《法制与社会发展》2020年第4期。

[⑤] 参见张维迎:《信息、信任与法律》,生活·读书·新知三联书店2003年版,第54页。

能充分参与到针对信用社会建构的各种问题,让公民自内心建立对诚信的认同,进而实现社会信用体系建设中的主体性重塑。公众的主体意识和权利意识越高,社会诚信之风越强劲,越能促进政府依法行政,推动政府信用建设。而基于信息共享机制,信用工具在源头上被赋予了公信力和执行力,在市场主体的评价与监督的激励下,能够及时启动严厉的市场驱逐式惩罚,有效阻吓企业放弃潜在的违法行为,是一种效率型、辅助公共执法的社会治理形式。① 在大数据推动下,通过搜集、分析信用信息就可以实现对用户生活、思想、行为描述,辅之以算法就可以形成对自然人、法人及非法人组织的信用评级,无论主观意愿。② 立足社会心理学视角,他人真实的、想象的或暗示的存在,对其他人的思想、情感、信仰和行为均有影响。③ 在接收各式各样的信息后,一种全景式监视将会形成,若行为一旦失控,社会信用制度中的惩罚机制就将自动启用,而这种惩戒机制不仅包含了行政性惩戒,还将包含行业性、市场性、社会性惩戒。④ 因此,社会信用制度不仅是简单的守法或守约,而且是协同治理工具。

三、社会信用制度的发展进路

社会信用制度是解决我国信用危机的成功探索,是新时代治理经验的总结。习近平总书记在党的二十大报告中强调了社会信用对构建新发展格局推进高质量发展的重要性,作出了"弘扬诚信文化,健全诚信建设

---

① 参见吴元元:《信息基础、声誉机制与执法优化——食品安全治理的新视野》,载《中国社会科学》2012 年第 6 期。
② 参见虞青松:《算法行政:社会信用体系治理范式及其法治化》,载《法学论坛》2020 年第 2 期。
③ 参见〔美〕艾略特·阿伦森、乔舒亚·阿伦森:《社会性动物》,邢占军译,华东师范大学出版社 2020 年版,第 5 页。
④ 参见周海源:《失信联合惩戒的泛道德化倾向及其矫正——以法教义学为视角的分析》,载《行政法学研究》2020 年第 3 期。

第四章 社会信用制度的实践探索

长效机制"的重要指示。社会信用制度是中国式现代化在精神层面建设的体现,它将国家机关的公信力与社会公众的道德心相连,通过多元规则体系来促进全体成员的认同和践行,引导信用文化的塑成,使诚实守信在全社会蔚然成风。在政府号召力、驱动力下,我国得以在较短的时间内建立起社会信用体系框架,但也正因如此,信用信息的采集、加工、分析等步骤都带有显著的政府主导色彩,一定程度上致使信用市场效率低下,影响制度的公平性和权威性。在习近平法治思想指导下,新时代社会信用制度应当结合我国国情和实际,突出中国特色、时代特色和实践特色。因此,为发挥社会信用制度既推动经济社会高质量发展,又提升国家治理效能的作用,新时代应从建构、运行、保障维度进一步推进社会信用制度完善。

(一) 建构维度:统一社会信用立法

社会信用法曾分别在十二届、十三届全国人大被列为三类立法规划,与热情高涨的信用制度实践相比,理论界和实务界并未就采取何种立法模式形成一致意见,社会信用立法一再被搁置。从信用制度建设的初衷和目标看,将信用、诚信引入政府监管和社会治理领域,需要丰富的理论和经验支撑。就统一立法模式而言,有学者认为社会信用立法的客体包含了经济信用与公共信息,应采取以私权利主体的信用调整为主、适度衔接公权力主体信用问题的折中立法模式。[1]有学者结合我国社会信用体系建设实践以政务诚信为建设关键、以社会治理为重要目标、以"三大征信体系"为运行基础,提出"信用行政监督法""全民正义诚信法""统一征信法"的构想。[2] 在统一社会信用立法出台前,自 2017 年开始,部分地

---

[1] 参见王伟:《论社会信用法的立法模式选择》,载《中国法学》2021年第1期。
[2] 参见吴晶妹:《信用立法思考:我国未来三大信用法》,载《法学杂志》2022年第3期。

区开始出台与信用相关的地方性法规、政府规章,为统一社会信用立法提供了样本。实践中存在以上海市为代表的社会信用综合立法(1部),以浙江省、青海省为代表的公共信用信息立法模式(6部),以江苏省、陕西省为代表的社会信用立法(23部)等共计30部地方性法规。面对浩大的社会信用工程,立法的难度大、内容多,质疑声也此起彼伏。[①] 如立法存在社会信用、公共信用、经济信用概念混用,社会信用立法体例、架构逻辑混乱,失信惩戒规定多而信用服务内容过少,涉及法治与德治的界限如何判断等问题。诚然,一部法律的制定会涉及资源分配、利益取舍、行为约束的问题,参与主体都会要求资源获取机会均等、资源分配公平、权利义务总体均衡,必须改变早先社会信用法律由立法者一手安排的"一般均衡",容许各种相关的利益主体进入立法过程中并表达各自的利益诉求,允许各方之间进行充分有序的"讨价还价",并据此采取有利于其最大化利益偏好的策略选择,从而形成一种基于合意的均衡。[②]

　　社会信任归根结底源自于人们内心深处对于他人能够信守诺言的美好预期,在很大程度上是属于"自律"的范畴。统一的社会信用立法能防止社会信用道德培育趋于简单化、庸俗化,有助于统一的诚信文化形成。随着社会信用体系建设的深入,在政府赋能的前提下,社会信用体系建设需要法的支撑,特别是政务诚信和司法公信只有立足法律才能取得突破性进展。就现有的社会征信体系而言,征信的范围依然集中在金融领域,关于政务领域、文化领域、生态领域等方面的社会征信体系建设均处于缺位状态,地区发展不平衡现状也较为明显。涉及失信联合惩戒机制、"黑名单"制度、信用修复与保留时限等内容若长期依赖地方立法,将

---

① 这些观点有社会信用立法属于政府擅权,社会信用立法将演变为第二行政法,还将使得行政处罚体系分崩离析等。参见罗培新:《遏制公权与保护私益:社会信用立法论略》,载《政法论坛》2018年第6期。

② 参见宋功德:《行政法的均衡之约》,北京大学出版社2004年版,第59页。

出现各自为政的局面,立法稳定性、权威性也将受影响。2016年12月《关于进一步把社会主义核心价值观融入法治建设的指导意见》指出,"法律法规体现鲜明价值导向,社会主义法律法规直接影响人们对社会主义核心价值观的认知认同和自觉践行",要"把社会主义核心价值观的要求体现到宪法法律、法规规章和公共政策之中,转化为具有刚性约束力的法律规定"。2022年3月《中共中央、国务院关于加快建设全国统一大市场的意见》指出,新发展格局下,需要健全统一的社会信用制度。因此,制定专门的社会信用法不仅是诚信价值观法律化的重要路径,也是从根本上终结混乱立法现状的有效手段。2022年11月14日,国家发展改革委、人民银行会同社会信用体系建设部际联席会议成员单位和其他有关部门(单位)研究起草了《中华人民共和国社会信用体系建设法(向社会公开征求意见稿)》(以下简称《征求意见稿》),标志着统一社会信用立法时代已经到来。《征求意见稿》的出台也意味着如何落实法律任务、如何妥善解决现有地方立法中的问题以及地方法规范如何与之协调等问题亟待解决。虽然社会信用本身有"以德入法"的色彩,但必须要明确不道德的行为并不必然等于失信行为,《征求意见稿》第2条就指出,失信"是指国家机关依法认定并确认的信用信息主体诚信失范的行为"。该定义明确了失信认定的主体、依据及行为等要素,确定了失信行为的边界,但后续落实法律时将涉及国家机关的具体范围、信用信息主体以及行为的何种标准是达到诚信失范的程度,只有进一步明晰上述不确定概念,对失信行为的规范才能愈发精准有效。《征求意见稿》的出台加快了社会信用系统化建设进程,也使得社会信用制度的研究任务从呼唤立法转为贯彻执法,但个中条款设置的合法性、合理性、精准性、协调性,信用监管机制与信用服务机制的衡平性,以及市场主体的参与性还有待于未来进一步研究。

（二）运行维度：平衡信用监管与信用服务

社会信用体系建设中法律政策体系、信用规制体系、技术媒介体系的形成确保社会信用制度高效运转。① 然而，受政府长期主导的影响，先惩戒后救济的思路致使以失信联合惩戒为核心的信用监管机制严重挤占了信用服务机制的空间。实践中，以行政规范性文件为主的联合惩戒位阶过低、惩戒范围大、损害后果重，存在无故减损公民、法人和其他组织合法权益或增加其义务之嫌，而"一处失信，处处受限"严重背离比例原则、禁止不当联结原则，多为学界诟病。② 失信的界限也在不断拓展，失信联合惩戒已然渗入社会的各个方面，泛道德化倾向严重。③ 在行政审判中却也难以得到有效救济，如在"吕某诉镇江市人民政府、镇江市信访局案"中，江苏省高级人民法院认为列入严重失信信访人黑名单决定是信访处理行为，不属于行政诉讼受案范围，裁定驳回起诉。④ 信用监管失控的主要原因在于实践中过于偏重解决现实问题的"有效性"，一定程度上忽视了权力运行的"正当性"，导致权力运行的失衡。⑤《国务院办公厅关于加快推进社会信用体系建设构建以信用为基础的新型监管机制的指导意见》（国办发〔2019〕35号）明确要求，大力推进信用分级分类监管，在充分掌握信用信息、综合研判信用状况的基础上，以公共信用综合评价结

---

① 参见孟融：《社会信用体系建设中的美德缺失及其填补——关于信用法治构建的政治与法律哲学思考》，载《浙江学刊》2022年第3期。
② 参见彭錞：《失信联合惩戒行政诉讼救济困境及出路》，载《东方法学》2021年第3期。
③ 参见周海源：《失信联合惩戒的泛道德化倾向及其矫正——以法教义学为视角的分析》，载《行政法学研究》2020年第3期。
④ 参见江苏省高级人民法院（2019）苏行终1518号行政裁定书。
⑤ 参见孟融：《国家治理体系下社会信用体系建设的内在逻辑基调》，载《法制与社会发展》2020年第4期。

第四章 社会信用制度的实践探索

果、行业信用评价结果等为依据,对监管对象进行分级分类,根据信用等级高低采取差异化的监管措施。遵循有效性之要求,在健全守信激励机制、提高失信成本的同时,要落实分级分类监管,监管措施的择取应当同预期规制目的一致。遵循正当性之要求,信用监管机制在运行过程中要重视对自然人、法人及非法人组织的权利保障。何种行为应当记入公共信用信息平台、采用何种信用评级标准本身就是一个博弈过程,通过吸纳具体领域的利益相关者进行有效协商就必不可少。而失信行为与惩戒之间也应当考虑联系的合理性,如因"占座""霸座"被记入失信行为而申请不了财政资金资助就违反了禁止不当联结原则。[①] 值得注意的是,信用监管机制不仅是国家对社会公众的管理方式,同时也应当是公众监督政府行为的有效工具。据此,专门针对行政行为的信用监管也需要提上日程,政府"自纠自查"是政务诚信建设的保障,出台专门的信用行政监督法和设立独立的政务诚信监督管理委员会将是有效举措。[②]

就信用服务而言,实践中我国主要是凭借各地信用平台提供信用报告查询、信用修复、信用承诺、异议申请、信用宣传等服务。2022 年 6 月《国务院关于加强数字政府建设的指导意见》(国发〔2022〕14 号)指出要"完善信用信息公共服务平台功能,提升信息查询和智能分析能力"。针对信息发布,信息收集机关(主要是行政机关)对于披露的信息应当根据不同服务目的、不同危害程度的违法行为作出区分,把握公开的界限,涉及个人隐私、个人信息等要进行脱密处理,防止声誉机制功能异化。涉及专业类信息披露也应做到通俗易懂,从实体上保障社会知情权。为避免信息披露笼统、单一,反馈监督机制也必不可少,其功能在于为声誉机

---

① 《上海市社会信用条例》第 30 条将"在财政资金资助等政策扶持中,作相应限制"作为失信主体的惩戒措施之一。

② 参见吴晶妹:《信用立法思考:我国未来三大信用法》,载《法学杂志》2022 年第 3 期。

制的信息提供者也建立一个执法信誉评价体系,使其执法行为同样要接受公共评判,受到来自社会大众的声誉约束。此外,健全信用修复机制也是信用服务的重要内容。基于声誉机制的强大威慑力,公民的信息权与隐私权的保护边界必须明晰,否则信用监管制度不仅容易被滥用,还会损害政府公信力。2016年《国务院关于建立完善守信联合激励和失信联合惩戒制度加快推进社会诚信建设的指导意见》要求就建立失信联合惩戒的前提与程序、建立健全信用修复机制等相关措施作进一步细化。修复机制由谁来建立、应如何建立等问题需要尽快落实。事实上,对于征信能否委托修复的问题,上海市第一中级人民法院对此持否定态度,认为征信记录是对个人或企业信用信息客观真实的记载,不良征信记录如属真实,必须保存5年,且无法删除,委托他人消除或抹掉业已存在的不良征信记录的协议违背公序良俗而无效。[①] 因此,为避免惩戒错误致使当事人的信用修复困难,建立事前预防机制尤为重要,对于列入失信联合惩戒名单应当提前告知行为人,并给予其提起异议、申请听证等权利,若因错误公布造成权利损害的则应当及时清理修复其名誉权并予以赔偿。

(三) 保障维度:激活市场机制作用

信用危机始于市场机制不健全,就理应在市场机制下完成重塑。从信用评级与征信的规范与管理来看,国务院、中国人民银行、中国证监会、中国银保监会、国家发展和改革委员会、国家税务总局、中国信用评级协会筹备组以及地方政府、各行业协会、各地方税务局等机构均有权制定标准、划定范围。事实上,冗杂的评级主体不仅容易致使管理规范

[①] 参见上海市第一中级人民法院(2022)沪01民终1416号民事判决书。

第四章　社会信用制度的实践探索

效率冲突,影响国家公信力,标准不一的结果还违反了平等原则、比例原则,甚至直接减损相对人的权利或增加其义务,但却诉诸无门,与法治建设方向相悖。如针对行政评级结果的公开的诉讼,在"南京创新机电管带有限公司与南京市江宁区税务局税务行政管理(税务)行政确认案"中,南京市中级人民法院认为通知相对人纳税等级的告知函"属于被告江宁区国税局履行其宣传税收法律、行政法规,普及纳税知识等法定义务,系对纳税人的一种提醒与告知",且"并未为原告增设新的权利义务,对原告的合法权益明显不产生实际影响"①。如果社会信用制度权力结构模糊,必定会降低制度运行效率、减损制度实施效果。虽然现有体制下,以中央银行为主体的社会信用制度建设模式仍然体现的是国家干预的价值理念和经济行政法的特点,但政府自上而下的强力推动与市场自生自发的秩序养成同样重要。② 在深化"放管服"改革的背景下,大力发展征信机构、评级机构、担保机构等独立第三方机构,建设开放性市场驱动机制,不再以单一政府来评价信息,而是市场主体作为信息搜集甚至评价的主体才是保障该制度行稳致远的关键所在。

基于我国当前转型时期的考量,社会信用制度完全市场化是不科学且不现实的,遵循《信用建设纲要》中"政府推动与社会共建"的原则,未来我国社会信用体系建设需要以市场为主要运作、政府辅助推动,鼓励和调动社会力量,发挥多元社会主体各自的优势,形成协同共治的格局。其中,行业协会便是值得被信任的市场主体。行业协会上连国家,下接微观市场主体,是国家与社会之间重要的连通机制和中介桥梁。③ 行业

---

① 江苏省南京市中级人民法院(2017)苏 01 行终 24 号行政裁定书。
② 参见罗培新:《遏制公权与保护私益:社会信用立法论略》,载《政法论坛》2018 年第 6 期。
③ 参见吴元元:《连坐、法团主义与法律治道变革——以行业协会为中心的观察》,载《法律科学》2020 年第 3 期。

协会在一定授权、委托范围内可以承担一部分政府管理职能,立法可授予相关主体一定的管制权,允许它们使用自己的资源和权力,在国家难以达到的地方进行管理。由于市场治理中始终存在信息成本问题,行业协会居中协调、组合整合的作用不可或缺。以行业协会来推动社会信用制度的发展具有两大优势:一是对成员诚信背书。对于加入该行业协会的成员,依托群体声誉优势,在参与市场经济活动时的信用也得到相应保障。二是对成员的声誉惩罚。一旦成员行为违法违规,在承担法律责任的同时还要接受来自行业协会的声誉惩戒。政府权力行使则需转向激活市场机制、辅助制度运行、提高治理效能的方向上来。国家公权力应当秉持适度谦抑性,厘清行业协会自治权的具体权能,把握自身权力范围,尊重行业发展自主性。

第五章

法治营商环境的优化探索

营商环境是衡量一国经济体系发达程度的标准,直接反映了该国市场经济的发展状况。建设法治化营商环境是我国新时期的经济发展目标和基本国策,自党的十八届三中全会首次提出后,2018年和2019年中央经济工作会议都予以强调,已成为法治中国建设的重要一环。营商环境的优化在很大程度上依赖于法治建设的完善,可以说法治体系的建设和完善对促进优化营商环境具有关键性作用。

一、法治化营商环境的生长轨迹

优化营商环境作为我国提升市场经济、激发市场主体活力的重要政策,自提出以来经历了数个阶段的变化和调整,其间不断地发现问题、总结经验、寻找对策。通过实践和探索,逐渐摸索出营商环境评估要素在国内市场中对应的机制,并努力找出这些机制中存在的问题,从而发现适合国内营商环境的优化道路。综观我国营商环境优化的历程,其生长轨迹大致可以概括为三个阶段:依托政策引导的开创阶段、行政立法保障的成长阶段和地方全面推进的拓展阶段。通过这三阶段的发展,我国从优化营商环境仅仅依托政策调控，到由立法规范全面介入，如今已经形成了由行政法规、地方性法规和行政规章组成的较为完整的营商环境立法规范体系，为创造良好的营商环境提供了法治保障。

（一）政策引导的初创期

营商环境建设在我国 2019 年国务院《优化营商环境条例》出台之前，可以说是作为一项政策提出的，从 2013 年开始，仅国务院出台的优化营商环境政策性文件就有 50 多项。如 2013 年《国务院关于进一步改善外商投资企业生产经营条件的通知》、2014 年《国务院关于促进市场公平竞争维护市场正常秩序的若干意见》、2015 年《国务院办公厅关于创新投资管理方式建立协同监管机制的若干意见》、2015 年《国务院关于实行市场准入负面清单制度的意见》、2016 年《国务院关于印发降低实体经济企业成本工作方案的通知》、2017 年《国务院关于印发"十三五"市场监管规划的通知》、2018 年《国务院办公厅关于印发进一步深化"互联网＋政务服务"推进政务服务"一网、一门、一次"改革实施方案的通知》、2019 年《国务院办公厅关于做好优化营商环境改革举措复制推广借鉴工作的通知》等等。部委出台的优化营商环境政策文件有近 30 项，如 2018 年《财政部办公厅关于落实"证照分离"改革事项 优化会计行业准入服务的通知》、2019 年《国家税务总局关于深入贯彻落实减税降费政策措施的通知》、2019 年《市场监管总局关于全面推进"双随机、一公开"监管工作的通知》等。在这些政策引导下，十年来，政府不断优化营商环境，为各类市场主体提供多种类型的服务，努力做到有求必应、无事不扰，以高质量服务激发市场活力。特别是在 2018 年的国务院常务会议上，提出要进一步优化营商环境，不仅要完善基础设施建设，也要推动体制机制创新。有关政策主要强调简政、减税、加强公共服务等方向性的措施，引导行政主体为市场主体提供必要的便利。

第五章　法治营商环境的优化探索

（二）行政立法保障的生长期

在2019年国务院办公厅公布的立法工作计划中，将制定《优化营商环境条例》纳入其中，该条例由国家发改委、商务部、财政部、国家市场监管总局四部门共同起草。《优化营商环境条例》于2019年10月22日颁布，并自2020年1月1日起正式实施。该条例共包含七章，由总则、市场主体保护、市场环境、政务服务、监管执法、法制保障和附则构成。不难看出，《优化营商环境条例》充分吸收了世界银行的几大评估指标[①]，并结合国内市场的现状作了具体规定。作为我国优化营商环境的第一部行政法规，《优化营商环境条例》的出台具有引领作用，体现了如下特点：

1. 确立了优化营商环境的法治原则

《优化营商环境条例》第4条规定："优化营商环境应当坚持市场化、法治化、国际化原则，以市场主体需求为导向，以深刻转变政府职能为核心，创新体制机制、强化协同联动、完善法治保障，对标国际先进水平，为各类市场主体投资兴业营造稳定、公平、透明、可预期的良好环境。"随着《优化营商环境条例》的出台，我国营商环境的发展步入了一个新的阶

---

① 世界银行每年会根据评估指标发布《全球营商环境报告》，2021年9月，世界银行暂停使用原来的评估体系 Doing Business（DB），更换了新的评估体系 Business Enabling Environment（BEE），将之作为评估各国营商环境的新标准。在新的评估体系中，主要包含下列评估指标：企业准入、获取经营场所、市政公用服务接入、雇用劳工、金融服务、国际贸易、纳税、解决纠纷、促进市场竞争和办理破产。除了这十个一级指标之外，每个一级指标下都有一套二级评估指标，由监管框架、公共服务和综合效率组成。其中，监管框架主要评估监管质量，从透明度、准确度、可预测性和相关性等角度衡量最佳路径，以及国际公认的监管方式；公共服务主要评估政府的机构设置、基础设施和公共采购项目等政府直接或间接（通过私人公司）影响市场运作的因素；综合效率的评估是指根据市场主体的体验（通过企业调研或专家调研），衡量监管与公共服务在实践中的效率。新的评估体系在老版的基础上作了精简，能够更加直观地体现出一国营商环境的状况，基本上覆盖了市场主体在经营活动中可能遇到的各种因素。同时，新的评估体系具有更强的可操作性，对于评估者和市场监管部门都提供了更为明确的工作方向。

段,即营商环境的法治化阶段,法治化由此成为营商环境建设必须遵循的一个重要原则。只有坚持法治化原则,加强法治建设,才能推动营商环境的优化,建立有秩序且公平竞争的市场。脱离法治建设谈优化营商环境只能是一种不切实际的幻想,也无法真正实现营商环境指数的提升。

2. 形成了优化营商环境的法治机制

在法治化原则的统领下,形成了一系列营商环境优化的法治机制。第一是市场准入机制的改革。世界银行将企业准入放在了评估指标的首位,这说明该指标是营商环境优化的第一衡量要素。我国将"放管服"作为优化营商环境的精髓,从法治的视野观察,"放管服"主要体现在放宽市场准入、加强事中事后监管以及提升政务服务水平等几个方面,这与世界银行的评估指标是非常契合的。如《优化营商环境条例》将这一指标放在重要位置,以不同的方式作了规定。在市场准入机制方面,强调简政放权,减少行政部门对市场主体的不必要干预,简化进入市场的程序,避免给市场主体造成申请各类行政许可的负担。与《优化营商环境条例》颁布之前的市场准入机制相比,带来的变化与提升显而易见。市场主体不再需要在进入市场这一环节耗费大量的时间精力,减少了办理各种许可证的时间成本,也可以更清晰地掌握市场准入的程序,在很大限度上增加了便利,也有利于提高办事效率。如第39条第1款规定:"国家严格控制新设行政许可。新设行政许可应当按照行政许可法和国务院的规定严格设定标准,并进行合法性、必要性和合理性审查论证。对通过事中事后监管或者市场机制能够解决以及行政许可法和国务院规定不得设立行政许可的事项,一律不得设立行政许可,严禁以备案、登记、注册、目录、规划、年检、年报、监制、认定、认证、审定以及其他任何形式变相设定或者实施行政许可。"第40条规定:"国家实行行政许可清单管理制度,适时调整行政许可清单并向社会公布,清单之外不得违法实施行政许可。国家大力精简已有行政许可。对已取消的行政许可,行政机关

第五章 法治营商环境的优化探索

不得继续实施或者变相实施,不得转由行业协会商会或者其他组织实施。对实行行政许可管理的事项,行政机关应当通过整合实施、下放审批层级等多种方式,优化审批服务,提高审批效率,减轻市场主体负担。符合相关条件和要求的,可以按照有关规定采取告知承诺的方式办理。"上述这些规定都是以放宽市场准入机制为目标,在企业准入方面力争与国际接轨。

第二是市场监管模式的改革。市场准入程序的简化和机制的放宽并不意味着市场主体的泛滥,为确保市场主体的资质、规范市场主体的经营行为,新的营商环境要求行政部门加强事中事后监管,密切关注市场主体的经营行为是否符合法律法规及市场规范,定期进行抽查和相关执法活动,防止市场主体在经营过程中出现违法行为,保护消费者的合法权益,维护市场秩序。也就是说,行政主体对市场的监管由原来的事前监管变换为了现在的事中和事后监管。《优化营商环境条例》为市场监管带来了新的思路和新的模式,改变了以往行政部门将工作重心放在市场准入环节的局面,将重心调整到监管市场主体的经营行为上,这样的调整既使更多的经营者获得了进入市场的机会,又将行政部门的执法力量放在了更为重要的环节,使行政执法更符合现代法治理念,更加务实,更加具有问题意识,也更加契合了我国法治国家建设的目标和宗旨。中央全面依法治国委员会办公室关于新时代的法治原则就强调:"全面依法治国是一个系统工程,必须统筹兼顾、把握重点、整体谋划,更加注重系统性、整体性、协同性。依法治国、依法执政、依法行政是一个有机整体……法治国家、法治政府、法治社会相辅相成,法治国家是法治建设的目标,法治政府是建设法治国家的重点,法治社会是构筑法治国家的基础。"①《优化营商环境条例》的相关规定使这些理念由抽象变为具体。

3. 创新了监管理念

除了监管重心的调整,也对行政部门的监管理念提出了新要求。多年以来,各级行政部门作为市场监管主体,拥有绝对的话语权,也掌控着市场经营中制定标准的权力。对市场主体而言,负责市场监管的行政部门处于强势地位,许可证的审批和发放、对经营行为是否违法的认定等都由这些行政部门决定,而且市场主体往往缺乏有效的申诉途径,这就造成市场主体在经营中谨小慎微,甚至放不开手脚的状态。不得不说,这种状态下的市场主体在经营活力上有所欠缺,难以推动市场经济的发展。《优化营商环境条例》可以说是一种破冰之举,对市场监管行政部门的监管理念进行了颠覆,旨在改变行政部门长期以来的强势地位。其第 28 条第 1 款规定:"供水、供电、供气、供热等公用企事业单位应当向社会公开服务标准、资费标准等信息,为市场主体提供安全、便捷、稳定和价格合理的服务,不得强迫市场主体接受不合理的服务条件,不得以任何名义收取不合理费用。各地区应当优化报装流程,在国家规定的报装办理时限内确定并公开具体办理时间。"我国以往行政部门长期负责制定水、电、天然气的价格和相关标准,且在一些情况下没有及时向社会和市场主体征求意见并公开这些标准,甚至有时会向市场主体收取一些缺乏依据的费用等,在透明度上存在瑕疵。而《优化营商环境条例》则将公开上述标准作为行政部门必须履行的义务,从而能够有效督促行政部门及时向市场主体进行政务公开,促进行政部门与市场主体的联系。同时,也要求行政部门不再一味以管理者的姿态面对市场主体,而应加入服务的理念,在监管的同时也应为市场主体提供必要的帮助和便利。如第 35

---

① 中央全面依法治国委员会办公室:《坚持以习近平法治思想为指导 奋力开创全面依法治国新局面》,https://china.huanqiu.com/article/428xQJ12OR3,最后访问日期:2024 年 5 月 6 日。

条规定:"政府及其有关部门应当推进政务服务标准化,按照减环节、减材料、减时限的要求,编制并向社会公开政务服务事项(包括行政权力事项和公共服务事项,下同)标准化工作流程和办事指南,细化量化政务服务标准,压缩自由裁量权,推进同一事项实行无差别受理、同标准办理。没有法律、法规、规章依据,不得增设政务服务事项的办理条件和环节。"第36条第1款规定:"政府及其有关部门办理政务服务事项,应当根据实际情况,推行当场办结、一次办结、限时办结等制度,实现集中办理、就近办理、网上办理、异地可办。需要市场主体补正有关材料、手续的,应当一次性告知需要补正的内容;需要进行现场踏勘、现场核查、技术审查、听证论证的,应当及时安排、限时办结。"第52条规定:"国家健全公开透明的监管规则和标准体系。国务院有关部门应当分领域制定全国统一、简明易行的监管规则和标准,并向社会公开。"可以看出,该条例对行政部门为市场主体简化申请程序和材料作出了明确规定,不得给市场主体增加办理的负担。值得注意的是,在对营商环境的评估中,行政部门的服务意识和服务水平也将作为重要的考量因素,只有行政部门的服务意识和服务水平得到提升,才有可能激发市场主体在经营方面的积极性。然而,强化市场监管部门的服务意识不仅仅需要正面的引导,也离不开一些强制性的要求,离不开法律责任的设定和落实,这些在条例中也都有所体现。

(三)地方全面推进的拓展期

我国在优化营商环境方面走了中央与地方共同推进的道路,在中央层面政策和法规的引领下,地方层面根据当地的特色积极制定地方性法规和地方政府规章。经过多地的实践和探索,目前在优化营商环境的法治建设方面已取得初步成果,在立法和执法层面能够为市场主体在一定程度上提供经营便利,有助于进一步激发市场活力。

近年来,全国各省、自治区、直辖市已经陆续制定并实施了优化营商环境方面的地方性法规和地方政府规章,如《北京市优化营商环境条例》《广东省优化营商环境条例》《福建省优化营商环境条例》《宁夏回族自治区优化营商环境条例》等。可以看出,无论是经济发达地区,还是经济欠发达地区,都在优化营商环境的道路上大胆尝试,力争提升当地市场氛围。值得注意的是,各地制定的地方性法规并不是完全照搬处于上位法的行政法规中的内容,而是融入了自身市场的特点,这一点非常值得肯定。因为,优化营商环境作为一项先行先试的举措,往往会体现一定的地方特色。我国的优化营商环境举措先是由一些经济发达地区实施的,所以有关的地方法治建设也是由这些地区首先推动的。从全国范围来看,我们认为上海、深圳和苏州的做法比较具有代表性,这三地的一些经验值得向全国推广,因此这里以这三地为例,重点予以介绍。

1. 上海优化营商环境的法治建设概况

上海在全国城市GDP的排名中长期稳居首位,在强调营商环境的当下,也应起到领头羊的作用,这就要求上海的市场监管等部门在贯彻落实国家政策和精神的前提下,大胆开拓具有地方特色且行之有效的具体措施。与其他省市相同,上海在2020年制定并实施了《上海市优化营商环境条例》,并在2021年和2023年根据市场的实际需求进行了修正。关于优化营商环境的法治建设是一项体系性的工程,仅靠一两部法规和规章无法实现促进市场经济的目标。具言之,地方性法规和地方政府规章的制定和实施只是一系列举措的起点,而非终点。如果各地优化营商环境的法律规定是1+N的结构,那么地方性法规代表的是那个"1",这方面法治建设的完善还需要大量的"N"来支撑。"N"代表的不仅是法律规定的数量,也是政策的更新和进化。

以上海的优化营商环境政策和举措为例,专家学者普遍认为上海有关的政策可以分为五个发展阶段,从1.0的时代到现在5.0的时代。1.0

第五章　法治营商环境的优化探索

时代的代表性政策是 2017 年《上海市着力优化营商环境 加快构建开放型经济新体制行动方案》，该方案对法治建设作了这样的表述："坚持重大改革于法有据。高度重视运用法治思维和法治方式，坚持法制先行，强化法治建设、依法改革，注重构建立法、执法、司法、守法四位一体的法治环境，切实保障市场主体的合法权益，实现规则公平、机会公平、权利公平。"可以看到，在 1.0 的方案中便已经提到了法治与营商环境的关系以及法治对营商环境的重要性。同时，也指出了法治建设的一些重点。总体来说，第一代方案为上海的营商环境构建了基本框架，但由于其尚处在初级阶段，主要针对当时存在的问题量身定制相应的解决办法，也难免存在"头痛医头、脚痛医脚"的局限性。换言之，1.0 的行动方案在适用的广泛性上具有瑕疵。

在 1.0 的基础上，上海陆续发布了 2.0 和 3.0 版本的行动方案。自 2.0 的行动方案开始，上海优化营商环境的政策全面对接世界银行营商环境评估指标，针对各项评估指标制定优化方案。无论是老版指标"开办企业"，还是新版指标"企业准入"，都将企业进入市场的难易程度、获得经营资质和办理行政许可的便利性作为重要考量。因此，2.0 和 3.0 的行动方案都使用大量篇幅阐述"一网通办"的具体操作模式。在优化营商环境的大背景下，"一网通办"既是对行政机关的工作要求，也是企业长期以来渴望实现的。此外，落实"一网通办"才能真正体现我国在企业准入方面所取得的重大进步。《上海市全面深化国际一流营商环境建设实施方案》将"一网通办"提升到了新的高度，提出了全面打响"一网通办"政务服务品牌的目标。

具体来说，"一网通办"包括以下几方面内容：（1）围绕"一件事"开展流程再造，对涉及的相关政务服务事项进行全面梳理，围绕申请条件、申报方式、受理模式、审核程序、发证方式、管理架构进行系统再造，形成"一件事"的工作标准。对纳入"一件事"的各项政务服务事项实施一体化办理,实现系统集成、数据共享、业务协同。(2) 推进线上线下深度融合,各领域"一网通办"业务系统接入"一网通办"总门户。推进"一网通办"线上线下办理一套业务标准、一个办理平台,数据同源、服务同源、功能互补、无缝衔接。(3) 提升政务服务事项标准化和便利化水平。加强公共服务事项标准化建设,全面拓展公共服务事项接入"一网通办",实现"应进必进"。梳理一批高频公共服务事项进行流程再造,为企业和群众提供更多、更优质的公共服务。建立健全政务服务部门和窗口工作人员日常培训和岗前培训机制,全面提升工作人员业务能力和服务水平。(4) 完善市民主页和企业专属网页服务。完善市民主页和企业专属网页业务运营及技术对接标准,发挥各区、各部门服务优势,构建"统一标准、统分结合"的全市一体化运营体系。加强对惠企利民政策的分类梳理,提升对本市居民、非本市居民、商贸人士、境外人士及残障人士等各类人群的政策及服务宣传推广能力。(5) 推广电子证照、电子印章、电子档案应用。新增归集不少于 500 类电子证照,基本覆盖全市党政机关签发的证件、执(牌)照、证明文件、批文、鉴定报告。实现已归集电子证照应用覆盖 100% 政务服务事项,电子证照类目 100% 关联办事材料清单,各级政府办事窗口 100% 接入电子证照库。大力推广电子证照在医院、学校、车站、博物馆、风景区、游乐场等场所的社会化应用。优化电子印章公共服务平台,提升电子印章、电子签名在法人、自然人办理各类政务服务事项中的应用度,减少纸质材料递交,减少跑动次数。加强电子印章、电子档案在政府内部管理中的应用。(6) 加强电子政务信息安全管理。按照全国一体化在线服务平台统一标准规范,加强与国家政务服务平台的对接优化移动端应用架构,提升"随申办"服务的稳定性和安全性。

上海在企业准入的程序上做了很多努力,尤其对企业准入的程序给予了高度重视。2.0 和 3.0 的行动方案在这方面是个良好的开端,而在 4.0 的方案中,对于"一网通办"进行了全面的细化,拓展到了大量的市场

第五章　法治营商环境的优化探索

准入环节。2021年《上海市加强改革系统集成持续深化国际一流营商环境建设行动方案》被视为上海优化营商环境4.0时代的代表作,在该方案中,对"一网通办"作了再一次进化,提出了"前台综合受理、后台分类办理、统一窗口出件"的政务服务目标。此外,该方案反复强调"一站式"服务的实现路径和具体方式。以办理建筑许可为例,方案中几乎覆盖了企业在办理建筑许可时需要经历的所有环节,并要求这些环节都要符合"一站式"的标准。对于建筑企业而言,办理行政许可的绝大多数环节都能享受"一站式"服务是一种利好,能够节省大量的时间精力成本,也能提振经营的信心。经过了前三代的铺垫,4.0的行动方案不仅能够对接世界银行的营商环境评估指标,如关于电力供应的规定①,而且在此基础上凸显了上海自身营商环境的特色。作为国际化大都市,与上海相关联的跨境贸易数量巨大,随之而来的跨境贸易纠纷也可以预见。针对这一现状,上海要求强化涉外法律服务工作,积极支持法律服务机构参与国际性、联盟性跨境法律服务协作,搭建全方位、多层次的涉外法律服务交

---

① 《上海市加强改革系统集成持续深化国际一流营商环境建设行动方案》规定:"(四)获得用电用气用水。推广获得电力改革经验,进一步优化公用事业接入服务办理方式,实现接入办理全过程'一门式'集成服务和帮办服务。具体措施:1. 通过政务服务'一网通办'平台联动推送开办企业、规划许可和施工许可信息,电力公司主动与用户联系,前移服务关口。2. 试点开展供电、供水企业在工程建设期间提前提供接电、接水预装服务,企业提出开户申请后即可'一键接入'。3. 将低压小微企业办电的创新机制延伸至10千伏高压供电客户,接电时间压缩20%、环节压缩至2个(申请和接电环节)。4. 在自贸试验区临港新片区产城融合区试行非居民用户供水、供电、供气配套工程免费机制。5. 修订我市停电财务遏制措施相关细则,增加供电可靠性财务遏制条款。6. 供气、供水、网络等市政接入推行全过程'一门式'集成服务和帮办服务,实现报装、查询、缴费等业务全程网上办理。推进排水接入全流程主动服务,推广帮办服务。7. 对低压电力市政接入涉及的工程规划许可、绿化许可、路政许可、占掘路许可等实行全程在线并联办理,推行接入工程告知承诺制。8. 鼓励公用事业单位为用户提供综合能源和设备销售、安装、租赁、维护保养以及升级更新等高品质延伸服务,提供资金解决方案,减少用户一次性投入成本。9. 持续推进清理规范转供电环节收费,推广转供电终端用户改为直供电,强化多部门协同,加大检查执法力度,研究建立转供电主体信用惩戒、违规曝光等长效管理制度。"

流合作平台。

应该说,上海优化营商环境的方案更新已经成为常态,基本上每年都会发布新的举措。目前看来,上海的优化营商环境总体框架较为完整,每年会根据新出现的情况采取新的措施,保障相关工作稳步推进。

2. 深圳优化营商环境的法治建设成就

近年来,随着大湾区概念的兴起,深圳在我国经济建设中的作用和地位得到明显提升,这也对深圳的营商环境提出了要求。自国务院明确优化营商环境的总体目标后,深圳在这方面做了大量努力,与上海类似,行动方案也经历了几个阶段的发展。

作为首批国家营商环境创新试点城市,深圳在2022年1月发布了《深圳市建设营商环境创新试点城市实施方案》,该方案被认为是深圳优化营商环境5.0的版本,此前已经有1.0到4.0的迭代。与前四代方案相比,5.0的版本更为全面,且更具有地方特色。据统计,此方案共包括200项改革任务,其中101项属于落实国家的统一要求,而其余改革任务则是深圳市自行设定的。

宏观上看,5.0的方案充分体现了以企业为本,围绕着企业准入—企业运营—退出市场这样一条符合企业生命周期的主线制定规定。深圳市人民政府将"健全透明规范的市场主体准入退出机制。深化商事制度改革,建立健全市场主体准入机制,畅通市场主体退出渠道,完善市场主体救助机制,释放社会资源,激发市场活力"作为优化营商环境的首要任务,并将之划分成四个步骤:建立健全市场准入制度、提高开办企业便利化水平、强化企业经营规范化管理和便利市场主体高效有序退出。① 以企业生命周期为主线的规定具有科学性,符合市场和企业发展的规律,为开办企业的法人提供必要指导,也明确了有关行政部门的监管方向。

---

① 参见《深圳市建设营商环境创新试点城市实施方案》中关于"主要任务"的规定。

第五章　法治营商环境的优化探索

更为重要的是，5.0的方案在行政部门的职责分工方面作了明确规定，这对一个城市监管框架的有效运行是非常关键的一步。如前所述，监管框架在世界银行的每个评估指标中都是放在首位的二级指标。由于市场本身的复杂性和多样性，综合监管在任何市场中都是必不可少的监管手段。然而，行政部门在职能上往往不可避免地存在交叉和重叠的现象，这就容易造成监管中的"撞车"和"踢皮球"的情况。显然，这种监管上的冲突对市场的规范发展有负面影响，可能会出现缺乏监管权的部门随意插手，或是具有监管职责的部门推卸责任的乱象。为避免这种乱象的产生，事先对各部门的工作领域进行较为细致的划分是为数不多行之有效的方法。

此外，该方案也充分凸显了深圳的地域特色，如关于大湾区纠纷解决机制的规定："建立深圳市涉外商事一站式多元解纷中心，推动建立契合开放型经济发展的规则对接体系，为国际商事纠纷提供多元、高效、便捷解纷渠道。（市中级人民法院、福田区政府）加强粤港澳大湾区国际仲裁中心建设，构建粤港澳仲裁机构、大律师、律师及其他法律人才集聚的法律生态圈，推动以合作方式引入港澳及境外仲裁机构。"[①]

3. 苏州优化营商环境的法治建设情况

作为全国GDP排名榜上名列前茅的城市，苏州在优化营商环境法治建设方面的亮点值得关注。在优化法治化营商环境的实践中，苏州以营商环境评估指标为方向，针对立法、执法、司法、守法、普法等领域采取了一系列措施，一体推进法治苏州、法治政府、法治社会建设，积极构建完善的法治保障体系。苏州市在优化法治化营商环境中取得了令人瞩目的成果，根据《苏州市法治化营商环境建设指数评估报告（2020—2021年）》发布的指数，苏州的多项指标在江苏省居于领先地位。

[①] 《深圳市建设营商环境创新试点城市实施方案》第29条。

经过不断的探索,苏州已经形成了一些较为领先的方案。《苏州市优化营商环境创新行动 2021》是苏州市关于优化营商环境最新的行动方案,该方案推出了 31 项举措,既压实了行政部门的责任,也为企业提供保护。在各项优化法治化营商环境的举措中,比较亮眼的是关于行业监管的一些变化。在 2020 年,苏州市便发布了《关于规范涉企轻微违法行为不予行政处罚和一般违法行为从轻减轻行政处罚的实施意见》,又在 2021 年发布了 2.0 版本,其中涉及 353 项行政处罚事项,涉企轻微违法行为不予行政处罚事项 230 项;涉企一般违法行为从轻行政处罚事项 61 项;减轻行政处罚事项 62 项。[①] 优化营商环境的核心要义除了"简化"和"加速"之外,也应包括"放松"。尤其是对于中小型企业,高额的罚款或其他较为严厉的行政处罚可能会在很大程度上打击企业经营的积极性,令其对进入市场望而却步,这不利于非公有制经济的发展。基于此,市场监管部门将一批行政处罚事项作为轻罚或免罚事项是一种很好的尝试,这样的经验值得向全国推广。

二、法治营商环境优化的功能阐释

世界各国推动法治化营商环境建设的初衷在于鼓励更多企业进入市场、减轻企业的经营压力、提高行政部门监管效率、增强公共服务的质量,从而达到发展市场经济和维护公共利益的效果。优化营商环境不仅具有指标提升的价值,更能在实质上促进一国的经济。从世界银行的评估指标不难看出,营商环境的建设是一项体系性的工程,其功能也具有多样性,既有经济层面的意义,也有法治层面的价值。从主体的角度看,

---

[①] 参见王小兵等:《奋力打造全国一流法治化营商环境》,载《苏州日报》2022 年 04 月 21 日第 A01 版。

第五章　法治营商环境的优化探索

无论是行政部门,还是市场主体,都能在营商环境的建设中有所收获。改革开放以来,我国清晰认识到营商环境建设与市场经济发展的关系,并且在这条道路上做了大量的尝试,而关于优化营商环境出台的一系列法律规定和政策诠释了这些努力。《法治政府建设实施纲要(2021—2025年)》指出:"持续优化法治化营商环境。紧紧围绕贯彻新发展理念、构建新发展格局,打造稳定公平透明、可预期的法治化营商环境。"可见,我国仍将在营商环境法治化建设的道路上继续努力,从而实现形成"统一开放、竞争有序、制度完备、治理完善的高标准市场体系"[①]的最终目标。

(一) 以有为政府推动有效市场

从世界银行的评估指标来看,优化营商环境需要一系列法律和政策的落地和实效性发挥,如市场准入程序简化、反垄断与反不正当竞争、劳动争议解决、行政处罚从轻、知识产权保护、国际贸易争端解决、破产清算等,这些都离不开政府的积极作为。

习近平总书记针对营商环境曾做过这样的论断:"法治是最好的营商环境。各类市场主体最期盼的是平等法律保护。一次不公正的执法司法活动,对当事人而言,轻则权益受损,重则倾家荡产。"[②]这一论断阐明了法治建设与营商环境的关系,那就是,法治是市场经济的内在要求,也是其根本保障。"市场经济是法治经济,要用法治来规范政府和市场的边界。"[③]通过推动法治建设,保障市场主体地位平等、公平竞争,为企业进入市场和经营提供便利,依靠立法、执法和司法保护各类市场主体的合

---

① 《法治政府建设实施纲要(2021—2025年)》。
② 习近平:《论坚持全面依法治国》,中央文献出版社2020年版,第254页。
③ 同上书,第255页。

法权益。《法治政府建设实施纲要》明确要求政府行政系统在法治环境的营造中履行如下义务:"深入实施《优化营商环境条例》。及时总结各地优化营商环境可复制可推广的经验做法,适时上升为法律法规制度。依法平等保护各种所有制企业产权和自主经营权,切实防止滥用行政权力排除、限制竞争行为。健全外商投资准入前国民待遇加负面清单管理制度,推动规则、规制、管理、标准等制度型开放。加强政企沟通,在制定修改行政法规、规章、行政规范性文件过程中充分听取企业和行业协会商会意见。加强和改进反垄断与反不正当竞争执法。强化公平竞争审查制度刚性约束,及时清理废除妨碍统一市场和公平竞争的各种规定和做法,推动形成统一开放、竞争有序、制度完备、治理完善的高标准市场体系。"

(二)以有效市场促进法治政府建设

法治政府建设离不开法治体系的完善,我国的法治体系包括法律规范体系、法治实施体系、法治监督体系、法治保障体系等,优化营商环境对上述法治体系的建设具有推动作用。根据《法治中国建设规划(2020—2025年)》的精神,法律规范体系的建设需要立改废释并举,综合运用立法、修法、废止等手段实现这一目标。从法律规范体系建设的角度看,围绕优化营商环境已经制定了有关的行政法规、地方性法规和行政规章,初步形成了一套行政法律规范体系,充实了该领域的法律规范。此外,在优化营商环境的过程中,也要求对于不符合市场发展的法律规范进行必要的修订或废止。从法治实施体系建设的角度看,营商环境法治化所采取的一系列措施无不要求作为市场监管主体的行政机关在执法环节遵循法定程序,依据法律规范实施行政许可、行政处罚等决定,保障执法部门的行为符合法律规范,打造行之有效的法治实施体系。正如习近平主席在2014年论述经济工作及其营商环境的法治化问题时指出的:

第五章　法治营商环境的优化探索

"社会主义市场经济本质上是法治经济,经济秩序混乱多源于有法不依、违法不究,因此必须坚持法治思维、增强法治观念,依法调控和治理经济。"[①]在《法治政府建设实施纲要(2021—2025年)》的指导下,法治化原则在营商环境的建设中被赋予了更重要的地位,[②]相关的行政法规和地方性法规都将法治化作为必须遵循的原则。[③] 有关法律规定对法治化原则的吸收具有两方面含义:一是任何优化营商环境的举措都要以法治化为指导,通过法治化发挥作用;二是任何行政部门和市场主体的行为都要以法治化为底线和红线,不可触碰,更不可逾越。从指导层面看,法治建设涵盖科学立法、严格执法、公正司法、全民守法这些内容,打造法治化营商环境需要从这几个方面入手。换言之,在优化营商环境的过程中贯彻落实法治化原则意味着通过立法、执法、司法等手段促进各类市场机制的完善,推动市场良性发展。

首先,立法是建设法治化营商环境的前提。就立法而言,国务院制定《优化营商环境条例》,各省市发布地方性法规都是有关营商环境的立法活动,为法治化营商环境建设作铺垫。法治化营商环境需要一套行之有效的法律规则,既要深入实施《优化营商环境条例》,也要及时总结各地优化营商环境可复制可推广的经验做法,适时上升为法律法规制度。[④] 国务院2019年颁布的《优化营商环境条例》可以看作一系列立法活动的

[①] 习近平:《论全面坚持依法治国》,中央文献出版社2020年版,第129页。

[②] 有关法治政府建设,我国在2004年由国务院制定了《全面推进依法行政实施纲要》,而在2015年也制定了《法治政府建设实施纲要(2015—2020年)》。《法治政府建设实施纲要(2021—2025年)》在政府职能的规定上有新的拓展,尤其强调了政府在市场管理中所应当扮演的角色。一方面,政府行政系统要依法行政,通过依法行政为经济建设保驾护航;另一方面,政府行政系统不能以行政高权垄断市场活动,或者干扰市场机制,而要使市场有序运行。

[③] 《优化营商环境条例》第4条规定:"优化营商环境应当坚持市场化、法治化、国际化原则,以市场主体需求为导向,以深刻转变政府职能为核心,创新体制机制、强化协同联动、完善法治保障,对标国际先进水平,为各类市场主体投资兴业营造稳定、公平、透明、可预期的良好环境。"

[④] 参见《法治政府建设实施纲要(2021—2025年)》。

良好开端,而与之同步进行的是地方层面的立法活动,大多数城市保持稳定的节奏适时发布新的行动方案,及时反映市场中存在的问题和市场主体的需求。立法活动之所以是建设法治化营商环境的前提,是因为有关法律规定的核心内容是市场监管部门的权力和义务,以及市场主体的权利和义务。对市场监管部门来说,法律规定明确了部门的职责,告诉行政部门应该监管谁、监管哪些经营行为、采取什么方式监管、监管的限度等;从市场主体的角度看,法规和行动方案能够让他们了解进入市场需要办理哪些手续、经营过程中享有哪些便利和优惠、什么样的经营行为属于违法行为等。通过逐渐完善的立法,能够对合法的权利予以充分的保护,也会及时制裁违反法律规定的行为。

其次,规范执法是法治化营商环境的关键。法律是一种动静结合的产物,如果说制定的法律规定是一种静态的法,那么法律的实施则是一种动态的法。法律规定真正能对营商环境产生作用离不开市场监管等部门的实施,依赖于有关部门的执法活动,如此才能使立法真正作用于市场主体和整个营商环境。行政执法贯穿于企业的生命周期,从准入阶段的审批行政许可,到经营行为中的定期检查和抽查,再到对违法企业的行政处罚等都涉及法律规定的适用。需要注意的是,好的立法并不等同于好的执法,法律是否能够得到准确的执行也是法治化营商环境建设中的重点和难点。长期以来,在市场监管中可能忽视了这样一个问题,行政执法是实体和程序的结合,这就造成了行政部门在执法过程中往往只关注实体问题,而轻视了程序的重要性。然而,一个能够契合法治化营商环境的监管体系必然要兼顾实体问题和程序问题,不可偏废。在强调营商环境中的法治化原则之前,行政部门的工作重点可能集中在是否批准行政许可申请、针对违法经营行为适用何种行政处罚等方面,而没有对审批程序的繁简、执法方式是否恰当和处罚力度等问题给予足够的重视。不可否认,这些执法上的瑕疵对法律规定的落实有一定的负面作用，容易导致法律文本中所保护的合法权益受到侵害，从而偏离了文本最初的目标。法治化营商环境的提出对执法中的瑕疵作了大量修正，也对执法模式和执法理念带来了新的变化，不仅纠正了原本在实体方面出现的问题，还对程序作了显著的革新，如简化办理行政许可的程序、减轻行政处罚、强调执法遵循法定程序等。

最后，司法为优化营商环境提供法治保障。从市场主体的角度看，司法既是一种纠纷解决的途径，也是一种权利救济的途径。在经营过程中，市场主体之间可能出现各种各样的纠纷，而司法在一些情况下是化解纠纷的重要途径；同时，市场主体在某些情形下合法权益可能会受到侵害，这些侵害也许来自于其他市场主体，也许来自于行政部门，诉诸司法机关可以对这些权利进行救济。在法治化的营商环境中，用法律手段解决问题，借助法律保护合法权益将是每个企业所必须明确的基本准则，从而也增强了执法主体的法治意识。

三、法治营商环境优化的发展进路

我国推动优化营商环境已有十余年，取得的成绩是显而易见的，中央层面对优化营商环境作了顶层设计，国务院、部委、地方出台了大量政策性文件，国务院制定了行政法规，地方层面更是充分展现了具有各自特色的地方立法，实践中形成了许多可以向全国推广的宝贵经验。在现有基础之上，我国营商环境的优化还有很大的发展空间，还有很多值得期待的措施可以尝试和完善。目前看来，大致包括以下几个方面的展望：

（一）进一步放宽市场准入

如前所述，我国针对市场准入机制设定了总体目标，要求分级分类推进行政审批制度改革。依托全国一体化政务服务平台等渠道,全面推行审批服务"马上办、网上办、就近办、一次办、自助办"。① 相较于优化营商环境之前的审批程序,新的审批制度可以说具有脱胎换骨的变化,大大降低了传统审批程序的复杂性和低效性,为市场主体提供了极大的便利。在世界银行的评估体系中,综合效率是每一项指标的配套指标,一套高效的审批程序才能符合法治化的标准。反之,如果让企业在准入环节耗费大量的时间和精力,则不仅背离了法治化的精神,也偏离了法治化营商环境的初衷。在这一精神的引导下,全国各地都在提升审批效率方面大踏步地改革,积极推动"一网通办""一站式"服务等简化措施。到目前为止,全国各省、自治区、直辖市都打造了"一网通办"政务服务平台,力争通过一套操作系统办理所有业务。随着不断的更新,越来越多的业务已经与服务平台接通,能够在很大限度上提升办理各类手续的效率,节约时间成本。

但我们认为,目前的准入机制还有着较大的完善空间。《优化营商环境条例》第 20 条第 1 款规定:"国家持续放宽市场准入,并实行全国统一的市场准入负面清单制度。市场准入负面清单以外的领域,各类市场主体均可以依法平等进入。"从而确立了市场准入的负面清单制度,然而,我国现行的市场准入负面清单制度面临与其他法律法规协调的问题。例如,作为《优化营商环境条例》上位法的《中华人民共和国行政许可法》(以下简称《行政许可法》)关于市场准入仍然采取正面清单制度,这无疑会成为市场主体进入市场的一道门槛。因此,要建立真正意义上的市场准入负面清单制度,就必须对现行《行政许可法》相关内容进行修订,从而简政放权,放松管制,简化行政审批程序,降低市场准入门槛,从实质上体现"法无禁止皆可为"的法治理念。对市场主体而言,该理念的贯彻落实有助于打破以往的诸多限制,促进市场主体放开手脚,在市场中展

---

① 参见《法治政府建设实施纲要(2021—2025 年)》。

现活力。如何确保市场准入负面清单与市场法律规范体系无缝衔接是营商环境法治化的关键。

(二) 规范免罚清单制度

免罚清单是指,"近年来我国行政执法部门(主要是地方行政执法部门)以规范性文件形式出台的对免予处罚的轻微违法行为进行列举规定的清单文本"[①]。企业运营的环节是一个企业在生命周期中的重要板块,也是市场监管部门广泛参与的环节。按照以往的执法理念,作为市场监管主体的行政部门,其主要职责就是监督市场主体的经营行为,如果市场主体出现违法行为,则对其实施行政处罚。可以说,传统执法理念在绝大多数情况下走的是一条"单行道",行政部门针对违法行为只会作出行政处罚的决定,而没有第二种选择。然而,在法治化营商环境的建设中这一局面逐渐被打破。先来看一下上位法的修订,2021年我国修订了《中华人民共和国行政处罚法》(以下简称《行政处罚法》),其中的新增内容之一就是提倡行政执法要刚柔并济,采取包容审慎的方式进行监管,并且规定了可以不予处罚的情形。[②] 放在营商环境的语境下,市场监管部门对企业出现的一些轻微违法行为,也可以依法从轻或不予处罚。目前,全国诸多地方都陆续出台了市场主体轻微违法行为从轻处罚和免予处罚的规定和清单,并且根据市场的实际情况适时更新事项。例如,苏州市在2022年发布了《苏州市涉企"免罚轻罚"清单3.0版和不予实施行政强制措施清单》,该清单包含26家行政执法部门的455项行政处罚事项,其中,涉企轻微违法行为不予行政处罚事项299项,涉企一般违法行为从轻行政处

---

① 张淑芳:《免罚清单的实证与法理》,载《中国法学》2022年第2期。
② 《行政处罚法》第33条第1款和第2款规定:"违法行为轻微并及时改正,没有造成危害后果的,不予行政处罚。初次违法且危害后果轻微并及时改正的,可以不予行政处罚。当事人有证据足以证明没有主观过错的,不予行政处罚。法律、行政法规另有规定的,从其规定。"

罚事项70项,减轻行政处罚事项86项。① 从这些数据能够看出,苏州市在执法理念上作了大幅度的调整,这是一种大胆尝试。免罚轻罚的改革对市场主体无疑是一针"强心剂",鼓舞了这些企业进入市场的信心。

免罚是我国优化营商环境的重要而有效的举措,但免罚清单制度与负面清单制度一样,也存在与上位法衔接的问题,尽管《行政处罚法》第33条确立了不予处罚的情形,但"不予处罚"与免罚还不能相等同,"也就是说免罚清单还不能为《行政处罚法》中的'不予处罚'所涵盖。从法条本身的解读来看,《行政处罚法》第33条中的第一种'不予处罚'情形,它不是绝对的免罚,而是要根据'违法行为轻微''及时改正''没有造成危害后果'三个要件同时具备来判断……免罚清单的免罚与处罚法中的'不予处罚'规定并不是同一个概念,最多只是免罚清单中列举的有些违法事项可以在'不予处罚'之列"②。因此,"为了更好地规范免罚清单制度,必须在《行政处罚法》中给其一个恰当的位子。可以在《行政处罚法》中设置专门条款,确立免罚清单的概念、免罚清单制定的依据和原则,也可以随着行政法治的发展考虑以免罚清单制度替代现在的不予处罚制度。这样可以给免罚清单在《行政处罚法》中有一个基本定位,也为我们制定免罚清单提供了基础和依据"③。

(三)优化监管方式

1. 重构行政部门与市场主体的关系

行政主体与市场或者市场主体的关系既是行政法治面临的实践问题,也是一个重大的公法理论问题,二者作为法治政府和法治社会建设的构成部分,共同存在于法治国家的建设之中。二者的理性关系在于既

---

① 参见王小兵等:《苏州发布涉企"免罚轻罚"清单3.0版和不予实施行政强制措施清单》,https://www.subaonet.com/2022/szyw/0428/494184.shtml。
② 张淑芳:《免罚清单的实证与法理》,载《中国法学》2022年第2期。
③ 同上。

第五章 法治营商环境的优化探索

使政府公权能够很好地体现服务精神,又能够使市场及市场主体迸发出巨大的活力。但在社会治理和政府治理的实践中,二者的关系并不那么简单,有些情形下,政府会较多地对市场进行干预,而阻止市场活力,而在另一些情形下,政府的管理则可能有所偏软,使得市场机制较为混乱等。营商环境的构造就是要理性地、科学地处理好行政主体与市场主体的关系。我国当下强调服务型政府的构建,就是要求行政主体能够很好地服务于市场,服务于市场主体。行政主体是通过执法行为而完成服务职能的,习近平同志对行政主体的执法有着这样的论断:"执法是把纸面上的法律变为现实生活中活的法律的关键环节,执法人员必须忠于法律、捍卫法律,严格执法、敢于担当。"①重构意味着对传统的颠覆,法治化营商环境建设对传统意义上行政部门和市场主体的关系作了重大改变,对行政部门和市场主体的关系赋予了新的内涵,不仅是监管者与被监管者,也是服务者与被服务者。以传统的认知,由于行政部门天然的强势地位,在市场监管中一直被视为"裁判员",拥有适用规则的权力;而市场主体被视为"运动员",所有的经营行为都受到监督,且违法行为会受到处罚。然而,法治化的营商环境颠覆了这种传统认知,市场主体不再只是一味接受监督和处罚的角色,行政部门的监管也将受到相应的监督,并且有义务为市场主体提供必要的公共服务,比如供水、供电、供气等。② 行政

---

① 中共中央文献研究室编:《习近平关于全面依法治国论述摘编》,中央文献出版社 2015 年版,第 104 页。
② 《上海市优化营商环境条例》第 51 条规定:"本市鼓励电力、供排水、燃气、网络等公用企事业单位为企业等经营主体提供全程代办服务。鼓励公用企事业单位全面实施网上办理业务,在'一网通办'总门户开设服务专窗,优化流程、压减申报材料和办理时限。本市推行市政公用基础设施服务可靠性监管计划,公用企事业单位应当保障服务设施正常、稳定运行,确保供应质量符合国家和本市规定。相关主管部门应当加强对公用企事业单位服务可靠性的监管,发布实施基于服务可靠性的绩效管理措施。公用企事业单位应当推行接入和服务的标准化,确保接入标准、服务标准公开透明,并提供相关延伸服务和一站式服务。公用企事业单位应当对收费项目明码标价,并按照规定履行成本信息报送和公开义务。本市实施'水电气网'联合报装制度,实行接入服务事项'一表申请、一口受理、联合踏勘、一站服务、一窗咨询'。联合报装涉及挖掘道路审批事项的,推行联合报装和挖掘道路审批事项协同办理。"

执法对服务理念的吸收既是对接世界银行的评估指标,落实提供公共服务的要求,也是满足市场主体的实际需求。更为重要的是,这种变革能够在很大限度上改善行政部门和市场主体之间的关系,避免行政部门站在市场主体的对立面,帮助双方形成一种相互促进、相辅相成的关系。在传统意义上,市场主体固有的弱势地位容易导致自身的合法权益得不到有效保护,在办理准入手续和具体经营过程中对行政部门产生抵触情绪或惧怕心理,从而对打造统一开放、秩序井然的市场非常不利。因此,建设服务型政府①是改善这种状态的有效办法,通过行政部门为市场主体提供服务的方式鼓励企业积极进入市场,并在经营过程中遵守有关法律规定。

2. 治理手段的变革

法治化营商环境建设为行政部门的治理手段带来了变革,这样的变革主要体现在技术层面。在追求效率、简化程序的目标驱使下,行政部门对于营商环境的治理手段必须进行技术上的变革。如前所述,关于法治政府和优化营商环境的政策性文件和法律规定都将"一网通办"作为行政部门在监管和服务中应当实现的目标,而这一目标的实现离不开大数据和互联网的支持。新业态的不断涌现对法治化营商环境建设构成了巨大挑战,往往一个领域的监管和服务需要多个行政部门参与。不难看出,在具有高度复杂性的业态实现"一网通办"要将有关行政部门掌握的大数据汇总,并打通数据之间的流动和共享。此外,营商环境的优化也会带来执法方式的变化。技术上的变革使得行政部门在执法方式上有一

---

① 《法治政府建设实施纲要(2021—2025年)》提出了建设服务型政府的目标,要求"全面提升政务服务水平,完善首问负责、一次告知、一窗受理、自助办理等制度。加快推进政务服务'跨省通办',到2021年年底前基本实现高频事项'跨省通办'。大力推行'一件事一次办',提供更多套餐式、主题式集成服务。推进线上线下深度融合,增强全国一体化政务服务平台服务能力,优化整合提升各级政务大厅'一站式'功能,全面实现政务服务事项全城通办、就近能办、异地可办。"

定变化，不再一味采用现场执法，而是在一些情形下采取非现场执法的方式，有助于提高执法效率，也避免对涉事企业造成不利影响。随着营商环境法治化建设的深入，对于大数据和互联网的依赖会越来越强，也将使之发挥更为广泛的作用。除了技术手段的变革之外，信用监管的引入也是一大变化。信用体系是法治一体建设的重要抓手，就优化营商环境而言，就是要借助信用体系规范市场主体的行为，确保市场主体自觉遵守法律法规，诚信经营。一个秩序井然的市场必然不能完全依靠行政部门的监管，市场主体的自我规制也是必经之路。通过信用体系的建设和运用，使得市场主体自我审视经营行为是否合规，这是一个成熟的市场应有的模式。到目前为止，我国尚未制定关于信用体系方面的法律，该方面的立法空缺有待填补。现行的信用体系方面的法律规范仅有国务院办公厅2019年出台的《关于加快推进社会信用体系建设构建以信用为基础的新型监管机制的指导意见》，该规范的位阶和层级决定了其在效力上和影响范围上的局限性。信用法律规范体系的形成和完善是建设信用体系的前提和基础，加快信用方面的立法是非常关键的步骤。

3. 加强合作治理

合作治理在法治发达国家就已经有所尝试，它的实质在于尽可能淡化公权的行使主体，使一些公权能够适度地有所转让，由私方当事人行使，就是让私方当事人履行一定的公共职能。在协商民主尤其全过程人民民主的理念之下，合作治理在我国也是行政治理和社会治理的重要发展趋势，而我国的合作治理有着更加深刻的社会基础，尤其在全过程人民民主的内涵之下，相关的公民法人和社会组织以及其他一些市场主体渗入到公共职能中来，是合乎理性的。如何使合作治理变成行政法问题，成为行政法治中的实践，需要不断地研究和尝试。优化营商环境对行政部门的监管模式有所冲击，会在一定范围内打破行政部门一元化的监管模式，换言之，在市场监管中行政部门不再是唯一的监管主体，随之而来的便是行政部门和行业协会的二元化治理模式。在二元化治理模式中,行业协会也将承担一部分监管职责,对协会中的企业是否合规进行监督,并且可以实施一些制约措施。目前,在我国已经推动了这种二元化的治理模式。以上海为例,政府要求行业协会、商会加强内部管理和能力建设,及时反映行业诉求,组织制定和实施团体标准,加强行业自律,为市场主体提供信息咨询、宣传培训、市场拓展、权益保护、纠纷处理等服务。① 可见,在新的监管框架中,行业协会也应承担一定的监管和服务职能。但必须承认的是,各领域行业协会的水平和规模参差不齐,发挥的作用也因行业而异,有些行业协会已经与有关行政部门形成较为默契的配合,而有些行业协会尚处在游离状态,难以为行政部门提供有效支持。可以说,我国的行业协会总体上仍未达到发达的水平,但未来可期。

(四)推动社会治理法治化

社会治理法治化是我国建设法治社会的必经之路,也是重要的评估标准,加强立法的公众参与和促进市场主体自我规制对提升社会治理的法治化程度具有重大意义。第一,关于优化营商环境的立法和政策制定都鼓励利益相关的市场主体参与其中,征求市场主体的意见和诉求,尽可能满足市场主体的合法需求。在全国范围内,无论是《优化营商环境条例》的制定,还是有关地方性法规的制定,都给予企业或组织表达意见的机会,行政机关充分听取意见。营商环境的法治化的根本在于保障市场主体合法权益,而在立法和决策环节确保市场主体的参与是第一步。第二,促进市场主体自我规制也是社会治理法治化的推力。行政机关作为市场监管主体,仅在必要的情况下对市场进行干预,市场主体需要加强自我规制,完善自我合规,遵守行业规章。

---

① 参见《上海市优化营商环境条例》第19条。

第六章

协商民主基础实践的温岭样本

发源于浙江温岭的民主恳谈是党领导下基层协商民主实践的成功典范。二十多年来,民主恳谈依托制度建构不断发展深化,发展出对话型民主恳谈、决策型民主恳谈、党内民主恳谈、参与式预算和工资集体协商五种类型。民主恳谈制度在浙江温岭的生成、拓展与深化,展现了法治的思想与理念在乡土社会中萌芽与成长的过程,蕴含着依法而治、多元主体共治、以人为本等深厚的法治内涵。民主恳谈制度是促进法治政府与法治社会共同建设的连接点,政府以更加开放包容的姿态与社会形成合作关系,社会主体则更加积极主动地行使权利、履行社会责任。2016年以来,党中央多次发布文件对城乡社区协商、法治乡村建设、法治社会建设作出部署,都将民主恳谈作为村级议事协商制度的重要方式,鼓励村民针对重大民生问题开展民主协商。浙江省作为基层协商民主的先行示范区、法治建设的实践高地,于2022年浙江省第十五次党代会报告中进一步明确要着力发展全过程人民民主,丰富拓展基层民主实践,"健全基层群众自治制度,深化'村民说事''民主恳谈'等实践,推进村级议事协商创新实验试点,完善街道社区党组织领导下的社区居委会、业主委员会、物业服务企业议事协调机制。"党的二十大报告更是对全过程人民民主给予整体部署,明确指出,"全面发展协商民主","健全各种制度化协商平台,推进协商民主广泛多层制度化发展"。党中央的高度关注使民主恳谈作为一种基层协商民主制度平台重新焕发生机,为其突破地域局限而向外拓展和运用提供了政治契机。从民主恳谈制度的理论研究现状来看,学界多从政治学、管理学、社会学的视角进行观察,注重制度变迁的理论总结,缺乏整体性的法律制度建构。[①] 本章立足民主恳谈制度的内在逻辑与运作机理,旨在完善民主恳谈制度体系,并将其制度优势转化为治理效能,进一步促进法治政府、法治社会建设的治理实践。

一、民主恳谈制度的生长轨迹

民主恳谈的发展经历了从党内到党外的范围拓展,从干群对话沟通到官民协商决策的功能深化,展现了全过程人民民主在乡土中孕育、在人民群众中萌芽、在政府与社会的互动中成长的中国特色协商民主制度样态。

(一) 民主恳谈制度的实践萌芽期(1999—2000)

20世纪90年代后期,经济的迅速发展促进了社会面貌的更新与重塑,法治社会的种子逐渐在基层萌芽。民众利益驱使、文化观念育化以

---

① 代表性文献参见王国勤、陶正玄:《温岭民主恳谈的制度演进与理论发展》,载《治理研究》2018年第6期;林雪霏:《当地方治理体制遇到协商民主——基于温岭"民主恳谈"制度的长时段演化研究》,载《公共管理学报》2017年第1期;付建军:《政社协商而非公民协商:恳谈协商的模式内核——基于温岭个案的比较分析》,载《社会主义研究》2015年第1期;朱圣明:《基层民主协商的实践与探索——以浙江温岭民主恳谈为例》,载《中国特色社会主义研究》2014年第2期;何俊志:《权力、观念与治理技术的接合:温岭"民主恳谈会"模式的生长机制》,载《南京社会科学》2010年第9期。

及政府权力推动催生了公民主体意识的觉醒。民主恳谈制度创生于一种干群对话机制,是党开展思想政治工作的创新载体。1999年温岭市松门镇成为浙江省部署开展农业农村现代化教育的试点地区,时任党委宣传部相关负责人的陈奕敏针对传统思想政治工作中自上而下灌输式教育的不足,首创以论坛的形式开展思想政治教育,使普通群众作为参与对象能够自由表达意见,与干部平等对话,"对于群众提出的每个问题,镇干部都要回答"[①]。论坛举办后收效显著,受到民众的广泛认可,并激发了民众参与的热情与积极性。在温岭市委的大力支持与推动下,各乡镇以"民主论坛""民情直通车""民情讲坛""民主恳谈会""村民民主日""民主议事会"等各种形式开展民主恳谈。2000年中共温岭市委发布《关于在我市非公有制企业开展"民主恳谈"活动的意见》,通过组织企业党支部、企业工会、团组织与企业职工间的民主恳谈,改进企业管理模式,为民营经济的蓬勃发展创造内生动力。民主恳谈的实践萌芽代表了党的群众路线的制度创新,是极具特色的"政党推动—地方试验"的制度生成模式,并借助市委对乡镇综合目标考核的制度手段,使开展民主恳谈在各个乡镇呈现"百花齐放"的局面,为进一步的制度探索奠定了坚实的实践基础。

(二)民主恳谈制度探索期(2001—2004)

随着对"民主恳谈"实践的认识深化,该制度从一项单纯的思想政治工作载体提炼为一种新的民主形式,其适用范围不断在基层拓展,由局部具体利益的沟通转向公共利益的协商。2001年,中共温岭市委出台《关于进一步深化"民主恳谈"活动加强思想政治工作推进基层民主政治

---

① 《看,这是温岭首创的民主恳谈》,载《温岭日报》2018年9月28日第4版。

建设的意见》，为民主恳谈制度的全面发展进行总体谋划和部署。该意见正式确定了"民主恳谈"的名称，以党的领导、依法办事、民主集中、注重实效为基本原则，范围从乡镇（街道）、村、企业进一步延伸到城镇居民社区、基层事业单位、党政机关、群团组织，完善以"民主恳谈"活动领导小组统筹协调的组织体系，并明确了民主恳谈在承担基层民主协商、政府提供服务与教育群众方面的功能。2002年，中共温岭市委发布《关于进一步深化民主恳谈推进基层民主政治建设的意见》，明确民主恳谈是基层民主政治建设的主要载体。该意见充分肯定了人民群众的主体地位与首创精神，突出"法制"的重要作用，将民主恳谈作为政府重大决策的必经程序，如"增加新的服务、收费项目，制定出台新的管理试行办法、办事程序时要实行听证"，"通过民主恳谈会的形式实施政务公开"等。2004年9月，中共温岭市委发布了《关于"民主恳谈"的若干规定（试行）》，赋予了民主恳谈制度独立的内涵，构建起党委领导、政府负责、公众参与、社会监督的制度体系，公民被赋予全过程参与与监督的权利，设置了旨在充分保障公民提出建议、意见、要求和主张的"异议权"，标志着民主恳谈正式步入法制的轨道。该规定颁布后，各村镇制定相关规定进一步细化制度实施的具体内容，丰富了民主恳谈在政府与社会共治以及社会自治中的内涵。例如，《关于松门镇民主恳谈的若干规定》第2条指出："民主恳谈是政府就公共事务与公民平等对话、民主协商、充分论证的基层民主新模式"；《太平街道社区民主恳谈若干规定（试行）》第3条明确，开展民主恳谈要"坚持以人为本"的原则等，充分激发了公民社会自主自治的意识，成为法治政府建设与法治社会建设的共同生长点。依托文件的制度建构不断充实了民主恳谈的制度内涵，为其进一步正式入法建立了一定的理论基础。

（三）民主恳谈依规而治的全面发展期（2005—2013）

2005年之后，协商民主理论的引入拓展了民主恳谈的实质性内涵，使其兼具过程民主与结果民主，以参与式预算的形式与人大制度相结合，为深化党内民主提供了制度平台，还形成了"对话型恳谈"的行业工资集体协商惯例，丰富了基层民主的实践形态。温岭市地方层面出台一系列地方性法规，并制定相关党内规范性文件，民主恳谈的发展呈现出"依规而治"的特点。第一，以参与式公共预算为标志，将民主恳谈与人大制度相结合，其适用范围突破基层的局限而升格至市级政府部门，使其正式步入以法律规范的制度化发展阶段。不仅探索出具有乡镇特色的"新河模式"与"泽国模式"，而且进一步确立了部门预算民主恳谈作为地方公共财政供给的创新方式。① 2006年新河镇人大通过了《新河镇预算民主恳谈实施办法（试行）》，这是首部系统规定预算民主恳谈的规范。2011年温岭市人大常委会专门通过了《温岭市市级预算审查监督办法》，规定在预算编制、审议预算执行中召开民主恳谈会，引导公民参与预算方案编制讨论、全程监督预算执行情况。第二，民主恳谈作为进一步深化党内民主、加强党的领导的重要制度载体。2008年中共温岭市委通过《关于党内民主恳谈的若干规定（试行）》，明确党委在决策前应当开展党内民主恳谈，以保障党员基本权利为核心，推进党委决策的民主化、科学化、制度化水平，党员的主体地位得以凸显。第三，在行业工资集体协商中，温岭市重新修订完善《关于开展非公企业行业工资集体协商工作的实施意见》《关于大力推广行业工资集体协商制度的实施意见》，并出台了《关于进一步完善和推进行业工资集体协商工作的意见》，其中特别强

---

① 参见何俊志：《权力、观念与治理技术的接合：温岭"民主恳谈会"模式的生长机制》，载《南京社会科学》2010年第9期。

调"依法协商"的原则,在科学、严密测算的基础上确定合理的工资(工价)标准、工资支付方式,签订工资协商协议不得违背国家相关法律法规。民主恳谈以协商民主为制度内核,激发了公众广泛参与民主实践的热情,拓展了基层民主的参与空间,为进一步深化其内容与方式、完善制度体系营造了良好的法治环境。

(四)民主恳谈正式入法的深化与拓展期(2013年至今)

2013年中共温岭市委出台《关于全面深化民主恳谈推进协商民主制度化发展的意见》,初步构建了党内民主、政党协商、人大协商、政府协商、政协协商、基层组织协商、社会组织协商等七种形式的基层协商民主体系,使民主恳谈成为多渠道、多层次、多领域民主协商的重要机制,成为我国基层协商民主的典型范式。同时,参与式预算民主恳谈获得了更多的实践关注,在规范层面不断健全与完善。2013年温岭市人大常委会通过《温岭市街道预算监督办法》,解决街道没有本级人民代表大会而产生的财政预算监督"断层"问题,其中规定:"人大街道工委在市人民代表大会会议举行的二十日前,应当组织召开预算收入和支出民主恳谈会,广泛听取本辖区选民对预算草案的意见。街道办事处主要负责人及其他相关部门负责人应到会听取意见,说明情况并回答询问。"新河镇和泽国镇也出台一系列具体的操作规范,使其制度试验与创新得以规范化。2014年温岭参与式预算的经验被写入《中华人民共和国预算法》第45条:"县、自治县、不设区的市、市辖区、乡、民族乡、镇的人民代表大会举行会议审查预算草案前,应当采用多种形式,组织本级人民代表大会代表,听取选民和社会各界的意见。"民主恳谈从文件规范成为一项正式的法律制度,在理论和实践的相互促进和知识增长中不断成熟与完善,突破地域适用的局限而具有民主制度的普适性内涵。

二、民主恳谈制度的功能阐释

民主恳谈的发展经历了地方试行到中央认可的阶段,但其独具特色的多元主体参与、对话协商以及全过程参与的功能在法治一体建设的进程中具有重要的民主价值与时代意义。

(一)多元主体参与促进"广泛的民主"

法治社会的"活力之源"来自于一个有效的民主体制,多元主体的广泛参与和协同共治是其核心内容,展现了马克思所构想的"自由人的联合体"。全过程人民民主试图以参与主体广泛、民主渠道广泛以及范围广泛赋予每一位公民切实的民主权利与自由,并构建了全链条、全方位、全覆盖的民主实践。党的十九大报告首次提出"打造共建共治共享的社会治理格局",是对以往"构建全民共建共享的社会治理格局"的进一步认识和深化,在全民共同参与社会建设和共同享有社会建设成果的基础上,增加了共同参与社会治理的"共治"目标,是新时代国家治理现代化的应有之义,也体现了社会管理向社会治理的体制转型,更多地强调先社会后政府的治理逻辑,旨在形成社会共治的公共治理模式。《法治社会建设实施纲要(2020—2025年)》明确了"党委领导、政府负责、民主协商、社会协同、公众参与、法治保障、科技支撑的社会治理体系",形成党组织领导下社会协同共治的模式。社会共治的话语在"公共性"的概念之上重构着公共政治生活,共治是对传统政治学话语中"统治"的批判性反思,具有建构性意义。共治改变了单一式的社会管制路径,转向一种自上而下与自下而上双重建构的治理模式,形成公共空间治理的多元化路径。西方治理理论和实践都强调建立一种多元主体参与的扁平化共治格局，主体在社会治理空间中平等互动。中国党政体制下"家国同构"的治理模式，使得西方的治理概念缺乏在我国社会生长的制度土壤。"共建共治共享"是中国共产党在领导社会建设实践中的理论创造与理念创新，旨在将群众智慧、社会创造与党领导的制度优势相结合，是中国特色的治理理念表达。

  党委领导就是要发挥党的总揽全局、协调各方的领导核心和政治保障作用，既体现在各级党委对社会治理的宏观决策与统筹协调上，也体现在党组织在基层治理中的引领带动、调节平衡上。民主恳谈制度是党的领导与群众智慧的结晶，历来都是在各级党组织的精心组织和领导下，分步骤、有领导、有秩序地进行，并注重民主恳谈与基层党组织建设、加强干部队伍建设、改进思想政治工作相结合，从而巩固党的群众基础、执政根基。一方面，民主恳谈是极具特色的"政党推动—地方试验"的制度生成模式，其诞生、发展、探索过程都是党的意志、党的政策步步推动的，体现了党员干部的独到眼光、敏锐思维以及法治能力与素养。另一方面，党的组织领导统筹政府、社会等多元主体，是民主恳谈制度发展的组织保障。2001年，中共温岭市委出台《关于进一步深化"民主恳谈"活动加强思想政治工作推进基层民主政治建设的意见》，为民主恳谈制度的全面发展进行总体谋划和部署，正式确定了"民主恳谈"的名称，将"党的领导"确立为首要原则，构建了市委、乡镇（街道）两级"民主恳谈"活动领导小组，明确了党委领导班子及成员承担主体责任。

  全过程人民民主拓展了民主的空间场域，每一位公民在日常生活的单位和社区就能够践行民主权利。法治社会是一个活力社会，除了公民个体之外的各类社会组织是法治社会的重要主体力量，社会的多元共治需要动员广泛的主体参与、凝聚强大的社会力量。《关于"民主恳谈"的若干规定（试行）》第10条明确规定了民主恳谈中不同类型的参与主体。镇（街道）、市政府职能部门"民主恳谈"会的参与主体包括与讨论事项相关的利益群体或个人、人大代表、政协委员、其他群众以及市职能部门的相关负责人；党内"民主恳谈"会的参与主体一般不涉及党外群体，只在"必要时可邀请人大代表、政协委员和其他相关人员参加"；村（社区）"民主恳谈"会凡本村（社区）村民（居民）均可参加。民主恳谈容纳广泛参与主体的同时，还兼顾专家、学者等专业人员的参与，运用"专家知识"为科学决策提供基本的理论支撑。温岭市预算民主恳谈采用科学抽样的方法，将专家与学者共同纳入参与主体的范围，设立参与库和专业库。参与库主要由全市各级人大代表、所有村（居）民代表、大专以上外来人员等13个方面的人员组成，专业库主要由比较熟悉预算或相关专业知识的人员组成。[①]

（二）对话协商塑造"真实的民主"

"真实民主"是相对"虚假民主"的定义，全过程人民民主具有实质的民主内涵、有效的民主制度，不仅民主的内涵具有以人民根本利益为核心的真实意蕴，民主的权利也通过健全完善机会公平、规则公平、权利公平的法律制度切实地实现。全过程人民民主的真实性就在于优于绝对的选举民主、代议民主，而将民主的范围、制度拓展到人民群众实实在在生活的社会领域，不论是宪法所赋予的"人民主权"，或是具体的《中华人民共和国全国人民代表大会组织法》《中华人民共和国村民委员会组织法》《中华人民共和国城市居民委员会组织法》《中华人民共和国工会法》等法律法规所赋予的民主权利与自由，都切实地保障人民在不同层次、不同社会领域中行使权利。全过程人民民主畅通了利益诉求表达渠道，构建了广泛的公众参与制度与协商民主制度，以开放式决策充分吸纳各利

[①] 参见朱圣明：《民主恳谈：中国基层协商民主的温岭实践》，复旦大学出版社2017年版，第8页。

益群体的诉求,通过开放、有序、平等的参与程序使社会利益冲突被吸收并得以制度化,保障决策结果不偏袒任何一方而具有客观性。地位平等、对话协商以及多元观点共同塑造了全过程人民民主中的商谈理性,使得协商过程"既尊重多数人的意愿,又照顾少数人的合理要求"①,在多方利益衡量的基础上作出公民可接受、政治上可行的决策。

民主恳谈属于基层民主协商的特别表现形式,其中蕴涵着平等、对话、多元、理性、包容、责任、共识的协商理念。地位平等、对话协商以及多元观点共同塑造了民主恳谈中的商谈理性。包容和责任体现着法治理念之下公权力的善治,政府主动还权于民,以包容理念平等对待不同利益主体的诉求,在多方利益衡量的基础上作出公民可接受、政治上可行的决策。政府在协商过程中承担合理说服公众的责任、对多种观点作出回应的责任以及协商后修正方案以形成决策的责任。共识是协商的目的所在,民主恳谈是达成共识的重要机制,参与者在不断对话中产生和交换更多的信息,以增进理解和共识,从而防止决策偏袒一方的专断。协商民主理论及方法的引入拓展了民主恳谈的实质性内涵,使其兼具过程民主与结果民主,以参与式预算的形式与人大制度相结合,为深化党内民主提供了制度平台,还形成了"对话型恳谈"的行业工资集体协商,丰富了基层民主的实践形态。有学者指出,中国参与式预算是糅合了直接民主和代议制民主的混合民主形式,②人大不仅成了民主恳谈中真正代表民意的一方,民众的角色也从单纯的参与者转化为实际享有发言权与决策权的公民主体,成为能够与政府平等对话的社会权力的部分。泽国镇党委书记蒋招华坦言:"虽然我放弃了一些最终决策权,但我们获得了更多的权力,因为这种做法增加了项目选择的合法性,还增加了决策过

---

① 《习近平谈治国理政》第 2 卷,外文出版社 2017 年版,第 297 页。
② 参见褚燚:《参与式预算与政治生态环境的重构——新河公共预算改革的过程和逻辑》,载《公共管理学报》2007 年第 3 期。

第六章 协商民主基础实践的温岭样本

程的透明度,公共政策也因此更容易实施。"①

决策型民主恳谈与预算民主恳谈是两种发展较为成熟的恳谈类型。决策型民主恳谈是政府与公民就公共政策的制定和决策进行平等沟通、对话与协商的制度。首先,决策型民主恳谈的议题主要围绕经济社会发展规划的编制和调整、政府投资的公共设施建设项目、群众普遍关注或反映强烈的民生事项等涉及群众利益的重要公共事务和公益事业。一般由政府先确定议题的内容,在充分调查研究的基础上提出决策事项的初步方案或拟定政策的初步意见,并在民主恳谈会上予以解释与说明。其次,参加民主恳谈会的人员具有同等的发言权,均可对讨论事项提出建议、意见、要求和主张。政府根据参与者的合法诉求与合理意见,在利益衡量的基础上调整并完善原本的决策方案。对于民主恳谈会上意见分歧、争议较大的事项,应由镇政府提请人大主席团召开镇人民代表大会,由人大代表审议表决作出决定。最后,在民主恳谈的决定宣布环节,主持人应对领导班子会议作出的决定,以及未采纳的建议、意见和要求作出解释说明。为保障公民的救济权,民主恳谈赋予群众对决定的异议权,由人民代表大会最终表决作出决定。决策型民主恳谈普遍运用于温岭各地推动老城区拆建工作中,如2015年7月温峤镇召开"建成区危旧房改造"民主恳谈会,邀请所有拆迁户参与讨论拆迁方案,经过多次的沟通协商,综合各方的利益,最终建成了一条古色古香的百年老街。② 参与式预算民主恳谈是决策型民主恳谈的延伸,以政府财政预算为决策内容,公众参与财政预算初审以及预算执行过程的监督。泽国镇参与式预

---

① 2010年2月,在泽国镇对40余名随机选择的参与者的访谈。参见何包钢:《中国公民参与式预算:三种不同的逻辑》,徐国冲等译,载《领导科学论坛》2018年第23期。

② 参见《民主恳谈助力基层社会治理——浙江温岭市开展协商民主的探索与实践》,https://www.12371.cn/2019/07/17/ARTI1563330975171858.shtml?from=groupmessage,最后访问日期:2020年8月20日。

算运用费什金"协商民意测验"的理论,设计出两次分组恳谈和三次集中恳谈的方式。新河镇预算民主恳谈在预算编制阶段就引入民主恳谈,讨论分组被细化为经济发展、社会事业、村镇建设、环境卫生、综合治理、性别预算等六个小组,分别对预算草案进行初审。从预算草案、预算修改方案到票决预算修正议案,形成决策前初审协商、决策中集中审议协商以及决策后公众监督预算执行、全程公开透明的决策程序。[①] 民主恳谈会议过程中的充分磋商与谈判使决策结果具备合法性与有效性,更降低了决策执行的成本,将可能的矛盾纠纷化解在萌芽的状态,是风险社会背景下以预防性手段进行社会治理的有效方式。

(三) 全过程参与保障"持续的民主"

全过程人民民主以全链条式持续的公众参与规约了地方治理中由政府主导的局面,迫使政府开放式决策、开门协商,在官民不断沟通协商的实践中形成民主的习惯化路径。民主恳谈是一种"实质性公众参与"形式,[②]区别于网络问政、公开征集意见等仅以获取信息为目标的公众参与形式,具有程序民主与实质民主相统一的特征。程序民主是对民主进程的预设和制度安排,是实现实质民主的必要环节。民主恳谈制度通过"参与—回应—责任"的机制设计保障了公民全过程的参与,促使结果民主的实现。

公众参与机制是民主恳谈的基本环节,是通过程序正义予以保障的形式民主。独立的参与机制是公民作为平等和独立的个人能够互相依靠

---

① 参见朱圣明:《民主恳谈:中国基层协商民主的温岭实践》,复旦大学出版社2017年版,第530—568页。

② 实质性公众参与是指,"不特定相对人为了自身的利益诉求,基于行政参与权并通过各种合法途径和方式,参与行政机关的立法和决策活动并与其达成共识的一系列制度安排。"王学辉、王亚辉:《行政法治中的实质性公众参与的界定与构建》,载《法治研究》2019年第2期。

的途径,参与过程排除了政治形势中个人统治的可能性,确保了基于参与平台的政治平等得到有效实现。"公意总是公正的(即平等地影响所有人)",个人权利与利益得以保护,公共利益也能够得到顺利推广。从公众参与中诞生的法律、政策、决策等最终反映出是法律而不是人统治着公民个人的活动。[①] 科学的代表遴选机制,公开、公平、公正的会议程序,既保障了公民平等、广泛的参与,也促使各方主体在互动的参与机制中充分对话协商,使社会利益冲突被吸收并得以制度化,促进"政府—社会"关系的结构改善,使二者在法治的框架下形成良性互动。参与形式上的民主是否在政治过程中实现民众的应有诉求是实质民主关注的核心。一方面,决策者必须向公民让渡部分决策权力,将一种可支配性、可控性商议转变为"授权型协商",即"通过磋商来赋权的公共协商形式"[②]。通过保障公民的知情权、参与权、监督权,激发公民的参政热情,广泛、积极参与民主选举、民主决策、民主管理和民主监督,正确行使民主权利,增强当家作主的责任感。温岭市参与式预算民主恳谈将政府财政预算决策与人大制度紧密结合,"将原来政府拟定的只有少数人知道而人大只负责通过的预算,改变成了人大代表真正参与并向社会公众公开的预算。这样的预算过程就真正具有了公共预算的特性"[③]。预算草案公开、预算内容的全部公开以及预算修正议案公开,公开透明的财政预算过程为公众及各利益集团提供了一个相对开放的平台和渠道,公众可以通过法定程序提出自己的预算诉求,了解财政预算配置的信息,监督财政预

---

① 参见〔美〕卡罗尔·佩特曼:《参与和民主理论》,陈尧译,上海人民出版社2018年版,第23页。

② 何包钢:《中国农村从村民选举到乡村协商:协商民主试验的一个案例研究》,载《国外理论动态》2017年第4期。

③ 李凡:《中国公共预算改革的突破——对浙江温岭新河镇公共预算改革的观察》,载《人大研究》2005年第12期。

算资源的使用及政府承诺的兑现。另一方面,决策者的回应性、责任性是保障全过程人民民主实质性的关键。政府应当及时有效地回应民众诉求,并承担相应的责任。公众参与机制作为一种"政社互动"的平台为政府履行回应机制与责任机制提供了制度载体。民主恳谈从议题的选择、会议程序到决策后履行的全过程都体现了政府的回应与责任,运用政务公开、承诺交办制度、限时反馈制度、跟踪督查制度,建立群众就经济社会事务提出的重要建议的收集、论证、决策机制等,保障群众的整体利益、全局利益和长远利益,政府在履行民意的过程中获得合法性权威。

三、民主恳谈制度的发展进路

步入法治建设的攻坚克难与关键时期,民主恳谈的全面推广需要中央自上而下的顶层制度设计,制定去地方化、更具有普遍适用性的规范体系予以保障,探索民主恳谈制度实现常态稳定运行的一套有效机制。

(一) 完善党内法规与国家法律协同的法治保障

民主恳谈在温岭的成长与发展体现为一种"路径依赖",在"报酬递增—正反馈功能—自我强化机制"的作用支配下,这项制度不断优化、主动适应并自我强化。[①] 民主恳谈在温岭的成功实践有赖于本土经济、社会、文化的支撑以及党委和政府的大力推进,长期以来政府与民众通过开展民主恳谈进行互动已形成了一种民主惯化路径。但受制于各地的

---

① 参见朱圣明:《探析温岭预算民主恳谈的新元素》,载《四川行政学院学报》2011年第3期。

第六章　协商民主基础实践的温岭样本

物质文化环境差异,非制度化的民主恳谈制约了其全面推广与发展的空间。当前民主恳谈制度的规范化、体系化不足,规范的实践约束性与适用性不强,在一定程度上制约了其向外拓展的空间。参与式预算民主恳谈构建了由法律明确、地方性法规具体规定、文件细化其规程的法律规范体系;决策型民主恳谈仍然停留在以文件规范的层面,极大地限制了制度拓展的空间。温岭市委于2004年颁布的《关于"民主恳谈"的若干规定(试行)》是仅有的一部关于决策型民主恳谈的规范,因其规范属性与规范内容之间存在冲突与越位,且并未上升为正式的法律制度而缺乏适用的有效性。《关于"民主恳谈"的若干规定(试行)》作为党的规范性文件不仅规定了党的领导行为与作为党的建设活动的党内民主恳谈,还涉及政府与公民的行为标准;该规定的内容过于概括和宽泛,对基层开展民主恳谈并不具有实质的约束力,且就其效力层级而言也不足以制约基层政府以及村(社区)等基层自治主体在公共决策中选择民主恳谈作为必要的民主形式。民主恳谈的有效程度必须由明确的制度规范予以保障,其可持续性发展有赖于稳定的制度形式,使民主意识与习惯得以固定化,实现规则之治。坚持党的领导与依法办事是民主恳谈一直遵循的基本原则,在党内法规与国家法律协同共治的法治体系下,民主恳谈的民主、协商、教育、监督等功能强化,既需要由党内法规规范与保障党委的领导职能以及党内民主恳谈的有序开展,也需要国家法律明确政府与公民在公共决策中的职责职能、权利义务。

依据《中国共产党章程》规定,"凡属重大问题都要按照集体领导、民主集中、个别酝酿、会议决定的原则,由党的委员会集体讨论,作出决定",《中国共产党地方委员会工作条例》明确了实行科学决策、民主决策和依法决策的原则。党内民主恳谈是发扬党内民主、保障党员权利的重要机制,也是党组织作出重要决策的前提和基础。《中国共产党党员权利保障条例》第23条规定,"党组织作出重要决议决定前,应当通过调研、论证、咨询等方式,充分征求党员意见,在党内凝聚共识、汇集智慧。"党内民主恳谈在温岭的成功经验应当适时由党的规范性文件转化为党内法规,作为关系党员切身利益的重要决策的必经程序。民主恳谈是党领导基层社会治理的重要机制,密切联系群众、了解群众诉求、维护群众正当权利和利益是党的基层组织的基本职责。基层是党领导法治社会建设的主要场域,法治社会的生成需要党依靠"一切为了群众,一切依靠群众,从群众中来,到群众中去"的群众路线制定政策、完善制度,引导社会自主、自治与自律。

民主恳谈是社会自治的重要载体,承担着协调多元利益、促进社会有机团结的责任,《中华人民共和国城市居民委员会组织法》和《中华人民共和国村民委员会组织法》应当将政策的要求适时入法,将民主恳谈作为社会自我管理、自我教育、自我服务的法定途径,由居委会和村委会在党组织的领导下负责组织开展民主恳谈,进一步理顺民主恳谈与村民(居民)会议、村民(居民)代表会议、镇人民代表大会的关系,推动基层因地制宜地将民主恳谈融入本地区的治理实践。民主恳谈是典型的基层民主协商与公众参与的形式,公众参与立法予以概括规定,确立基本原则,明确权利义务,是统一民主恳谈地方立法、健全民主恳谈规范体系的必要手段。第一,应当制定"公众参与法"以明确公众参与的主体、形式、权利义务、参与程序、监督责任等内容。《中华人民共和国立法法》《行政法规制定程序条例》《规章制定程序条例》及《重大行政决策程序暂行条例》等法律法规或规范性文件仅涉及立法、行政决策中必要的公众参与形式。缺乏上位法的依据也是造成地方性法规及文件规制的随意性与不一致的原因,其实施效果难以保障。决策型民主恳谈应当依据"公众参与法"的基本规定,根据地方治理实践予以具体和细化,将民主恳谈作为市政职能部门、乡镇(街道)、村(社区)决策中的法定途径。第二,应当进一步界定民主恳谈议题中"公共利益"的范畴,明确民主恳谈的适用范围。

第六章 协商民主基础实践的温岭样本

《关于"民主恳谈"的若干规定（试行）》规定市政职能部门民主恳谈的议题根据政务公开的要求确定。《中华人民共和国政府信息公开条例》第19条规定："对涉及公众利益调整、需要公众广泛知晓或者需要公众参与决策的政府信息，行政机关应当主动公开。"公共利益的基本范畴往往具有不确定性，在不同层级、地域、区域内有所差别，而民主恳谈所倡导实质民主的方式也并不适用于所有层级领域。基层是民主训练的最佳试验场，[①]基层也是最贴近实际民生，与具体的民生利益紧密联系的场域。民主恳谈的适用范围应当限定于基层，市级及以上的公共决策则采取更为广泛、专业的行政听证、论证会、座谈会等模式。有效的决策模型主要取决于决策质量要求的满足与受众可接受性之间的平衡。[②]关涉专业化标准、立法命令、预算限制等要求的公共决策，对决策质量要求更高，而对受众可接受性的要求较低。公众可接受性或遵守程度对决策实施具有密切、直接影响的公共问题，适宜采用民主恳谈的决策形式。

（二）以组织化提升社会协同共治的效能

民主恳谈制度的创生、机制创新及总结推广都是在党委和政府的主导与推动下组织、动员与部署。各地政府及其领导干部法治素养参差不齐，政府与参会的民众、社会组织、企事业单位实质上的不平等，使民众始终处于消极被动、被支配的地位，民主恳谈反而成为政府独断的途径。民主恳谈中参与代表的科学性、广泛性影响决策的公正性。政府在广泛

[①] "我们不可能仅仅通过别人的告知就学会如何读书写字，学会骑马或游泳，但是通过实践就能学会。同理，只有通过小范围的实践大众政府的活动，才能在更大规模上学会如何运作大众政府。"参见〔美〕卡罗尔·佩特曼：《参与和民主理论》，陈尧译，上海人民出版社2018年版，第29页。

[②] 参见王锡锌主编：《行政过程中公众参与的制度实践》，中国法制出版社2008年版，第23页。

听取不同利益群体诉求的基础上作出决策，才能保障决策结果不偏袒任何一方而具有公正性。未经组织化的利益通常在利益博弈中处于劣势，且个体利益之间难免产生冲突，导致整体决策成本增加和效率的降低。组织化的利益能够整合与集中分散的个体利益，能够凝聚更多社会资源，促进公权主体与私权主体，以及私权主体之间利益表达、交涉和协商过程的有效性。

组织化是法治社会的行动基础，多元的组织团体构成社会主体中的主要力量支撑。社会组织是社会生活公共领域的中间机制，存在于个体化、松散化的民众与组织化、系统性的公权力系统之间，是现代社会的重要权力源。社会组织是基于个人之间的自愿联合，为个人自由自觉进行社会协作提供空间，以不同人群的不同需求为导向，实际上供给了公共领域的运行机制。社会组织在法治社会中承担着提供社会公共服务、培育社会民主与法治意识的功能。有学者将政府、社会组织与企业视为法治社会的三股不同的力量，"它是科层体制的政府体系和利润导向的企业之外的第三种力量，参与到公共服务中，可能弥补'政府失灵'和'市场失灵'"[①]。社会组织具有凝聚力、动员力和号召力，通过发挥资源整合的优势，在环境保护、自然资源、文化、教育、卫生、社会福利保障与服务等方面补偿国家权力的失灵或懈怠，发挥着政府在社会层面难以顾及或不便于直接介入的补充功能，更重要的是以组织化的方式能够凝聚更为强大的社会力量以监督、制衡国家权力。

发挥人民团体和社会组织在法治社会建设中的作用是推进社会治理法治化的必要途径，促进社会组织健康有序发展，推进社会组织明确权责、依法自治、发挥作用是社会组织改革的重要内容。《宪法》第 35 条规定了公民享有结社的自由。"以结社自由权为核心的利益组织化，是推

[①] 陈柏峰：《中国法治社会的结构及其运行机制》，载《中国社会科学》2019 年第 1 期。

动社会治理和社会结构转型的重要途径。"①培育和孵化社会组织,鼓励支持社会组织依法尽责发挥在社会治理中的主体角色是法治社会建设的重要政策要求,应当完善"结社法""社会组织法"等主体性法律规范,明确社会组织的法律地位、权利义务。在制度运行层面上构建孵化、培育和激励社会组织发展的配套机制,解决社会组织发展所遭遇的注册困境、监管困境和扶持困境,确立政府与社会组织之间的良性互动关系。加强党对社会组织的领导,通过基层党组织发挥党领导社会治理中组织群众、动员群众、宣传群众、凝聚群众、服务群众的战斗堡垒作用。社会组织党组织通过发挥其政治核心作用,帮助社会组织健全章程和各项管理制度,引导和支持社会组织有序参与社会治理、提供公共服务、承担社会责任。根据《中共中央办公厅印发关于加强社会组织党的建设工作的意见(试行)》,按照实行全领域覆盖的要求建立健全社会组织党建工作管理体制和工作机制,加强党组织之间的统筹协调,建立社会组织党建工作联席会议制度;依据"基层服务型党组织"的定位,突出社会组织专业性、整合性、协调性的特点,建立社会组织党建服务工作机制,如社会组织党组织和职工群众定期沟通制度、社会组织党组织和党员到社区"双报到"等。

(三)在"全过程"的维度保障民主恳谈制度实效

党的二十大报告指出:"全过程人民民主是社会主义民主政治的本质属性,是最广泛、最真实、最管用的民主。""全过程人民民主是全链条、全方位、全覆盖的民主。我国全过程人民民主,独特性地把民主选举、民主协商、民主决策、民主管理、民主监督等各个环节彼此贯通起来,具有时

---

① 王锡锌:《公众参与和行政过程——一个理念和制度分析的框架》,中国民主法制出版社2007年版,第88页。

间上的连续性、内容上的整体性、运作上的协同性、人民参与上的广泛性和持续性。"①"全过程"既可以指宏观意义上选举民主和治理民主的过程,又具体落实为微观意义上的民主制度实践。通过民主过程的连续性,在国家治理的各个层面、各个阶段、各个环节赋予人民管理国家事务、经济和社会事务的广泛权利,在全过程维度的民主实践中促进法治国家、法治政府、法治社会一体建设。立足于权力运行的维度,全过程人民民主在立法、执法、决策、监督等各个环节纳入了公众参与,拓展了公民参与管理公共事务的渠道,将民众的意见作为科学决策、合理决策的前提。民主恳谈作为典型的基层民主协商制度是全过程人民民主的重要组成部分,在基层公共事务的决策中通过政府与多元社会主体之间的充分协商、辩论寻求共识,实现过程民主和结果民主、程序民主和实质民主相统一。民主恳谈的"全过程"制度构建应当以时间的连续性、内容的整体性、运作的协同性、人民参与的广泛性和持续性为标准,应当秉持平衡论"双重兼顾"②的价值取向,注重各主体之间及其与行政机关之间通过互动的参与机制形成和谐、合作的行政关系格局,通过确定性、标准化、数量化和普适性的程序设计与制度安排保障民主参与过程的中立性、民主性与实质参与性,体现客观公正、公开透明、程序理性、兼顾效率的价值追求。

民主恳谈议题应当由政府和公民共同决定。已被结构化的政策问题不存在公众参与的必要,③形式化、虚置的公众参与只会带来社会的负面效应,浪费公共资源之余更是对公众的"欺骗"。2015年,温岭市横峰街

---

① 习近平:《论坚持人民当家作主》,中央文献出版社2021年版,第336页。
② "双重兼顾"指既兼顾公益与私益,也兼顾维护秩序与捍卫自由。参见罗豪才:《现代行政法制的发展趋势》,载《国家行政学院学报》2001年第5期。
③ "问题的结构化是指政府已经为公共问题的解决预设了几种解决方案。"王锡锌主编:《行政过程中公众参与的制度实践》,中国法制出版社2008年版,第24页。

道召开本年度第一期选民议政会,票决 2015 年"十项民生实事"。根据街道 50 万元以上建设性预算项目产生 37 项民生大事,由议政代表依重要程度最终产生 10 项民生实事。这一创新之举就将选择民生项目的决策权交到公众手中,通过权利赋能,在程序的启动机制就保障民主恳谈的"实质民主"意味。民主恳谈议题的确定环节就应当纳入公民的参与,由党委或政府公布民主恳谈的议题清单,通过线上线下等多种渠道宣传动员并征集意见,最终根据公民的意愿确定议题条目。

科学的代表遴选机制决定着参与主体获得相对平等的协商机会和权利,进而影响决策的合法性。首先,公开透明的代表遴选程序能够保障公民参选的公平性。代表遴选办法应当于会前公布,公开公平组织遴选,保证相关各方都有代表参加。最终参与的公众代表名单在会前向社会公布。其次,代表范围的广泛性决定决策的公正性。民主恳谈提供了公民利益表达的平台,每一位公民都是基层协商民主的参与者,不分民族、种族、性别、职业、宗教信仰、教育程度,都有依法参加民主恳谈的权利。参与主体的覆盖范围越广、利益代表性越强,越能保障决策者在充分掌握信息的基础上理性判断、审慎衡量,促进决策体现最大限度的公共利益。再次,代表利益结构的均衡性能促进其科学性。依据利益相关的程度,量化衡量性别、职业、学历、新兴社会阶层等不同身份的参与比例,利益相关性越强其代表的数量相应越多。温岭就曾引进国际性别预算的技术,打造了本土化的"参与式性别预算",从制度上有效保障女性在财政预算中的平等参与。[①] 最后,代表掌握专业知识的程度也影响协商的有效性与决策的科学性。通常重大行政决策涉及事项的专业化程度较高,比如重大建设项目与工程事项往往会牵涉工程项目预算、环境影

---

① 参见郭夏娟:《参与式性别预算:温岭的"嵌入式"发展模式》,载《中国行政管理》2015 年第 3 期。

响评估等具有较高的专业要求,不具备专业知识背景的普通公众在事先没有获得充分信息的情况下,难以提出实质性的意见或建议,无法与决策方形成真正意义上的对抗。因此,专业化程度较高并具有决策质量需求的公共决策应当控制公众参与的强度,调整专家代表参与的比例。同时,对于普通公众代表应当在会前组织培训,掌握相关的知识与信息,以平衡政府与公众在信息资源上的不对称性。

会议规则是民主恳谈程序的核心,应当制定既能保障实质性民主又兼顾决策效率的程序,实现双方的充分磋商。首先,会议应当以公开的方式举行,通过互联网、多媒体平台进行直播,接受社会监督的同时更是对公共理性精神的宣扬。其次,会议开始应当由政府对议题的现实情况、考量因素以及初步意见进行说明与解释。再次,参与者在充分了解议题内容及政府决策的意图及理由的基础上,进入讨论与辩论环节。恳谈辩论过程就其本质而言是与说理相生相伴的妥协过程,是"有序发怒"之后的利益妥协,使公共资源"优先权"的排序在博弈中实现有效均衡。泽国镇与新河镇在参与式预算民主恳谈中设计了各具特色的讨论程序,泽国镇运用"协商民意测验""罗伯特议事规则"的理论,设计了中立主持人制度、小会分组讨论、大会集中交流以及两次问卷调查的规则。从部分讨论到集中交流,与会者均具有平等的发言机会,可以自由发表意见并提问,政府相关领导要即时回应。其中的两次问卷调查均显示出公众想法的偏好转换,体现为更富有理性也更容易达成共识。新河镇设立预算审议分组分阶段进行的程序,体现为人民代表大会前的预算初审民主恳谈、会中的质询与回应以及会后联席会议形成预算修改方案。[1] 以上两种模式的共同点在于以增加会议、会期的方式促使参与者对议题形成

---

[1] 参见朱圣明:《温岭参与式预算的衍进与深化——基于预算民主恳谈"实验场景"的解读》,载《湖南农业大学学报(社会科学版)》2008年第3期。

理性的认知,最大限度保障会议决策的质量。最后,会议要形成具有拘束力的正式的报告或材料,以作为决策执行的依据,便于决策执行中的监督。

责任机制与监督机制是民主恳谈中必不可少的制度保障。权力具有天然的支配、控制和排他属性,社会生活的组织性和秩序的维护要求权力应当保持适度的张力。《关于"民主恳谈"的若干规定(试行)》第12条规定了对"民主恳谈"讨论事项的实施和监督,其中的三项条款都属于指导性规定而仅产生"软约束"的效力,缺乏刚性的监督追责机制。关于政府如何"认真组织实施"、公众代表如何"督查"、"下一次民主恳谈会"何时召开、参与评议与监督的群众包括哪些等具体的监督制度仍处于"空白"。缺乏严格的监督、责任追究制度保障的民主恳谈难免成为"作秀"和"过场",容易引发更严重的公共信任危机。完善监督制度体系是民主恳谈制度实效的必要保障。首先,明确党委、人大及公众是监督主体,设立由党委、人大代表及公众代表组成的专门监督机构,引入社会组织作为中立的第三方进行监督。建立会后限期反馈、定期汇报、跟踪监督的配套制度,并以政府履行成效作为年度绩效考核评价的内容。其次,对民主恳谈的协商结果应当予以刚性的问责制度保障。根据案卷排他性原则及信赖保护原则,民主恳谈的会议笔录应当具有拘束力,公众基于对政府的信赖而作出生活安排与财产处分,应当得到政府兑现承诺或实际履行的尊重与保障。政府不依据协商结果作出决策,决策执行或履责不当损害公众利益的,应当对相关党组织、领导干部予以问责,并追究相关的法律责任。最后,设置公众基本权利的救济机制。允许公众基于参与权受侵害提起行政复议或行政诉讼;村(社区)应当设立由专业社会组织、乡贤、人民调解员等构成的纠纷解决机构,保障公民在民主恳谈中行使基本权利与合理的利益信赖。

西方协商民主理论注重理性过程的公共运用,强调公民实质性参与协商而形成民主决策,从政府体制、决策机制、治理形式等方面予以丰富和完善。社会主义协商民主偏重对结果理性的追求,体现为中国共产党领导社会各阶层、团体、群众等,就共同关心或利益相关的问题,以适当方式进行协商,形成各方均可接受的方案,作出决策或决定,以实现整体的发展。社会主义协商民主既是过程民主也是结果民主,民主恳谈作为特色的基层协商民主平台,既以开放式决策向公民赋权,又设计了科学、平等、公开、完整的程序机制,生动地展现了全过程人民民主在民主选举之外,将民主的范围、制度拓展到人民群众实实在在生活的社会领域,在基层民主决策、民主协商、民主管理、民主监督中赋予人民参与公共决策、议事协商的权利。未来民主恳谈的发展与完善要融于党组织领导的基层治理体系,从地方实践转向整体性的制度建构,将民主恳谈打造成常态化的议事协商平台,成为"政社互动"的有效制度载体,为基层协商民主的制度完善奠定实践与理论基础,以促进社会共建共治共享。

第七章

行政机关负责人出庭应诉的实践探索

行政机关负责人出庭应诉是一项极具中国本土特色的实践探索,二十多年来在行政法学理论界与实务界一片赞美和质疑声中顽强生长,已经成为我国行政诉讼法所明确认可的诉讼制度。认同者认为,它是"执政为民的试金石""法治政府建设的风向标""社会矛盾和社会管理创新的大智慧""政府自身建设的好抓手"[①];质疑者认为,就司法技术而言,它存在"去专业化"倾向,无助于提升司法公正,只是一种权宜性策略,法律上只需要对被告委派代理人出庭作出一般性宣示即可;[②]中立者认为,它的运作逻辑反映出中国行政诉讼自身的特殊性,自始就采取了一种司法政治的生长策略,而非严格依循法律的自洽逻辑,体现了中国行政诉讼在夹缝中求突破的生存哲学。[③] 行政诉讼制度是衡量一个国家法治发达程度与社会文明程度的重要标尺,对行政机关负责人出庭应诉制度的理解应该置于更为宏大的法治视野进行考察。哪些行政案件的审理需要行

---

① 江必新:《积极推进行政机关负责人行政诉讼出庭应诉工作》,载《人民法院报》2011年7月13日第5版。

② 参见吕尚敏:《行政首长应当出庭应诉吗?》,载《行政法学研究》2009年第4期。

③ 参见卢超:《行政诉讼行政首长出庭应诉制度:司法政治学的视角》,载《北方法学》2015年第4期。

政机关负责人出庭应诉,行政机关负责人出庭之后,如何在法院的主导之下与原告进行充分有效沟通寻求行政争议的妥善化解,以及行政机关负责人拒不出庭应诉应当承担何种法律后果,不仅关系到行政机关对司法权威的尊重、对法治思维和法治方式的依循,而且关系到国家机关对以人民为中心法治建设理念的贯彻、对中国特色行政审判制度优势的把握,在法治观念、制度和实施层面立体式展现了法治国家、法治政府、法治社会一体建设的成效。为此,行政法学理有必要对这一体现"自下而上与自上而下相结合"①的法治一体建设地方试验型法治样本进行更为深入的研究。本章追踪行政机关负责人出庭应诉制度二十多年的生长轨迹,从坚持法治国家、法治政府、法治社会一体建设的视角重新审视其内在价值,并就其制度优势如何转化为治理效能进一步促进法治一体建设提出具体的完善构想。

一、行政机关负责人出庭应诉制度的生长轨迹

1989年《中华人民共和国行政诉讼法》(以下简称《行政诉讼法》)并未就行政机关负责人是否应当出庭应诉作出规定。在20世纪90年代的行政审判实践中,行政机关负责人出庭应诉事例也极为鲜见。1998年6月,陕西省合阳县人民法院向中共合阳县委、合阳县人民政府提出行政首长出庭应诉的司法建议,得到了中共合阳县委、合阳县人大和合阳县人民政府的认可,行政首长出庭应诉制度被列入"加强依法治县工作的决议"和"依法治县三年规划"之中。1999年8月,合阳县人民政府和合阳县人民法院联合下发《关于"贯彻行政首长出庭应诉制度"的实施意

---

① 章志远:《法治一体建设地方试验型模式研究》,载《中共中央党校(国家行政学院)学报》2021年第2期。

第七章 行政机关负责人出庭应诉的实践探索

见》,在全国范围内率先开展行政首长出庭应诉制度,取得了良好的社会效果和法律效果。① 此后,行政机关负责人出庭应诉在全国逐渐推广开来,经由2014年《行政诉讼法》修改正式入法、2020年专项司法解释实施成为一项富有中国特色的行政诉讼制度。总体来看,这一制度的生长经历了如下三个阶段。

(一) 依托文件推动的初创期

在行政机关负责人出庭应诉制度的初创时期,2004年是重要的"拐点"之年。在这一年,作为制度实施典型样本的江苏省海安县,将行政机关负责人出庭应诉作为业绩考核重要内容写入《法治海安建设实施纲要》之中。截至2012年底,海安县三任县长及两百多位行政机关负责人在行政诉讼中应诉,应诉率七年保持100%。② 2012年12月,海安县人民政府申报的项目"行政机关负责人行政诉讼出庭应诉制度"成功入选"第二届中国法治政府奖",此项举措经由民间评奖活动进一步获得了广泛的社会关注。同样是在这一年,国务院《全面推进依法行政实施纲要》首次明确提出,对人民法院受理的行政案件,行政机关应当积极出庭应诉、答辩。此后,国务院和最高人民法院的权威文件交替对行政机关负责人出庭应诉制度提出明确要求。2007年4月,最高人民法院印发《关于加强和改进行政审判工作的意见》,提出人民法院要肯定和支持行政领导出庭应诉,但不宜提出刚性要求和作出强制性规定,可以向行政机关或者有关部门提出建议做好宣传工作,推动这项工作健康发展。国务院《关于加强市县政府依法行政的决定》指出,要认真做好行政应诉工

---

① 参见朱云峰等:《合阳行政首长出庭制度14年之调查》,载《人民法院报》2012年8月20日第5版。

② 参见何海波等编著:《法治的脚步声——中国行政法大事记(1978—2014)》,中国政法大学出版社2015年版,第214页。

作,鼓励、倡导行政机关负责人出庭应诉。2009年6月,最高人民法院印发《关于当前形势下做好行政审判工作的若干意见》,提出要通过推动行政机关法定代表人出庭应诉制度,为协调、和解提供有效的沟通平台。国务院《关于加强法治政府建设的意见》指出,完善行政应诉制度,积极配合人民法院的行政审判活动,支持人民法院依法独立行使审判权。对人民法院受理的行政案件,行政机关要依法积极应诉,按规定向人民法院提交作出具体行政行为的依据、证据和其他相关材料。对重大行政诉讼案件,行政机关负责人要主动出庭应诉。

　　国务院和最高人民法院文件的强力推动,使得一场规范行政机关负责人出庭应诉活动的运动在全国各地迅速掀起。[1] 2011年1月,首部专门规范行政机关负责人出庭应诉制度的省级政府规章《重庆市行政机关行政应诉办法》正式发布。在人民法院的积极助推之下,全国多地人民政府及相关职能部门单独或与法院联合发布行政规范性文件,较为完整地勾勒出行政机关负责人出庭应诉制度的基本框架。从地方实践示范区域的经验来看,法院出于行政审判外部环境优化考虑不遗余力地推动、地方党委和政府的有力支持都是制度生长的重要动力。[2] 以个案妥善处理为目标的行政机关负责人出庭应诉制度的实践探索,代表了一种新型的"个案处理型府院互动"方式的兴起,呈现"地方大胆创新—司法文件助推—行政系统响应"的生长轨迹。[3] 依托文件推动的改革模式虽然欠缺形式合法性,但雨后春笋般的联合发文为其入法奠定了扎实基础。

---

[1] 参见章志远:《行政诉讼中的行政首长出庭应诉制度研究》,载《法学杂志》2013年第3期。

[2] 参见贺欣:《法院推动的司法创新实践及其意涵——以T市中级人民法院的行政诉讼为例》,载《法学家》2012年第5期。

[3] 参见章志远:《中国行政诉讼中的府院互动》,载《法学研究》2020年第3期。

（二）制度正式入法的生长期

2014年11月1日，第十二届全国人大常委会第十一次会议通过修订后的《行政诉讼法》，行政机关负责人出庭应诉制度正式获得国家法律认可。修订后的《行政诉讼法》第3条第3款规定："被诉行政机关负责人应当出庭。不能出庭的，应当委托行政机关相应的工作人员出庭。"尽管社会上对这一新的法律制度能否发挥作用还存在不同评价，但积极助推法律规定落地实施的理性态度更为可取。"既不应任意夸大这一改革的可能功效，不切实际地指望这一制度变革会带来全新的行政作风，也不应无视这一制度变革的积极意义。"①此后，最高人民法院一直通过司法解释和司法文件形式进一步细化法律规定，使这一法律制度更具可操作性。2015年4月，印发《关于适用〈中华人民共和国行政诉讼法〉若干问题的解释》，第5条专门规定行政机关负责人"包括行政机关正职和副职负责人"，"行政机关负责人出庭应诉的，可以另行委托一至二名诉讼代理人"；2016年7月，印发《关于行政诉讼应诉若干问题的通知》（法〔2016〕260号），提出"推行行政机关负责人出庭应诉""为行政机关依法履行出庭应诉职责提供必要条件""支持行政机关建立健全依法行政考核体系"；2016年9月，针对福建省高级人民法院《关于如何正确理解和处理行政机关出庭应诉问题》作出〔2015〕行他字第13号电话答复；2018年2月，印发《关于适用〈中华人民共和国行政诉讼法〉的解释》（以下简称《行诉解释》），用五个条文专门规定行政机关负责人出庭应诉的细化举措。

最高人民法院的上述努力，得到了国务院及地方各级人民政府的支

---

① 何才林：《行政首长出庭应诉，让"民告官"不再"难见官"》，载《人民法院报》2015年2月4日第2版。

持和配合,行政机关负责人出庭应诉的规范依据日趋多元、效力位阶不断提高、实施效果明显增强,制度进入快速生长阶段。2015年12月,中共中央、国务院印发《法治政府建设实施纲要(2015—2020年)》,提出要健全行政机关依法出庭应诉制度。2016年6月,国务院办公厅印发《关于加强和改进行政应诉工作的意见》,明确提出行政机关要支持人民法院受理和审理行政案件,保障公民、法人和其他组织的起诉权利,认真做好答辩举证工作,依法履行出庭应诉职责,配合人民法院做好开庭审理工作。2019年5月,中共中央办公厅、国务院办公厅印发《法治政府建设与责任落实督察工作规定》,将加强行政应诉工作、落实行政机关负责人依法出庭应诉制度分别纳入对地方各级人民政府及县级以上地方部门督察的范围之中;2019年5月,中央全面依法治国委员会办公室印发《关于开展法治政府建设示范创建活动的意见》,行政机关负责人出庭应诉率成为市县法治政府建设示范指标体系中的三级指标之一。河北、广东、福建、吉林四省在这一时期先后发布省级政府行政应诉规章,提高了行政应诉的刚性要求。上海市人民政府与上海市高级人民法院还联合推出行政机关负责人出庭应诉制度的升级版——出庭旁听讲评"三合一",并成功入选"第五届中国法治政府奖"。[①] 从制度的实践运行来看,出庭应诉的行政机关负责人级别不断提高,时任贵州省人民政府副省长陈鸣明和中国证监会党委委员黄炜分别于2016年和2017年开创了省部级领导干部出庭应诉先例;在一些行政案件的实质性化解过程中,行政机关负责人出庭应诉作为辅助性机制发挥了重要作用。[②] 以贯彻实施修订后的《行政诉讼法》为目标,以法院系统的司法解释、司法文件和党政系统的党内法规、规范性文件、政府规章为依托,行政机关负责人出庭应诉制度

---

① 参见中国政法大学法治政府研究院主编:《中国法治政府奖集萃》(第五届),社会科学文献出版社2018年版,第29页。

② 参见章志远:《行政争议实质性解决的法理解读》,载《中国法学》2020年第6期。

第七章 行政机关负责人出庭应诉的实践探索

在入法后时代获得了长足发展。

（三）司法解释实施的拓展期

2014年修订的《行政诉讼法》实施之后，行政机关负责人出庭应诉在实践中也出现了一些新问题：负责人出庭的比率整体不高，一些行政机关不理解、不配合出庭应诉工作的情况时有发生，有的行政机关负责人出庭应诉负担较重，亟须统一规范；《行诉解释》容量有限，对相关内容还需要作进一步规定。[①] 为了正确理解和适用《行政诉讼法》的规定，充分发挥行政机关负责人出庭应诉制度实质性化解行政争议的功能，最高人民法院于2020年6月印发《关于行政机关负责人出庭应诉若干问题的规定》（以下简称《若干规定》），从明确行政机关负责人出庭应诉的定义和范围、确定人民法院通知行政机关负责人出庭应诉的案件、合理减轻行政机关负责人出庭应诉负担、细化行政机关负责人出庭应诉相关程序、明确行政机关负责人不能出庭的正当理由、规定行政机关负责人出庭效果保障措施及行政机关负责人未履行出庭应诉义务的处理等七个方面作出了详细规定，使得行政机关负责人出庭应诉真正成为一项具有法律约束力的"刚性"制度。此后，行政机关负责人出庭应诉制度继续为党和国家权威文件所认可。2021年1月，中共中央印发《法治中国建设规划（2020—2025年）》，提出要规范和加强行政应诉工作；2021年8月，中共中央、国务院印发《法治政府建设实施纲要（2021—2025年）》，要求认真执行行政机关负责人出庭应诉制度。

在《若干规定》实施一周年之际，最高人民法院于2021年7月发布首批15个行政机关负责人出庭应诉典型案例，从不同角度、不同层面全方

---

① 参见黄永维等：《〈关于行政机关负责人出庭应诉若干问题的规定〉的理解与适用》，载《人民司法·应用》2020年第22期。

位展示行政机关负责人出庭应诉制度在全国各地实施的法律效果、社会效果和政治效果。这些典型案例来自不同省份,覆盖了行政处罚、行政征收补偿、违法建筑拆除、行政协议、行政强制、行政赔偿、工伤认定、行政给付、政府信息公开、行政确认、行政复议等诸多案件类型以及一审、二审、再审等全部诉讼程序,既有协调化解撤诉结案,也有判决被告败诉结案,堪称一幅当代中国行政机关负责人出庭应诉实质性化解行政争议的真实图景。2021年9月,天津市高级人民法院召开主题为"人民法院进一步推进行政机关负责人出庭应诉工作,促进行政争议实质化解,助力法治政府建设"的行政机关负责人出庭应诉十大典型案例新闻发布会,将最高人民法院发布行政机关负责人出庭应诉典型案例的做法延伸到了地方。2020年9月,上海市人民政府公布《上海市行政应诉工作规定》,成为现行有效的第六部专门规范行政机关负责人出庭应诉的省级政府规章。在率先推进行政机关负责人出庭应诉的江苏省,中共江苏省委全面依法治省委员会办公室与江苏省高级人民法院、江苏省司法厅于2021年12月联合印发《关于深入推进行政机关负责人出庭应诉有关问题的意见》(苏委法办〔2021〕23号),要求以实质性化解行政争议为着力点,认真组织推进行政机关负责人出庭应诉,努力把行政机关负责人出庭应诉工作打造成法治江苏重要品牌。以《若干规定》的实施和典型案例发布为标志,行政机关负责人出庭应诉制度的功能进入全新的拓展时期,将在法治国家建设进程和行政审判实践发展中扮演越来越重要的角色。

二、行政机关负责人出庭应诉制度的功能阐释

回望行政机关负责人出庭应诉制度的实践探索,经历了"地方试行—中央认可—全面推广"和"依托文件—正式入法—专门解释"的发展历程。法院系统虽然在其间一直发挥着重要的推动作用,但党委和政府的大力

第七章　行政机关负责人出庭应诉的实践探索

支持同样不可或缺。特别是在党的十八大之后以习近平同志为核心的党中央高度重视法治建设，行政机关负责人出庭应诉频频写入党中央一系列重要文件之中，凸显了这一微观制度的宏大时代价值。在法院主导、行政机关和行政相对人双方参与的诉讼格局中，行政机关负责人出庭应诉制度涉及司法权与行政权、行政权与公民权利、法治政府建设与法治社会建设之间的多重复杂关系，需要立足更为宏大的法治视角对其功能进行再阐释。①"坚持法治国家、法治政府、法治社会一体建设"是习近平在首都各界纪念现行宪法公布施行30周年大会上的讲话中首次提出的，随后在十八届中央政治局第四次集体学习时的讲话中再次重申，直至成为习近平法治思想的核心要义之一。"法治国家、法治政府、法治社会相辅相成，法治国家是法治建设的目标，法治政府是建设法治国家的重点，法治社会是构筑法治国家的基础。"②新时代行政机关负责人出庭应诉制度的功能定位，需要在法治一体建设的视域中进行系统阐释。

（一）以官员守法带动全民守法

作为一个具有中国本土实践特色的概念，法治社会指的是公权力运作系统之外的社会生活的法治化，至少包括"社会成员自我约束的法治化""社会成员之间关系的法治化""社会管理者与被管理者关系的法治化"几个方面。③ 在法治社会建设的任务清单中，全民守法是法治社会的

---

①　入选"第五届中国法治政府奖提名奖"的项目之一就是武汉市人民政府法制办公室申报的"以负责人出庭应诉为重要抓手　助推法治政府法治社会一体建设——武汉市行政机关负责人出庭应诉"，表明行政机关负责人出庭应诉制度的实践探索已经具备重要的"溢出"效应。参见中国政法大学法治政府研究院主编：《中国法治政府奖集萃》（第五届），社会科学文献出版社2018年版，第248—258页。

②　习近平：《坚定不移走中国特色社会主义法治道路　为全面建设社会主义现代化国家提供有力法治保障》，载《求是》2021年第5期。

③　参见陈柏峰：《中国法治社会的结构及其运行机制》，载《中国社会科学》2019年第1期。

基础工程。"全民守法,就是任何组织或者个人都必须在宪法和法律范围内活动,任何公民、社会组织和国家机关都要以宪法和法律为行为准则,依照宪法和法律行使权利或权力、履行义务或职责。"①在我国这样一个"以吏为师"传统极为深厚的国家,官员守法对全民守法具有重要的示范带动作用。"领导干部尊不尊法、学不学法、守不守法、用不用法,人民群众看在眼里、记在心上,并且会在自己的行动中效法。领导干部尊法学法守法用法,老百姓就会去尊法学法守法用法。领导干部装腔作势、装模作样,当面是人、背后是鬼,老百姓就不可能信你那一套,正所谓'其身正,不令而行;其身不正,虽令不从'。"②从这个意义上来说,作为"关键少数"的领导干部能否自觉守法、维护法律权威,就成为法治社会基础性工程建设的关键环节。只有紧紧抓住官员守法这个"牛鼻子",全民守法的局面才具有实现的可能。

在行政机关负责人出庭应诉制度已经正式入法成为法律的刚性要求时,其实施效果如何实际上就是官员普遍守法局面实现与否的重要标尺。按照《若干规定》第4条的规定,对于涉及食品药品安全、生态环境和资源保护、公共卫生安全等重大公共利益,社会高度关注或者可能引发群体性事件等的案件,人民法院应当通知行政机关负责人出庭应诉。如果行政机关负责人寻找各种借口敷衍了事、无正当理由不出庭、出庭之后又不出声,甚至对法院出庭应诉建议置之不理,那么这项制度就会完全沦为摆设,本质上就是官员带头违法。尤其是在相关党内法规和规范性文件已经将此举明确列入党政机关负责人履职尽责和督察问责事项清单之后,行政机关负责人出庭应诉制度就被赋予更高的政治含义。"依法行政观念不牢固"依旧是当下法治政府建设中难啃的硬骨头,必须"用

---

① 习近平:《论坚持全面依法治国》,中央文献出版社2020年版,第23—24页。
② 同上书,第141—142页。

法治给行政权力定规矩、划界限"①。当事人提起的每一个行政诉讼案件的背后,往往都蕴藏着复杂的行政争议和激烈的利益冲突,行政机关负责人出庭应诉制度的落空将加剧当事人的对抗情绪,容易滋生更多非理性维权和干扰正常诉讼秩序的行为。相反,如果行政机关负责人能够依法履行出庭应诉的义务,既能够体现行政机关对人民法院的尊重和支持,也能够缓解当事人对立情绪,在法院主导之下寻求行政案件的公正处理。在最高人民法院公布的典型案例七"沈某某诉浙江省宁波市奉化区综合行政执法局政府信息公开案"中,奉化区综合执法局委派负责人出庭,在庭审中全程积极发言,对沈某某提出的质疑耐心作出解答,诚恳认可行政机关存在的问题,承诺依法保护其合法权益,同时也就维权方式的必要性、合理性以及涉案争议的实质性化解等问题充分阐述意见。经过庭审的充分沟通、交流,沈某某对行政机关的不满情绪得以有效缓和,并于庭审结束后三日内撤回涉及奉化区综合执法局的两起案件,就已立案尚未开庭审理的其余四起案件亦撤回起诉。此案实践表明,行政机关负责人出庭应诉制度的合理运用以及功能发挥,不仅可以有效缓和行政机关与行政相对人之间的矛盾,也可以增加人民群众对人民法院与行政机关的信任,最终促成行政相对人依法、正当、理性地行使诉权,减少了当事人的诉累,节约了行政资源与司法资源。②

(二)以官民沟通促进实质性化解

追溯行政诉讼制度的实践发展史,"实质性解决行政争议"在2010年之后频频出现于最高人民法院的工作报告、领导讲话、裁判文书和各级人民法院的行政审判白皮书之中,成为人民法院行政审判工作的指导思

---

① 习近平:《论坚持全面依法治国》,中央文献出版社2020年版,第4页。
② 参见《行政机关负责人出庭应诉典型案例》,载《人民法院报》2021年7月30日第3版。

想。《若干规定》第11条第3款有关"行政机关负责人出庭应诉的,应当就实质性解决行政争议发表意见"的规定,使得"实质性解决行政争议"概念首次被最高人民法院司法解释明确认可,丰富和发展了2014年修订的《行政诉讼法》第1条新增的"解决行政争议"目标,拉开了实质性解决行政争议具体路径的探索序幕。实质性解决行政争议旨在从整体上一揽子彻底解决原被告之间的行政争议及相关民事争议,避免出现"案结事不了""官了民不了"的后遗症。从近年来的行政审判实践来看,依法作出具有明确内容指引的裁判、依法调解和协调化解撤诉是实质性解决行政争议的三种基本路径。作为这些基本路径特别是协调化解的配套机制,行政机关负责人出庭应诉具有重要的支撑作用。在中国特色党政体制下,行政机关负责人往往是被诉行政行为的知晓者、批准者和行政系统资源的掌控者、分配者,在行政争议能否获得实质性解决上能够起到关键作用。尤其是在被诉行政行为并非完美无缺、当事人利益受到直接损害时,行政机关负责人出庭应诉与当事人进行坦诚沟通,能够消解当事人的怨气和误解,为最终的实质性解决行政争议创造条件。可以说,"始终坚持以实质性化解行政争议为重要目标"是最高人民法院在制定《若干规定》时主要遵循的基本原则。[①]

2014年修订的《行政诉讼法》实施以来,行政机关负责人出庭应诉制度的局部成功实践已经成为实质性解决行政争议的"催化剂"。在最高人民法院2017年6月公布的首批该院行政审判十大案例中,首案"林建国诉济南市房管局房屋行政管理案"[②]最终以行政调解书方式结案,第四个案例"张道文等诉四川省简阳市人民政府侵犯客运人力三轮车经营权案"最终以判决确认违法方式结案,个中都有行政机关负责人的出庭应

---

① 参见黄永维等:《〈关于行政机关负责人出庭应诉若干问题的规定〉的理解与适用》,载《人民司法·应用》2020年第22期。

② 参见最高人民法院(2016)最高法行再17号行政调解书。

诉和积极配合之功。① 在最高人民法院公布的典型案例九"张家港保税区润发劳动服务有限公司诉江苏省无锡市人力资源和社会保障局行政确认系列案"中,杜某某等八人的案件基于同一起交通事故引发,但其中有人在救治中死亡,有人超过法定退休年龄,还涉及层层转包等问题,情况错综复杂,一并协调化解行政争议的难度较大。无锡市人社局负责人积极出庭出声,庭后继续对接梁溪区人民法院与行政相对人,配合梁溪区人民法院开展协调化解工作。历经三个多月的反复沟通,最终就工伤保险待遇支付达成一致意见,实质性化解了行政争议和后续民事争议,使受伤职工能够及时获得医疗救助和经济补偿,润发公司撤回七起案件起诉及一案上诉。在本案实质性化解行政争议的过程中,无锡市人社局出庭负责人成为搭建在行政机关与行政相对人之间、行政机关与人民法院之间的坚固桥梁。② 在2018年上海市高级人民法院《关于进一步完善行政争议实质性解决机制的实施意见》和2018年安徽省高级人民法院《关于完善行政争议实质性解决机制的意见》中,行政机关负责人出庭应诉都被明确规定为实质性解决行政争议的一项重要机制。苏委法办〔2021〕23号文进一步要求,行政机关负责人出庭应诉应当"致力于"实质性解决行政争议,可以主动建议人民法院组织协调,确保"出庭出声"取得实效。这些实践新探索既为《若干规定》制定提供了鲜活素材,也为实质性解决行政争议配套机制的健全奠定了扎实基础。

(三)以个案处理实现诉源治理

社会矛盾纠纷化解是法治社会建设的坚实屏障,也是法治社会建设的重点内容。党的十八大以来,构建多元化纠纷解决体系、促进诉源治

---

① 参见最高人民法院(2016)最高法行再81号行政判决书。
② 参见《行政机关负责人出庭应诉典型案例》,载《人民法院报》2021年7月30日第3版。

理成为执政党创新社会治理的重要政策主张。党的十八届四中全会通过的《关于全面推进依法治国若干重大问题的决定》提出,坚持系统治理、依法治理、综合治理、源头治理,提高社会治理法治化水平;健全社会矛盾纠纷预防化解机制,完善调解、仲裁、行政裁决、行政复议、诉讼等有机衔接、相互协调的多元化纠纷解决机制。党的十九届四中全会通过的《关于坚持和完善中国特色社会主义制度 推进国家治理体系和治理能力现代化若干重大问题的决定》提出,完善社会矛盾纠纷多元预防调处化解综合机制,努力将矛盾化解在基层。《法治中国建设规划(2020—2025年)》提出,完善调解、信访、仲裁、行政裁决、行政复议、诉讼等社会矛盾纠纷多元预防调处化解综合机制;《法治社会建设实施纲要(2020—2025年)》提出,完善社会矛盾纠纷多元预防调处化解综合机制,努力将矛盾纠纷化解在基层;《法治政府建设实施纲要(2021—2025年)》提出,健全行政争议实质性化解机制,推动诉源治理。习近平总书记高度重视社会矛盾纠纷的源头治理,强调"法治建设既要抓末端、治已病,更要抓前端、治未病……要推动更多法治力量向引导和疏导端用力"[1]。近两年来,通过行政审判实现诉源治理已成为人民法院的重要指导思想。所谓行政审判的诉源治理,"是指人民法院在依法履行行政审判职责的过程中,围绕行政争议化解和诉求源头防控,通过诉讼内外单独或联合行动,实现确立公权行使规则和融入社会治理进程有机统一的状态"[2]。《若干规定》坚持以推进诉源治理为重要使命,进一步丰富了诉源治理机制的内涵和实践。[3]

---

[1] 习近平:《坚定不移走中国特色社会主义法治道路 为全面建设社会主义现代化国家提供有力法治保障》,载《求是》2021年第5期。

[2] 章志远:《新时代行政审判因应诉源治理之道》,载《法学研究》2021年第3期。

[3] 参见黄永维等:《〈关于行政机关负责人出庭应诉若干问题的规定〉的理解与适用》,载《人民司法·应用》2020年第22期。

第七章　行政机关负责人出庭应诉的实践探索

就理想类型的"诉求"源头治理而言,行政审判活动旨在通过个案公正处理树立明确法律规则、厘清权力行使边界,使"审一案、推全案、管类案、减量案"成为行政诉讼制度的新常态。也就是说,人民法院行政审判工作要及时实现从化讼止争向少讼无讼的策略转变。行政机关负责人出庭应诉对双方当事人重新检视自身行为、助推诉源治理都有裨益。一方面,有助于行政机关负责人了解案情、发现不足、举一反三,避免再犯类似错误,从源头上减少矛盾纠纷;另一方面,能够教育其他旁听的行政机关工作人员尊法学法守法用法,促进行政相对人了解行政执法尺度和行政裁量过程,进一步规范自身行为,避免引起不必要的行政执法活动。在最高人民法院公布的典型案例一"北京富宁经贸有限责任公司宁夏特产连锁超市诉北京市东城区市场监督管理局行政处罚决定及北京市东城区人民政府行政复议案"中,北京市东城区副区长、东城区市场监管局局长作为行政机关负责人出庭应诉,本案同时作为行政执法人员的法制公开课。市场监管局局长表示:"此次公开庭审是一次难得而生动的法制教育课,对规范食品行政执法起到了积极的引领作用,今后要避免机械执法,主动结合生产实际,确保罚责相当。"政府副区长的出庭应诉,对政府职能部门深入推进依法行政、加强法治政府建设发挥了良好示范作用,真正实现了"出庭一件,规范一片"的目标。在典型案例三"王某某诉吉林省白山市人力资源和社会保障局行政确认案"中,白山市人社局分管退休审批事务的副局长在二审程序中作为行政机关负责人出庭应诉,通过参加庭审活动以及开展庭审结束之后的调查、核实工作,认识到执法工作中存在的问题,切实采取措施保障人民群众的合法权益,最终赢得行政相对人的理解与尊重,双方当事人各自撤回诉讼,并从根源上遏制了大量潜在的行政争议,解决一案、带动一片,真正实现"案结事了"的裁判效果。① 这些鲜活的案例，充分展现了行政机关负责人出庭应诉制度实施具有的诉源治理溢出效应，为加快法治一体建设步伐提供了新的思路。

三、行政机关负责人出庭应诉制度的发展进路

行政机关负责人出庭应诉由边缘逐渐走向中央、由地方局部试验走向国家正式制度，已历经二十多年，个中探索发展体现了中国行政审判的本土特色，也彰显出中国行政审判的制度自信。《若干规定》的颁行，尤其是最高人民法院首批相关典型案例的发布，预示着行政机关负责人出庭应诉制度将在实质性化解行政争议、促进诉源治理、助推法治一体建设方面发挥更大作用，回应社会转型对"让司法更能司法"②的现实需求。遵循法治政府建设要率先取得突破、带动法治社会建设的法治发展逻辑，未来应从三个方面进一步完善行政机关负责人出庭应诉制度。

（一）必须出庭案件范围划定中的司法裁量

就立法原意而言，《行政诉讼法》第3条第3款中的两个"应当"含义并不完全相同。前一个"应当"更多偏向倡导性规定，后一个"应当"则属于强制性规定。《关于行政诉讼应诉若干问题的通知》和《行诉解释》第129条列举了四类"应当"出庭的案件类型，旨在将倡导性规定变为强制性规定，明确行政机关负责人"必须"出庭应诉的情形。《若干规定》第4条则以人民法院"应当通知"和"可以通知"并行的做法取代先前的"书面建议"，特别是"人民法院认为需要通知行政机关负责人出庭应诉的其他

---

① 参见《行政机关负责人出庭应诉典型案例》，载《人民法院报》2021年7月30日第3版。
② 顾培东：《人民法院改革取向的审视与思考》，载《法学研究》2020年第1期。

第七章　行政机关负责人出庭应诉的实践探索

情形"的兜底式规定,事实上扩大了行政机关负责人"必须"出庭应诉的案件范围。此举表明,哪些案件行政机关负责人必须出庭应诉与其说是立法决断问题,毋宁说是司法裁量问题。出庭范围上司法裁量权的回归,为进一步优化行政审判司法环境、确立司法权威创造了条件,也为行政机关负责人出庭应诉更大作用的发挥提供了可能。

随着行政争议多元化解体系的丰富和完善,行政争议诉前分流和繁简分流的作用日渐明显。人民法院应当着眼"繁案精审"和"实质性化解"划定行政机关负责人应当出庭应诉的案件范围,通过精准选定案件类型和良性府院互动促成案件争议的实质性解决,避免出庭应诉完全流于形式或沦为负担。在当下的行政审判实践中,简单案件快速审理受到更多重视,而复杂案件如何得到精审仍然有待破题。笔者认为,当诉前程序无法实现案件分流、人民法院作出登记立案之时,就应当通过案件繁简情况评估适时决定是否通知行政机关负责人出庭应诉。在复杂案件中,涉及行政争议与民事争议交织、被诉行政行为政策依据发生变迁、基本民生需要政府兜底等特殊情形,尤其需要得到行政机关的积极配合通过协调方式得以化解,这类案件应当成为今后行政机关负责人必须出庭应诉的基本面。

(二)实质性解决行政争议取向的应诉表现

行政争议的实质性解决,是指"人民法院在审查行政行为合法性的基础上,围绕行政争议产生的基础事实和起诉人真实的诉讼目的,通过依法裁判和协调化解相结合并辅以其他审判机制的灵活运用,对案涉争议进行整体性、彻底性的一揽子解决,实现对公民、法人和其他组织正当诉求的切实有效保护"[①]。在当下的行政审判实践中,颇受理论界质疑的协

---

① 章志远:《行政争议实质性解决的法理解读》,载《中国法学》2020年第6期。

调和解方式却备受法院青睐,几乎成为行政争议实质性解决的代名词。这种做法既造成《行政诉讼法》第60条关于依法调解的规定落空,也进一步模糊了人民法院的裁判者角色。究其原因,与行政机关对自身面子和威信的顾及、审计监督和纪检监察的外在考验有关。[①] 在行政机关负责人出庭应诉制度积极功能得到进一步激发的有利条件下,这种状况应当及时得到调适。

在人民法院的主导和释明之下,出庭应诉的行政机关负责人应当更加积极主动配合法院做好调解工作,实现法律框架内行政争议的实质性解决。一方面,行政机关负责人应当紧紧围绕被诉行政行为的合法性、合理性进行陈述、答辩、提交证据、辩论,通过全方位展示行政行为作出过程的各种规范考量,寻求当事人的理解;另一方面,对于被诉行政行为存在的种种问题,行政机关负责人应当勇于自行纠错,最大限度节约行政争议的化解成本。对于被诉行政行为虽不存在合法性争议但当事人确实存在亟待解决的实际困难的,行政机关负责人应当在应诉过程中拿出切实的解决方案,为人民法院依法调解或者协调化解结案奠定基础。只有通过这种高质量的府院互动,行政争议实质性解决才具备可能。如果行政机关负责人出庭应诉表现偏离实质性解决行政争议轨道,人民法院可以参照《若干规定》第12条第2款的规定,将这一情形记录在案并在裁判文书中载明,增强"出庭出声出彩"的刚性约束。

(三)负责人出庭应诉实际效果的公开评价

《关于行政诉讼应诉若干问题的通知》和《若干规定》第14条都规定,人民法院可以通过适当形式将行政机关负责人出庭应诉情况向社会公

---

① 参见章志远:《作为行政争议实质性解决补充机制的司法调解》,载《学习与探索》2021年第12期。

第七章 行政机关负责人出庭应诉的实践探索

开,并向同级人大常委会报告,向同级人民政府进行通报。这种公开评价行政机关负责人出庭应诉实际效果的做法,能够倒逼行政机关认真履行法定职责、促成行政争议实质性解决。习近平总书记指出:"党委是起领导核心作用的,各方面都应该自觉向党委报告重大工作和重大情况,在党委统一领导下尽心尽力做好自身职责范围内的工作。报告一下有好处,集思广益,群策群力,事情能办得更好。"[①]今后,人民法院应当积极向当地党委汇报行政机关负责人出庭应诉的实际效果,主动争取当地党委的大力支持,将党的领导的政治优势转化为行政机关负责人出庭应诉制度的治理效能。

就向社会公开的"适当形式"而言,人民法院具有广泛的拓展空间。具体来说,公开的形式包括"庭内公开"和"庭后公开"两种类型。其中,庭内公开指的是人民法院将庭审本身直接向公众开放,通过一定范围的"公众围观"营造司法剧场化效应,倒逼出庭应诉的行政机关负责人严格依法履职。在实践中,组织更多行政机关负责人和行政执法人员旁听观摩庭审过程、通过媒体直播向公众开放都是常见形式。庭后公开指的是人民法院以书面形式将行政机关负责人出庭应诉的实际效果公布于众,通过数据、排名"让事实说话",促进行政机关负责人出庭应诉制度运行持续向好。在实践中,司法建议、行政审判白皮书等都是庭后公开的重要载体,今后应当努力将其向全社会而非行政机关内部予以公开。可以预见的是,随着公开范围、公开内容、公开程度的不断加强,富有"中药"性质的行政机关负责人出庭应诉制度将发挥越来越重要的作用,在坚持法治一体建设的新时代与整个行政诉讼制度一起实现进步。

---

① 中共中央党史和文献研究院:《习近平关于全面从严治党论述摘编(2021年版)》,中央文献出版社2021年版,第54页。

第八章

政府信息公开诉讼中的滥诉治理

政府信息公开是我国建设法治政府、推进阳光行政的重要制度,为公众提供了依法获取政府信息的正式渠道,确立并保障了公民的知情权益。政府信息公开诉讼作为行政诉讼的一种,是保障公民知情权益的最后救济手段。然而,囿于政府信息公开的给付行政性质,滥用政府信息公开申请以及复议、诉讼程序,已经成为少数人对公权力发泄不满、谋求自身利益的突破口,这给行政机关和人民法院带来不小压力。治理政府信息公开滥诉关乎政府信息的效用发挥、公众知情权益的保障以及司法秩序的维护,如何在不影响政府信息公开效能发挥的同时规范权利的行使,已经成为现阶段法治一体建设过程中亟待解决的问题。为此,本章着重梳理政府信息公开滥诉治理的实践经验,从坚持法治国家、法治政府、法治社会一体建设的视角出发,秉持系统性、整体性、协同性思维,重新审视过往实践经验的内在价值,并就如何将实践经验提炼为治理规则提出构想,希冀政府信息公开活动回归和谐有序的健康状态。

第八章　政府信息公开诉讼中的滥诉治理

一、政府信息公开滥诉治理的生长轨迹

滥用政府信息公开申请权并据此频繁提起诉讼是一个世界性的难题,多国信息公开法对信息滥用问题都有所涉及,并规定了应对之策。①我国在《中华人民共和国政府信息公开条例》(以下简称《政府信息公开条例》)公布之初也注意到了滥用政府信息申请权的情况。2008年4月,国务院办公厅《关于施行〈中华人民共和国政府信息公开条例〉若干问题的意见》规定,对于同一申请人向同一行政机关就同一内容反复提出公开申请的,行政机关可以不重复答复。2015年2月,为应对实践中纷繁复杂的滥用申请和滥诉情况,南通市港闸区人民法院针对"陆红霞诉南通市发展和改革委员会政府信息公开答复案"(以下简称"陆红霞案")作出全国首例"限制诉权"裁判。该案被《最高人民法院公报》2015年第11期全文刊载,成为司法实践中重要的示范案例。2017年8月,最高人民法院结合行政审判经验,发布《关于进一步保护和规范当事人依法行使行政诉权的若干意见》,就信息公开滥诉治理作出明确规定。2019年2月,最高人民法院发布《关于深化人民法院司法体制综合配套改革的意见——人民法院第五个五年改革纲要(2019—2023)》(以下简称《五五改革纲要》),司法改革取向从"让司法更像司法"向"让司法更能司法"转变,②信息公开滥诉治理随之迈入新阶段。总体来看,我国信息公开滥诉

---

① 例如,南非《信息公开促进法》第45条规定,对于明显无聊或无理取闹的申请或对公共机构的资源造成实质的、不合理的转移的申请,可以拒绝。泰国《官方信息法》第1条规定,如果申请涉及过量信息或无合理因由过于频繁提出申请,该申请可能会被拒绝。在英国,刁难或重复的申请,以及对已经公开信息的申请和将要被公布的信息的申请被排除在外。参见〔美〕托比·曼德尔:《信息自由:多国法律比较》(第二版修订本),龚文庠译,社会科学文献出版社2011年版,第132、146、196页。

② 参见章志远:《行政争议实质性解决的法理解读》,载《中国法学》2020年第6期。

治理实践可划分为如下三个阶段。

（一）依托司法判例的指导阶段

政府信息公开行政诉讼在我国起步较晚,虽然最高人民法院于2011年7月公布了《关于审理政府信息公开行政案件若干问题的规定》,但该司法解释并未涉及滥诉问题,法院如何认定、处理滥诉行为,长期以来缺乏法律依据。2015年2月,南通市港闸区人民法院敢为人先,针对滥用政府信息公开申请权、滥用诉权的案件作出全国首例"限制诉权"裁判,该案件被确立为2015年度南通行政审判十大典型案例,判决文书被《最高人民法院公报》2015年第11期全文刊载。自此,"陆红霞案"开启了信息公开滥诉治理的先河,其在规制恶意诉讼、无理缠诉等滥用诉权行为等方面从"地方经验"走向"全国示范",为全国法院依法制止滥用诉权提供了重要指导。

"陆红霞案"在滥诉治理方面的指导意义主要体现在以下两个方面:一方面,"陆红霞案"明确了政府信息公开申请权滥用、行政"滥诉"的认定标准。如果公民提起政府信息公开申请违背了《政府信息公开条例》的立法目的且不具善意,就会构成知情权滥用。当事人反复多次提起琐碎的、轻率的、相同的或者类似的诉讼请求,或者明知无正当理由而反复提起诉讼的,人民法院应当对其起诉严格依法审查,对于缺乏诉的利益、目的不当、有悖诚信的起诉行为,应认定构成滥用诉权的行为。择要而论,法院应结合申请次数、申请内容、申请主体、申请目的等四个方面的内容,判断当事人是否滥用权利。另一方面,"陆红霞案"提出了治理行政"滥诉"的对策。一是针对原告对不同部门提起的信息公开诉讼,法院可以根据法律规定在单个诉讼中直接裁定驳回;二是针对原告今后再次向行政机关申请类似的政府信息公开、向人民法院提起类似的行政诉讼,行政机关和法院应当依据《政府信息公开条例》严格审查,并且原告须举证说明其申请和诉讼是为了满足自身生产、生活、科研等特殊需要,否则将承担不利后果。

当然,"陆红霞案"并非完美无缺。质疑者指出,本案法院在主动取证和审查原告行为、部分事实认定与法律适用、对本案不作实体审理、驳回起诉并宣告严格审查当事人未来起诉等方面存在滥用审判权的嫌疑。① 但瑕不掩瑜,考虑到本案裁判是在滥诉治理规则阙如的历史背景下作出的,本案法院积极作为、敢于确立规则的精神更加值得肯定,其不仅为司法实践中裁判类似案件提供了重要基准,也为日后滥诉治理的规范化、体系化建构提供了有益的判例经验。

(二) 司法解释实施的助推阶段

2014年11月1日,第十二届全国人大常委会第十一次会议通过修订后的《行政诉讼法》。修订后的《行政诉讼法》新增行政诉讼简易程序内容,并规定人民法院审理第一审政府信息公开案件可以适用简易程序。这是继最高人民法院《关于审理政府信息公开行政案件若干问题的规定》之后,我国行政诉讼立法针对政府信息公开案件情节简单、争议明确的特殊情况专门作出的程序性规定,目的在于节约行政审判资源、提高行政诉讼效率。然而,后"陆红霞案"时代的政府信息公开滥诉态势并没有得到明显的遏制,繁简分流的诉讼程序也没有减轻政府信息公开案件给行政审判资源带来的挤兑压力,有些地方的政府信息公开案件甚至占到全部行政案件的近半数。例如,北京市第四中级人民法院2015年审结的以各区政府为被告的行政案件1048件,其中政府信息公开案件426

---

① 参见梁艺:《"滥诉"之辩:信息公开的制度异化及其矫正》,载《华东政法大学学报》2016年第1期;沈岿:《信息公开申请和诉讼滥用的司法应对——评"陆红霞诉南通市发改委案"》,载《法制与社会发展》2016年第5期。

件,占比 40.6%。①

2017年8月31日,最高人民法院结合行政审判工作实际,印发《关于进一步保护和规范当事人依法行使行政诉权的若干意见》(以下简称《若干意见》),提出"保障诉权合理行使,严格规制诉权滥用"的总路线,明确在认定滥用诉权、恶意诉讼的情形时,应当从严掌握标准,要从当事人提起诉讼的数量、周期、目的以及是否具有正当利益等角度,审查其是否具有滥用诉权、恶意诉讼的主观故意。与此同时,针对政府信息公开滥诉的实际情况,《若干意见》还提出具体的应对方案:一是针对当事人明显违反《政府信息公开条例》立法目的,反复、大量提出政府信息公开申请进而提起行政诉讼,或者当事人提起的诉讼明显没有值得保护的与其自身合法权益相关的实际利益的情况,规定人民法院应当依法不予立案。二是针对公民、法人或者其他组织申请公开已经公布或其已经知晓的政府信息,或者请求行政机关制作、搜集政府信息或对已有政府信息进行汇总、分析、加工等,不服行政机关作出的处理、答复或者未作处理等行为提起的诉讼,规定人民法院应当依法不予立案。此外,《若干意见》还将制度创新、制度完善的主动权交由地方实践,要求地方各级法院针对滥用诉权、恶意诉讼情况,积极探索建立有效机制,依法及时有效处理。

在最高人民法院《若干意见》的助推下,地方各级法院陆续出台司法文件,将政府信息公开滥诉治理推向纵深。以浙江省为例,2020年6月,浙江省高级人民法院印发《关于进一步推进诉源治理工作的意见》的通知,强调各级法院要严格落实最高人民法院关于防范和惩治虚假诉讼、恶意诉讼及无理缠诉的相关规定。已经生效裁判认定构成滥诉,当事人

---

① 参见李世邦:《关于以北京市各区人民政府为被告的政府信息公开行政案件情况的调研报告》,载中华人民共和国最高人民法院行政审判庭编:《行政执法与行政审判》(总第80集),中国法制出版社2020年版,第55页。

又以同一事项、同一理由或类似理由提起诉讼的,法院可根据最高人民法院《关于人民法院登记立案若干问题的规定》第 10 条第 1 款不予登记立案。2020 年 8 月,浙江省绍兴市中级人民法院、绍兴市司法局印发《关于政府信息公开申请权滥用甄别机制的指导意见》,提出由市中院和市复议局成立滥用政府信息公开申请权联合甄别小组。联合甄别小组实行"一事一议"制度,负责对滥用政府信息公开申请权案件的甄别,确定相关案件的滥诉审查原则和具体审查标准。2020 年 12 月,宁波市鄞州区人民法院出台《关于依法加强行政诉权保护与规制诉权滥用的工作规程(试行)》,在浙江省首次探索建立公、检、法、司联合甄别、规制行政滥诉联席会议制度。截至 2021 年 3 月,已对 5 名当事人开展滥诉甄别工作并将其纳入滥用行政诉权名单,对相关 36 起行政诉讼案件驳回起诉或不予受理,涉及反复起诉相关案件 332 件。①

(三)司法体制改革的补强阶段

2021 年是法治国家、法治政府、法治社会一体建设的开局之年,也是人民法院贯彻实施《五五改革纲要》,深化司法体制综合配套改革的攻坚之年。站在新的历史起点,司法体制改革不仅要在形式审判能力建设方面得到全面提升,也要在实质审判能力建设方面取得长足进步。一方面,中共中央印发《法治中国建设规划(2020—2025 年)》,要求"积极引导人民群众依法维权和化解矛盾纠纷","全面建设集约高效、多元解纷、便民利民、智慧精准、开放互动、交融共享的现代化诉讼服务体系";另一方面,中共中央、国务院印发《法治政府建设实施纲要(2021—2025 年)》,要求"健全行政争议实质性化解机制,推动诉源治理"。随着司法体制改革

---

① 参见孟焕良、邵珊珊:《3 人 4 年 179 次"告政府"? 滥诉!》,载《人民法院报》2021 年 6 月 8 日第 7 版。

的不断深入,党中央决策部署与地方锐意进取双向发力,在司法能力建设、司法效能建设、司法诚信建设等方面成果明显,人民法院应对政府信息公开滥诉问题的能力也随之增强。

首先,在司法能力建设方面。2021年12月,最高人民法院印发《关于进一步推进行政争议多元化解工作的意见》(法发〔2021〕36号),强调化解行政争议应突出前端化解,人民法院在收到起诉材料后,应当主动向起诉人了解案件成因,评估诉讼风险。同时重视行政争议多元解决工作,推动建立、健全诉源治理和矛盾纠纷多元化解的制度、机制。实践中,当事人反复提起政府信息公开诉讼的目的大多不是救济知情权,而是借道政府信息公开制度,寻求对其他行政争议的再救济机会。"陆红霞案"的完美收官,正是因为陆红霞在其他基础纠纷中的预期利益得到实现,才促使其彻底放弃滥诉。① 因此,法院主动刺破当事人滥诉的"面纱"、直抵滥诉的源头,对于预防和控制政府信息公开滥诉而言意义非凡。其次,在司法效能建设方面。2021年5月,最高人民法院印发《关于推进行政诉讼程序繁简分流改革的意见》(法发〔2021〕17号),提出要进一步优化行政审判资源配置,推进行政案件繁简分流、轻重分离、快慢分道。针对事实清楚、权利义务关系明确、争议不大的政府信息公开行政案件,人民法院可以结合被诉行政行为合法性的审查要素和当事人争议焦点开展庭审活动,并可以制作要素式行政裁判文书。通过精简、优化简单政府信息公开案件的审理、裁判流程,能够最大限度地降低信息公开滥诉对司法资源造成的挤占影响。最后,在司法诚信建设方面。2020年4月,浙江省委、省政府联合发文打造浙江省信用"531X"工程,要求加快构建司法诚信,实现司法诚信体系化。为此,浙江省高级人民法院指

---

① 在肖洒博士对陆红霞的访谈中,陆红霞本人表示:"我后来没有再提起过诉讼是因为我的房子已经得到了解决,是法院联系政府那边帮我调解的。问题已经解决了,我当然不会再提起诉讼。"肖洒:《信息公开缠讼司法规制的实效性考察》,载《行政法学研究》2020年第3期。

定宁波市中级人民法院在全省率先探索推行"诚信诉讼码"。"诚信诉讼码"借鉴健康码的形式,参考中国人民银行征信体系和支付宝芝麻信用做法,通过对诉讼主体以往诉讼行为进行"信用画像",以实现提醒法官严防虚假诉讼、恶意诉讼、滥诉等不诚信诉讼行为的作用。[①] 2021年9月,最高人民法院印发《关于深化人民法院一站式多元解纷机制建设推动矛盾纠纷源头化解的实施意见》(法发〔2021〕25号),提出要完善诚信诉讼保障机制。建立诚信诉讼承诺制度,引导当事人在诉前调解或者登记立案前填写诚信诉讼承诺。对滥用诉权等不诚信行为,探索通过律师费转付、诉讼费用合理分担、赔偿无过错方诉前调解额外支出等方式进行规制。

二、政府信息公开滥诉治理的功能阐释

信息公开滥诉治理的实践脉络,经历了"司法案例指导—司法解释助推—司法改革补强"的发展历程。法院系统虽然在其间扮演着滥诉治理主力军的角色,但党委的高位推动、行政机关的积极配合同样重要。特别是党的十九大报告将"坚持法治国家、法治政府、法治社会一体建设"确立为新时代全面依法治国的精神内涵,并将"培育自尊自信、理性平和、积极向上的社会心态"[②]作为决胜全面建成小康社会的重要任务,这为引导人民群众依法维权、实质性化解矛盾纠纷提供了目标指引。治理信息公开滥诉问题,要求在提高权力透明度与规范权利滥用之间取得平衡,其间既关系着法治政府建设成效,也影响着法治社会的建设水平。

[①] 参见郑建钢:《"诚信诉讼码"让诚信激励走得更远》,载《人民法院报》2020年8月31日第2版;陈志君:《"诚信诉讼码"探索司法诚信新体系》,载《人民法院报》2020年9月18日第2版。

[②] 习近平:《决胜全面建成小康社会 夺取新时代中国特色社会主义伟大胜利》,载《人民日报》2017年10月28日第1版。

因而，有必要在法治一体建设的视域中，对新时代信息公开滥诉治理的功能定位进行系统阐释。

（一）规范公民诉求表达引导全民守法

2020年12月，中共中央印发《法治社会建设实施纲要（2020—2025年）》，强调社会主义法治社会的建设目标之一是"和谐有序"。"和谐"也是传统中国社会所推崇的价值理念，表现在司法诉讼领域主要强调"无讼"。例如，孔子曰："听讼，吾犹人也，必也使无讼乎！"①在他看来，理想的社会应当是"无讼"的社会，"无讼"是实现"和谐"的首要条件。历代朝廷也常颁布法令，禁止百姓因为细小纷争到官诉讼，并将"息讼""止讼"作为国家考核官员政绩的重要标准。② 不同于传统中国社会"无讼是求"的司法和谐观，现代中国社会的司法和谐观主要强调"诉讼有序"。回首中国行政诉讼法三十余年来的发展历程，是权力不断受约束、权利不断被保障的三十余年，政府和老百姓的法治观念在此期间发生了颠覆性变化。《行政诉讼法》颁行之初，许多行政机关不愿意当被告，抵触情绪强烈，认为"群众告镇长，是孙子告爷爷"。老百姓则不敢诉，害怕得罪"父母官"，在以后的日子里被报复、穿小鞋。随着依法治国全面推进，行政首长开始主动出庭应诉，并上升为一项法定的行政诉讼制度。以湖北省为例，2018年全省行政首长出庭应诉率超八成，荆门、天门等地应诉率达100%。③ 老百姓则从最初的不敢诉，转变为积极行使行政诉权。2014年修订后的《行政诉讼法》将"立案审查制"修改为"立案登记制"，解决了百姓立案难的问题。2015年全国一审行政案件受案数比起2014年增长了

---

① 《论语·颜渊》。
② 参见夏锦文：《中国传统司法文化的价值取向》，载《学习与探索》2003年第1期。
③ 参见程勇等：《首长出庭率超八成 "民告官"见官不再难——湖北法院行政诉讼制度改革工作纪实》，载《人民法院报》2019年4月12日第4版。

55%，达 22 万件。① 现如今，行政诉讼制度已经成为密切官民关系的重要平台、反映政府治理水平的重要标尺，大量的法治政府建设成就在一桩桩行政诉讼案件的推动下得以实现。因此，现代中国社会的司法和谐观不可能也不应当以"无讼"作为价值追求。

当然，现阶段我国法治社会建设尚未完成，实践中还存在非理性的甚至故意滥用权利的情况，诉讼失序情况时有发生。以"陆红霞案"为例，陆红霞及其父亲陆富国、伯母张兰在收到行政机关作出的相关政府信息公开申请答复后，分别向江苏省人民政府、江苏省公安厅、江苏省国土资源厅、南通市人民政府、南通市审计局等复议机关共申请至少 39 次行政复议。在经过行政复议程序之后，三人又分别以各种理由向南通市中级人民法院、如东县人民法院、港闸区人民法院提起政府信息公开之诉至少 36 次，②给行政机关和司法机关的正常运转造成严重袭扰。因此，当前法治社会建设所要实现的目标之一，便是要形成"和谐有序"的诉讼状态。政府信息公开的制度之义，关乎行政民主、行政廉洁、民众信赖。在建设"和谐有序"法治社会的当下，信息公开滥诉治理的功能定位，绝不能以遏制公民知情权、诉权的行使，或是剥夺公民知情权、诉权为代价，而应当以规范公民的诉求表达方式，引导全民依法、理性、平和、有序地行使权利为目的，更好地保障公民知情权、诉权的实现。

（二）优化行政审判资源保障公正司法

审判资源紧缺是我国的基本国情之一。2020 年 11 月 16 日，习近平总书记在中央全面依法治国工作会议上强调，"我国国情决定了我们不能成为'诉讼大国'。我国有 14 亿人口，大大小小的事都要打官司，那必

---

① 参见何海波：《从全国数据看新〈行政诉讼法〉实施成效》，载《中国法律评论》2016 年第 3 期。
② 参见《最高人民法院公报》2015 年第 11 期。

然不堪重负!"①然而,在政府信息公开制度的运作逻辑下,政府信息公开诉讼量高企的情况难以被彻底解决。政府信息公开制度是现代民主政治和人民主权原则的产物,除监督政府依法行政的公共职能之外,政府信息还具有增值使用的服务价值,只要存在政府信息,全体公民就享有公开请求权。《政府信息公开条例》规定,任何人都具有公开请求权,且请求公开时一般不问理由,即申请人无须说明自己与申请对象具有何种权利利益。申请人只要向行政机关提出政府信息公开申请,在成为信息公开行为相对人的同时,便会相应取得行政诉讼原告主体资格,并不要求政府信息公开行政诉讼的原告必须与申请公开的信息具有利害关系。②因此,如何在保证政府信息公开制度正常运转的同时,妥善关照审判资源紧缺这个基本国情,是治理信息公开滥诉的关键。

相较于普通行政诉讼,政府信息公开诉讼的特点主要表现为:起诉门槛低、案件情节简单、争议焦点明确,通常只是某个政府信息是否可以免予公开这种法律问题,很少涉及事实问题,信息公开也有时效性要求。③因此,优化行政审判资源配置,对政府信息公开案件进行繁简分流、快慢分道,将有限的审判资源供给予疑难案件、重大案件,成为现下治理信息公开滥诉的理想方式。行政诉讼简易程序是 2014 年修订《行政诉讼法》时增加的内容,彼时规定人民法院审理政府信息公开案件可以适用简易程序审理。2016 年开始,江苏省南通市中级人民法院率先以政府信息公开案件审理为突破口,全面推行适用简易程序,缓解了案多人少的现实矛盾。④ 2021

---

① 习近平:《坚定不移走中国特色社会主义法治道路 为全面建设社会主义现代化国家提供有力法治保障》,载《求是》2021 年第 5 期。
② 参见程琥:《新条例实施后政府信息公开行政诉讼若干问题探析》,载《行政法学研究》2019 年第 4 期。
③ 参见李广宇:《政府信息公开司法解释读本》,法律出版社 2011 年版,第 210 页。
④ 参见高鸿、杨德华:《行政诉讼简易程序的实践与思考》,载《人民法院报》2017 年 8 月 2 日第 6 版。

年3月,江苏省南通市中级人民法院为进一步优化行政审判资源配置,印发《行政案件适用简易程序实施意见》(通中法〔2021〕22号),规定南通各县(市)区人民政府为被告的政府信息公开案件,下沉由集中管辖法院南通经济技术开发区人民法院审理。2021年9月,最高人民法院印发《关于完善四级法院审级职能定位改革试点的实施办法》(法〔2021〕242号),规定由县级、地市级人民政府为被告的第一审政府信息公开案件,由基层人民法院管辖。自此,优化行政审判资源配置正式从优化审理程序阶段,迈向优化审级职能阶段。可以预见,随着审判程序的合理精简、审级职能的科学分配,信息公开滥诉问题对行政审判资源的挤兑风险将得到有效遏制,疑难复杂案件、重大案件将在充足司法资源供给的情况下保证公正审理。

(三) 实质性化解行政争议促进依法行政

"案结事未了"是当事人频繁提起政府信息公开诉讼的主要动因。笔者在北大法宝"司法案例栏目"中,以"政府信息公开"为案由,以"滥用申请权""滥用诉权"为关键词展开全文检索,截至2021年9月1日,共检索裁判文书5398件。根据裁判文书中法院对诉权滥用的认定理由,当事人反复提起诉讼除为救济知情权外,更主要的是借政府信息公开制度的救济之便,寻求对其他行政争议的再救济机会。① 当然,政府信息公开制度在实践中增生出"再救济"其他行政争议的功能,也与制度本身的功能定

---

① 例如,在"李君诉辽宁省营口市老边区人民政府、辽宁省营口市人民政府政府信息公开及行政复议案"中,李君于2015年之后围绕民兴河改造工程,从土地、规划建设、拆迁、审计、财政、价格监察、公安、行政监察及养老产业扶持政策等多方面,向多部门多次申请政府信息公开,无论政府及相关部门如何答复,均执意提起行政复议和行政诉讼,且所提起的数十起诉讼起诉理由均基于其养殖场被政府强行拆除。参见最高人民法院(2019)最高法行申5427号行政裁定书。在"杨志刚诉江苏省淮安市人民政府、江苏省人民政府政府信息公开及行政复议案"中,杨志刚反复提起的信息公开申请和提起行政复议、诉讼的目的,是为了向政府及其相关部门施加压力,以引起对其自身搬迁补偿安置问题的重视和解决。参见最高人民法院(2019)最高法行申13751号行政裁定书。

位有关。一方面,政府信息公开与行政复议、行政诉讼在立法目的上表现出一定的"亲和性",即都强调"法治"对于政府的重要性。① 因而,一些申请人将政府信息公开制度理解为与行政复议、行政诉讼类似的监督约束机制,并尝试通过政府信息公开直接挑战行政行为的合法性。另一方面,政府信息公开制度为当事人提供了打破行政机关垄断信息的机会,当事人可以通过公开的政府信息检视行政行为的合法性。因此,法院如果不能实质性化解躲在滥诉背后真正的行政争议,当事人借道政府信息公开制度提起诉讼的想法便不会打消。

"行政争议实质性化解"作为人民法院全面推行的一项行政审判理念,最早见于2010年4月举行的全国行政审判基层工作座谈会上。2014年修改后的《行政诉讼法》第1条将"解决行政争议"新增为一项立法目的,置于保护公民合法权益和监督依法行政之前,凸显了行政诉讼制度化解行政纠纷的功能定位。2019年2月,"行政争议实质性化解"写入最高人民法院《五五改革纲要》,成为行政诉讼制度改革的重要目标。2021年8月,中共中央、国务院印发《法治政府建设实施纲要(2021—2025年)》,"健全行政争议实质性化解机制"成为法治政府建设的重点内容。行政争议实质性化解,强调形式正义与实质正义的统一,要求人民法院在审查行政行为合法性的基础上,围绕行政争议产生的基础事实和起诉人真实的诉讼目的,通过依法裁判和协调化解相结合并辅之以其他审判机制的灵活运用,对案涉争议进行整体性、彻底性的一揽子解决,实现对公民、法人和其他组织正当诉求的切实有效保护。② 有鉴于此,法院在治

---

① 《政府信息公开条例》第1条将"建设法治政府"作为立法目的,旧条例规定的是"促进依法行政"。《中华人民共和国行政复议法》第1条规定的是"监督和保障行政机关依法行使职权",《行政诉讼法》第1条规定的则是"监督行政机关依法行使职权"。上述立法目的无一例外,都强调"法治"对于政府的重要性。

② 参见章志远:《行政争议实质性解决的法理解读》,载《中国法学》2020年第6期。

理信息公开滥诉问题的过程中,不仅要做中立的裁判者,还要主动肩负起"止讼息争"的责任,表现得更为能动、灵活。在最高人民法院公布的行政典型案例"沈某某诉浙江省宁波市奉化区综合行政执法局政府信息公开案"中,奉化区人民法院为依法保护行政相对人的合法权益,实质性化解行政争议,向奉化区综合执法局发送负责人出庭应诉通知。奉化区综合执法局委派负责人出庭,并在庭审中全程积极发言,对沈某某提出的质疑耐心作出解答,诚恳地认可行政机关存在的问题,承诺依法保护其合法权益,同时也就维权方式的必要性、合理性以及涉案争议的实质性化解等问题充分阐述意见。沈某某也于庭审结束后陆续撤回起诉,信息公开滥诉争议得到实质性解决。奉化区综合执法局经过此案也认识到行政执法工作中的问题,为改进行政执法工作、避免类似问题的发生积累了宝贵的经验。①

三、政府信息公开滥诉治理的发展进路

2018年8月24日,习近平总书记在中央全面依法治国委员会第一次会议上指出:"全面依法治国是一个系统工程,必须统筹规划、把握重点、整体谋划,更加注重系统性、整体性、协同性。"②政府信息公开制度关乎公民知情权利的实现、政府权力的监督和制约,是助推全面依法治国的重要制度安排。在法治一体建设背景下,治理政府信息公开滥诉问题也应秉持系统性、整体性、协同性思维,通过扎实推进依法行政从源头预防滥诉、探明行为人的真正诉求实质性化解滥诉、分层保障行政诉权遏制"报复型"滥诉三个方面的综合施策,使政府信息公开诉讼回归和谐有

---

① 参见《行政机关负责人出庭应诉典型案例》,载《人民法院报》2021年7月30日第3版。
② 习近平:《加强党对全面依法治国的领导》,载《求是》2019年第4期。

序的健康状态。

(一) 扎实推进依法行政从源头预防滥诉

"扎实推进依法行政"是党的二十大立足过去法治政府建设经验、面向新时代法治政府建设任务提出的新要求、新标准,是新时代法治政府建设的根本遵循。我国法治政府建设经过多年努力已经取得重大进展,但还存在不少问题和短板,依法行政观念不牢固、行政决策合法性审查走形式等问题还没有解决,一些地方仍然存在运动式、"一刀切"执法问题,人民群众反映强烈的粗放执法、变通执法、越权执法以及关系案、人情案、金钱案也屡有发生。① "法治政府建设……对法治国家、法治社会建设具有示范带动作用"②,如果行政机关不依法行政、党员领导干部不带头遵纪守法,法治权威就难以树立,也就不能奢求老百姓依法维权、理性行权。③ 因此,扎实推进依法行政具有现实的迫切性和必要性。

梳理政府信息公开诉讼案件情况,行政机关未全面履行公开职责,作出的行政处理行为不合法、不合理,是政府信息公开诉讼案件量居高不下甚至出现滥诉情况的主要原因。一方面,"公开为常态、不公开为例外"是《政府信息公开条例》规定的基本原则,这就要求行政机关对涉及公众利益调整、需要公众广泛知晓或是需要公众参与决策的政府信息应当主动公开,对相对人申请公开的政府信息除事关"三安全一稳定"外,原则上应当公开。但在实务中,行政机关以政府信息不存在、未保存或是危及"三安全一稳定"为理由拒绝公开或不完全公开的情形并不

---

① 参见习近平:《论坚持全面依法治国》,中央文献出版社2020年版,第45—46页。
② 习近平:《坚定不移走中国特色社会主义法治道路 为全面建设社会主义现代化国家提供有力法治保障》,载《求是》2021年第5期。
③ 参见习近平:《论坚持全面依法治国》,中央文献出版社2020年版,第141页。

第八章　政府信息公开诉讼中的滥诉治理

鲜见,^①致使申请人的知情需要不能得到充分满足,进而引发系列诉讼。另一方面,政府信息公开与行政复议、行政诉讼在立法目的方面具有"亲和性",当行政相对人遭遇行政机关的不合法、不合理待遇时,也会将申请政府信息公开作为质疑行政行为合法性、救济自身权益的工具,由此引发大量不必要的行政争议,形成所谓"政府信息公开信访化"的问题。^②

防患于未然胜于治乱于已成,治理政府信息公开滥诉问题应当以扎实推进依法行政为契机,通过提高行政机关的依法行政水平、发挥主动公开较之依申请公开的灵活优势为着力点,最大限度保护社会公众的知情权益,促使大部分潜在的行政争议在前端得到消解,才能减轻行政诉讼端的压力。2022年8月,笔者向Z市司法局申请公开《Z市行政执法案例指导办法》,由于该办法的制定主体是Z市市委全面依法治国办公室,因而被答复应按党务信息公开程序办理,但鉴于《Z市行政执法案例指导办法》在内容上与行政活动密切相关且不涉及"三安全一稳定"内容,Z市司法局经内部讨论决定主动公开并向笔者说明了公开情况,笔者顺利获知《Z市行政执法案例指导办法》。由此可见,如果行政机关普遍遵循依法行政原则,灵活运用主动公开机制满足申请人合理的知情需要,大多数行政争议便不会被激发,政府信息公开滥诉问题也能在源头得到预防。

(二)探明行为人真实诉求实质性化解滥诉

习近平总书记指出:"一纸判决,或许能够给当事人正义,却不一定能

---

① 例如,最高人民法院指导案例101号"罗元昌诉重庆市彭水苗族土家族自治县地方海事处政府信息公开案"裁判要点部分指出,行政机关以政府信息不存在为由答复相对人的,人民法院应审查行政机关是否已经尽到充分合理的查找、检索义务。相对人提交了该政府信息系由行政机关制作或者保存的相关线索等初步证据后,若行政机关不能提供相反证据,并举证证明已尽到充分合理的查找、检索义务的,人民法院不予支持行政机关有关政府信息不存在的主张。

② 参见后向东:《中华人民共和国政府信息公开条例(2019)理解与适用》,中国法制出版社2019年版,第7页。

解开当事人的'心结','心结'没有解开,案件也就没有真正了结。"①行政争议要得到实质性解决,核心要义在于审判结果的可接受,要求行政审判应当全面审查行政行为合法性、一揽子解决相关争议,避免"口惠而实不至"。梳理5398件信息公开滥诉案件,既有行政争议未能得到实质性解决、程序空转,是导致申请人频繁、反复提起政府信息公开诉讼的重要原因。其中,起诉人提起政府信息公开诉讼的目的是为解决或连带解决其他行政争议的案件有3607起,占案件总数的66.8%。因此,治理政府信息公开滥诉应当探明行政相对人的真实诉求,实质性化解躲在政府信息公开诉讼背后的真正争议。

第一,人民法院全面了解起诉人提起政府信息公开诉讼背后的真实意图和利益诉求,是实质性化解行政争议的前提。经不完全统计,在政府信息公开滥诉案件中行为人期望解决的真正争议主要集中在行政确权纠纷、行政处罚争议、行政强制争议、行政补偿、赔偿争议等方面。例如,在"黄越来等人诉寻乌县住房与建设局政府信息公开案"中,黄越来等人申请公开相关征地拆迁材料,是为了质疑寻乌县人民政府在征地拆迁中确认其住宅为违章建筑和无证建筑的行政确认行为。② 在"姜桂芳诉南通市公安局港闸分局政府信息公开及南通市公安局行政复议案"中,姜桂芳申请公开港闸公安分局对其作出的港公(治)行决字〔2012〕第1835号行政处罚决定书有关的信息,是为了获取质疑该行政处罚决定的证据。③ 如果人民法院在审理过程中不能发现起诉人在诉讼中的真实意图,仅围绕政府信息公开争议下判,当事人势必会再次提出新的政府信息公开申请向行政机关、法院施加压力,行政争议也难以得到实质性化解。

---

① 习近平:《论坚持全面依法治国》,中央文献出版社2020年版,第23页。
② 参见赣州市中级人民法院(2019)赣07行终596号行政判决书。
③ 参见江苏省高级人民法院(2019)苏行申177号行政裁定书。

第二，人民法院整体性、一揽式地解决政府信息公开滥诉的基础性争议，是避免诉讼程序空转、实质性化解行政争议的关键。在政府信息公开滥诉案件中，大部分案件都是由其他基础性争议引起，人民法院在探明当事人真实诉求、案件症结的前提下，应当发挥司法能动性，一并解决有关基础性争议。例如，有些政府信息公开滥诉案件是因民事争议引起，对此，人民法院应当积极适用2014年修订的《行政诉讼法》第61条，一并解决相关民事争议。而像"陆红霞案"这类因征收补偿、赔偿款公平问题引发的政府信息公开诉讼案件，人民法院则应围绕征收补偿、赔偿的公平性问题在相对人与行政机关间协商、调和，通过和解或调解结案的方式真正实现"案结事了"。当然，在有的政府信息公开滥诉案件中，当事人起诉是为了发泄对行政机关强烈的不满情绪，并不存在明显、具体的诉求。对于这类情形的滥诉，法院不应"以堵代疏"，一味地裁定不予受理、驳回起诉，而是要发挥府院联动的优势，通过行政机关负责人出庭应诉等形式，使相对人对行政机关的怨气、误会在面对面沟通的情景下缓和、消解。

（三）分层保障行政诉权遏制报复型滥诉

"有权利必有救济"是现代法治社会的基本定理，作为"权利救济权"的诉权也是公认的一项基本人权。"行政诉权"是当事人请求人民法院依法独立行使行政审判权对行政争议作出公正裁判的特殊诉权形态，承载着权力制约、官民平等的特殊历史使命。[①] 回望《行政诉讼法》三十多年来的实施历程，"保障当事人依法行使行政诉权"一直是行政诉讼法完善的一条基本主线，老百姓的行政诉权观也从"不能诉、不敢诉"转变为"敢于诉、积极诉"，政府法治化水平在行政诉讼的监督下得到显著提升。

---

① 参见章志远：《行政诉权分层保障机制优化研究》，载《法学论坛》2020年第3期。

但与此同时,政府信息公开滥诉现象的频繁出现,也暴露出在保障当事人依法行使行政诉权方面还存在不少问题。有学者对2016年至2019年间发生的16个政府信息公开滥诉案例进行统计,有近90%的滥诉案件当事人在被法院裁定滥用诉权后仍在不断地提起诉讼。① 而与此同时,一些地方法院为遏制滥诉情况的发生,也存在对当事人诉讼权利过分限制的情况。例如,宁波市鄞州区人民法院对三名当事人提起的行政诉讼由公检法司联合甄别,决定不予受理,并出台了《鄞州区人民法院关于诚信诉讼管理的若干规定》,将这三名当事人纳入滥用行政诉权人员名单。② 该做法实际上"取缔"了公民寻求诉讼救济的基本权利,与人权保障原则有悖。为在保障行政诉权与规范诉权滥用之间取得平衡,有学者提出"行政诉权分层保障"的理论命题,主张以原告实际行使诉权的理性程序为标准,分别设计有针对性的机制加以保障和规制。③ 这一理论命题拓展了信息公开滥诉治理的研究视野,其"分类施策"的治理逻辑也有助于引导公民养成理性维权、依法维权的习惯,对推进法治社会建设而言颇有助益。

梳理信息公开滥诉案件的裁判文书,原告滥用诉权的理性程度并不相同,整体上可归纳为"报复型""抗议型""精明型"三类。报复型行使诉权,是指原告提起诉讼不以救济政府信息知情权为目的,而是为了借助频繁的诉讼,攻击、报复司法机关、行政机关,是主观恶性程度最高的诉权行使类型。④

---

① 参见肖洒:《信息公开缠讼司法规制的实效性考察》,载《行政法学研究》2020年第3期。
② 参见孟焕良、邵珊珊:《3人4年179次"告政府"？滥诉！》,载《人民法院报》2021年6月8日第7版。
③ 参见章志远:《新时代我国行政审判的三重任务》,载《东方法学》2019年第6期。
④ 例如,在"王宇诉泰州市人民政府公安行政复议案"中,原告王宇及其父亲王金泉就2013年5月11日房屋拆除行为及报警行为先后多次以海陵分局、泰州市公安局不履行保护人身权、财产权法定职责为由提起行政复议及行政诉讼,并多次申请公开相同或类似信息,还就信息公开申请告知书提起行政诉讼。截至2017年2月23日已达三十余起。在上诉案件中,法院为从根源上解决纠纷,曾就房屋拆迁补偿问题多次征询王宇协调意愿,以期帮助与相关部门协商,但王宇一直推诿,从未提出过具体的协调方案,一味热衷于提起行政复议及行政诉讼。参见最高人民法院(2018)最高法行申2758号行政裁定书。

第八章 政府信息公开诉讼中的滥诉治理

针对这类极端的滥诉行为,人民法院应当果断采取严厉的规制、惩戒措施,可以探索建立诉前诚信诉讼承诺制度、诉讼失信人名单制度,发挥信用治理体系在规制滥诉方面的功能。抗议型行使诉权,是指原告向多级政府、多个职能部门频繁地提起申请、复议,并提起行政诉讼,希望借此引起有关部门的注意,以使自己的真实需要得到满足。相较于报复型行使诉权,原告强调诉讼的"利己性",在诉讼过程中具有与法院、行政机关沟通、谈判、调解的意愿,对于实质性化解争议也持积极的态度,"陆红霞案"便是抗议型行使诉权的典型案例。故对这类滥诉,法院不应决绝地关上诉讼的大门,一味地裁定不予受理、驳回起诉,而应建立疏导、排解机制,避免诉争进一步激化,防止滥诉由"抗议型"向"报复型"转变。精明型行使诉权,是指行为人为获取到于己有利、有用的信息,如职业打假、为质疑其他裁决结果而收集证据等,而频繁地提起信息公开之诉。①单从形式上看,行为人之诉请难言悖于政府信息公开诉讼之知情权保障目标,且这类行为也具有一定的社会监督功能。但若结合诉请内容,则"职业打假人""投诉专业户""信访钉子户"是发起此类滥诉的主流群体,滥诉行为表现出极强的投机性特征,容易造成有限的司法资源被过度挤兑,进而影响公共利益的实现。故应在适度容忍的基础上围绕"精明型"滥诉构建筛查、分流机制,使有限的司法资源真正满足公共利益的需要。

---

① 例如,在"段彦龙诉山西省太原市万柏林区人民政府不履行行政复议法定职责案"中,原告段彦龙向山西省太原市万柏林区食品药品监督管理局申请公开的事项是"太原美特好大型综合百货销售有限公司滴汾街店现有效食品经营许可证的发证机关名称、发证时间、有效期截止时间、许可范围明细"。经查,段彦龙近年来反复购买同一类型的产品,并以所购买的产品存在问题而进行举报,进而在山西省范围内提起了大量行政诉讼。并且段彦龙在类似案件中也自认"提起诉讼的目的是监督食药监局是否对举报事项的处理是否合法,也能获得奖励"。因此,段彦龙频繁提起政府信息公开之诉的目的是获取有助于其职业打假的关键信息。参见最高人民法院(2019)最高法行申 14245 号行政裁定书。

第九章

冒名婚姻登记纠纷的治理模式

　　早前婚姻登记信息未全国联网,加之个人信息泄露问题严重,骗婚案件盛行,催生了大量冒名婚姻登记行政纠纷案件。冒名婚姻登记原是婚姻登记当事人与冒名者之间的纠纷,却由于婚姻登记的"民行合一"特殊性常演变为当事人与婚姻登记机关的纠纷。行政机关撤销婚姻登记的法律障碍和行政诉讼起诉期限的限制,导致当事人的行政救济途径与司法救济途径受阻,此类纠纷久拖不决,损害公民权益。2020年,两起冒名婚姻登记典型案例"尚某诉如东县民政局婚姻行政登记案"(以下简称"尚某案")和"姚某诉福建省闽侯县民政局撤销婚姻登记检察监督案"(以下简称"姚某案")展现了处理此类纠纷的不同思路。为实质性化解冒名婚姻登记纠纷,最高人民法院、最高人民检察院、公安部和民政部于2021年11月18日联合发布了《关于妥善处理以冒名顶替或者弄虚作假的方式办理婚姻登记问题的指导意见》(以下简称《指导意见》),对司法机关和行政机关加强衔接、凝聚合力化解此类纠纷提出明确要求。党的二十大报告指出:"坚持依法治国、依法执政、依法行政共同推进,坚持法治国家、法治政府、法治社会一体建设。"冒名婚姻登记纠纷的多方联动治理很好地诠释了法治一体建设的核心内涵,行政机关自我纠错是依法行政的应有之义,助力法治政府建设;法院裁判与检察监督共同促进行政争议的实质性化解,实现诉源治理,促成法治社会的实现。多种治理模式的联动充分体现了"法治国家、法治政府、法治社会三者各有侧重、相辅相成"①的法治一体建设布局。本章在归纳冒名婚姻登记纠纷解决困境的基础上,通过对"尚某案"和"姚某案"的梳理,分析三种不同的既有治理方式所蕴含的法治逻辑。最后,以《指导意见》为基点,从法治一体建设的角度出发,提出冒名婚姻登记纠纷的未来治理进路,期望能为该问题的解决提供一些思考。

一、冒名婚姻登记纠纷解决的现实样态

"尚某案"和"姚某案"集中反映了此类纠纷解决所普遍面临的两重困境:一是行政机关以没有撤销婚姻登记的职权为由拒绝为当事人纠正错误婚姻登记;二是人民法院以超过起诉期限为由对冒名婚姻登记案件裁定不予受理或驳回起诉。大量的实践案例表明,两种救济渠道的堵塞是导致此类纠纷无法化解的主要原因。冒名婚姻登记案件常在登记机关与法院之间互相推诿,不仅给当事人的权益带来巨大损害,更导致程序空转,浪费司法资源。

(一) 行政救济渠道的阻塞

行政机关拒绝纠正错误婚姻登记是冒名婚姻登记纠纷难以化解的最主要原因。假冒他人身份信息进行婚姻登记难以被察觉,被冒名者往往在自己登记结婚时才能发现,因此,当事人寻求救济的首要对象一般是

---

① 习近平:《加快建设社会主义法治国家》,载《求是》2015 年第 1 期。

婚姻登记机关。不可否认,由婚姻登记机关直接纠正错误婚姻登记是最为直接便捷的救济方式,能够有效减少诉累。但是,在"尚某案"和"姚某案"中,婚姻登记机关无一例外地拒绝为当事人纠正错误的婚姻登记,理由是只有受胁迫结婚的当事人才能申请撤销婚姻,其没有撤销权限。实际上,上述两案绝非个例,婚姻登记机关拒绝撤销瑕疵婚姻登记的原因几乎皆是《婚姻登记工作规范》及《中华人民共和国民法典》(以下简称《民法典》)对民政机关撤销婚姻登记权的限制。2015年《婚姻登记工作规范》第53条明确规定:"除受胁迫结婚之外,以任何理由请求宣告婚姻无效或者撤销婚姻的,婚姻登记机关不予受理。"2020年《民法典》第1051条与1052条对无效婚姻和可撤销婚姻的规定均不包含"被结婚"这种情形,第1052条更是彻底删除了向婚姻登记机关请求撤销婚姻的规定,将撤销婚姻关系权保留给法院。"无权撤销受胁迫婚姻以外的其他婚姻登记"成为婚姻登记机关拒绝为当事人撤销瑕疵婚姻登记的主要理由,致使当事人不得已提起行政诉讼。其实,1994年《婚姻登记管理条例》第25条曾明确规定,行政机关具有撤销当事人弄虚作假、骗取的婚姻登记的权力,还可宣布婚姻关系无效并处以罚款。但2003年《婚姻登记条例》删除了该规定,仅在第9条规定婚姻登记机关有权撤销受胁迫的婚姻,后续的《婚姻登记工作规范》延续了这一规定,将婚姻登记机关的撤销权限制在受胁迫婚姻之内。究其原因,一方面,婚姻登记涉及复杂的民事法律关系,行政机关往往难以直接作出判断,将婚姻登记撤销权交给法院是更为稳妥的方式;另一方面,婚姻登记虽属行政行为,但其撤销会直接导致婚姻民事法律关系的无效,对当事人的人身权利影响广泛,如果行政机关随意撤销婚姻登记将影响社会的稳定。这一看似简单的修改给冒名婚姻登记纠纷的治理带来巨大困扰,婚姻登记行政诉讼案件常常在上下级行政机关之间、行政机关与法院之间来回转,久拖不决,原本事实清楚简单的纠纷由于制度的漏洞成为难解之困,当事人真正的诉求

第九章　冒名婚姻登记纠纷的治理模式

得不到解决。

另外,在此类案件中,婚姻登记机关往往认为自己已经尽到合理的审查义务,不应当承担纠错责任或败诉后果。从当前的实践来看,受限于人力、技术等资源的不足,婚姻登记机关具有的审查义务是一种形式审查义务。详言之,婚姻登记机关仅审查登记手续、提供材料在形式上是否合法、齐备、无瑕疵即可,至于这些材料所代表的法律关系是否真实有效则无法也不必审查。在婚姻登记信息未全国联网的年代,冒用他人身份信息结婚往往可以以假乱真,即使行政机关尽到了法定审查义务也难以发觉。因此,也有民法学者质疑,在婚姻登记机关不存在过错的情况下,婚姻登记瑕疵的责任却由婚姻登记机关承担,涉嫌责任主体承担不当。① 这种质疑不仅适用于婚姻登记诉讼,也可能成为行政救济途径的阻碍。

(二) 司法救济渠道的障碍

由于行政救济渠道的阻塞,冒名婚姻登记纠纷当事人只能选择向法院提起行政诉讼,要求判决登记机关撤销错误登记。然而,作为最后救济渠道的行政诉讼也并非一帆风顺,婚姻登记案件常被以超过起诉期限为由裁定不予受理或驳回起诉,无法得到实质审查。原因在于,我国《行政诉讼法》基于法的安定性,在第 46 条对行政案件起诉期限作了严格的限制,一般行政案件的起诉期限为六个月,非不动产行政案件最长起诉期限为五年。这意味着当事人应当自知道或者应当知道作出行政行为之日起六个月内起诉;即使当事人不知道该行政行为,也必须在行政行为作出之日起五年内起诉,超过五年的案件人民法院不再受理。虽然《行

---

① 参见冉克平、曾佳:《民法典视野下婚姻登记瑕疵的困境及其路径选择》,载《河北法学》2020 年第 10 期。

政诉讼法》第 48 条第 1 款①和最高人民法院《关于适用〈中华人民共和国行政诉讼法〉的解释》（以下简称《行诉解释》）第 64 条第 1 款②分别规定了起诉期限的扣除和延长制度，但是，最长起诉期限作为不变期间，无法中断或者中止，即使当事人不知道婚姻登记行政行为，也无法中断五年最长时效的计算。自婚姻登记行政行为作出之日起超过五年，即无法提起行政诉讼。由于冒名婚姻登记行为的隐蔽性，许多被冒名者往往经过很长时间才能得知自己的权利受到了侵犯，至起诉时大多已经超过五年起诉期限。

  撤销之诉需遵守起诉期限规定毋庸置疑，但理论界与实务界对确认无效之诉是否受起诉期限的限制尚存争议，现有"受限制说""不受限制说"和"适当期间说"三种学说。"受限制说"基于既有的法律规范，认为确认无效之诉应当和其他行政行为一样受行政诉讼起诉期限的约束；"不受限制说"基于无效行政行为理论，认为确认无效之诉不受起诉期限的限制；"适当期间说"始于最高人民法院"郭家新等人诉淄博市博山区人民政府解除聘任关系案"，认为确认无效之诉应当在适当的期间内提出。2018 年《行诉解释》颁布后，其第 94 条第 2 款被认为暗含确认无效之诉不受起诉期限限制的意思表示，司法实践中的裁判观点也逐渐倾向于"不受限制说"。在新的语境下，对作出超过五年的冒名婚姻登记纠纷的"确认无效"救济似乎还存在可能性。例如在"尚某案"中，主审法官就依职权将当事人提起的撤销之诉转变为确认无效之诉，以此规避起诉期限的限制。但是，2018 年《行诉解释》第 162 条规定，公民、法人或者其他

---

  ① "公民、法人或者其他组织因不可抗力或者其他不属于其自身的原因耽误起诉期限的，被耽误的时间不计算在起诉期限内。"

  ② "行政机关作出行政行为时，未告知公民、法人或者其他组织起诉期限的，起诉期限从公民、法人或者其他组织知道或者应当知道起诉期限之日起计算，但从知道或者应当知道行政行为内容之日起最长不得超过一年。"

组织对 2015 年 5 月 1 日之前作出的行政行为提起诉讼，请求确认行政行为无效的，人民法院不予立案。因全国婚姻登记信息未联网发生的骗婚多早于 2015 年，并不在确认无效诉讼的受案范围内。面对作出超过五年的错误婚姻登记，如果当事人提起撤销之诉，超过起诉期限自不必说；即使当事人提起的是确认无效之诉，法院也认为其不受起诉期限的限制，还是会因婚姻登记作出于 2015 年 5 月 1 日前而无法得到救济。

二、冒名婚姻登记纠纷治理的功能阐释

"尚某案"和"姚某案"反映了实践中冒名婚姻登记纠纷解决的三种主要途径：一是登记机关主动纠正错误登记行为，依职权或依申请为当事人纠正冒名婚姻登记；二是法院依法审理冒名婚姻登记案件，根据当事人的诉讼请求及案件事实，作出撤销或确认无效判决；三是检察机关进行检察监督，在调查核实的基础上向登记机关发送检察建议，撤销婚姻登记。三种不同的治理方式是法治一体建设逻辑的充分体现，"法治国家的'法治'强调权力控制，法治政府的'法治'则强调依法办事、依法行政，法治社会的'法治'更强调人权保障"[①]。行政机关主动纠错引导依法行政，是法治政府建设的应有之义；法院裁判与检察监督共同实现行政争议的实质性化解与诉源治理，切实保护公民权益，是法治社会的重要体现。"法治国家是法治建设的目标，法治政府是法治国家的主体，法治社会是法治国家的基础，三者共同构成建设法治中国的三根支柱。"[②] 冒

[①] 姜明安：《论法治国家、法治政府、法治社会建设的相互关系》，载《法学杂志》2013 年第 6 期。

[②] 中共中央宣传部：《习近平新时代中国特色社会主义思想三十讲》，学习出版社 2018 年版，第 189 页。

名婚姻登记纠纷的治理在充分体现法治政府与法治社会建设之外，也有助于法治国家的实现。

（一）行政自纠引导依法行政

法治政府建设是全面依法治国的重点任务和主体工程，是推进国家治理体系和治理能力现代化的重要支撑。《法治政府建设实施纲要（2021—2025年）》提出"政府行为全面纳入法治轨道，职责明确、依法行政的政府治理体系日益健全"的2025年总体目标，将法治政府建设详解为对依法行政的具体要求。依法行政作为依法治国的重要组成部分，是实现法治政府建设的重要途径。依法行政不仅包括对可能的违法行政行为的避免，还包括对既存违法行政行为的不利影响的消除，除了现有的各类监督、行政复议、行政诉讼制度外，行政自我纠正制度亦是依法行政的应有之义。[①]《全面推进依法行政实施纲要》（国发〔2004〕10号）要求依法行政应当做到权责统一，即"行政机关违法或者不当行使职权，应当依法承担法律责任，实现权力和责任的统一"。行政机关主动纠正违法行政行为相比人大监督、民众监督、行政诉讼等其他外部纠错和监督机制，不仅简单高效，更具良好的社会反响，能够实现"权责统一"，提升政府的公信力，有效促成依法行政。在十八届四中全会上，习近平总书记提出法治政府的六条核心标准，包括"职能科学、权责法定、执法严明、公开公正、廉洁高效、守法诚信"。首先，行政自我纠错作为内部监督机制，能够有效督促行政机关严明执法；其次，行政自我纠错省去了行政复议、行政诉讼等其他纠纷解决方式的烦琐程序，耗时短，效率高；最后，行政自我纠错为行政人员及社会公众树立了诚信守法的榜样，也是行政公开公正的集中表现。概言之，行政自我纠错有助于在多方面引导依法行

---

① 参见高鸿：《行政行为自我纠正的制度构建》，载《中国法律评论》2021年第3期。

第九章 冒名婚姻登记纠纷的治理模式

政,构建法治政府。

"尚某案"与"姚某案"均传递出的一个冒名婚姻登记纠纷重要解决思路是:行政机关应当履行自我纠错责任。"尚某案"裁判中明确表示:"对明显违法且严重损害他人合法权益的行为,行政机关依法应当及时、主动纠错,以体现'有权必有责、违法须担责'的依法行政原则。对于未依职权主动纠错的行政行为,经行政相对人、相关人申请,行政机关也应本着实事求是、认真负责的态度,尽快启动调查和纠错程序,最大程度减少权利人损失。"①在"姚某案"中,检察机关通过调查核实,在确认姚某遭受骗婚,缺乏基本的结婚合意要件后,向县民政局发出检察建议,通过登记机关纠正错误婚姻登记的方式解决纠纷。② 作为替代性纠纷解决机制的重要组成部分,行政自我纠错通过在诉讼源头定分止争,能够有效减少甚至避免行政争议的产生,降低行政活动的成本,强化公众对法治政府的认同感与信任感。尤其是在冒名婚姻登记案件中,案涉当事人或是个人信息被盗取,或是遭受骗婚,人身权益遭受巨大损害,处于弱势地位。行政机关在此类案件中主动纠正错误的婚姻登记不仅使当事人感受到公平正义,更能在行政机关内部树立起依法行政的标杆,督促婚姻登记行政人员审慎履行登记审查义务。在行政执法领域,我国长期贯彻"有错必纠"原则,致力于全面建成法治政府。除"有错必纠"这一政策性原则外,我国部分现行法律法规也蕴含行政自我纠错责任。如《行政诉讼法》第62条与第74条第2款第2项均表明行政机关在诉讼中有权通过改变原行政行为进行自我纠错。最高人民法院第一巡回法庭2018年第九次法官会议纪要明确表示,行政机关应当依法行使自我纠错的权利。司法实践中,不少裁判文书同样传导着这一原则,较为典型的有"居泰安物业

---

① 江苏省南通市经济技术开发区人民法院(2020)苏0691行初325号行政判决书。
② 参见《最高人民检察院公报》2022年第1号案例。

管理有限公司诉上海市工商行政管理局黄浦分局无主财产上缴财政案"①以及"王建设诉兰考县人民政府不履行法定职责案"②,两案裁判要旨均明确行政机关应主动履行自我纠错义务。因此,行政机关具有自我纠错义务已成为实务界与理论界的共识,通过行政自我纠错治理冒名婚姻登记纠纷是引导依法行政的应有之义,更是法治政府建设的有力推手。

(二) 法院裁判实质性化解争议

自2009年最高人民法院印发的《关于当前形势下做好行政审判工作的若干意见》首次提出"要注意争议的实质性解决,促进案结事了"后,实质性化解争议这一概念得以"生根发芽"。在2010年4月举行的全国法院行政审判基层基础工作座谈会上,行政纠纷实质性解决被视为人民法院行政审判工作的职能定位。当年5月举行的全国法院行政审判工作座谈会上,行政争议实质性解决正式成为促进行政审判科学发展的长效机制。2014年修订的《行政诉讼法》第1条将"解决行政争议"增加至立法目的,此后,行政审判的主要功能逐渐回归到"解决行政争议"。近十年来,"促进行政争议实质性化解"频繁出现于最高人民法院的年度工作报告、专项工作报告和重要会议文件中,成为行政审判发展的新引领思想。③《法治政府建设实施纲要(2021—2025年)》再一次强调要"健全行政争议实质性化解机制,推动诉源治理",可见"实质性解决行政争议"这一思想仍然是今后审判工作的重要导向。行政诉讼实质性解决行政争议理念的兴起,源于对行政审判实践中"程序空转"现象的反思,行政诉讼"案结事不了"的程序空转问题主要有两种表现形式:一是裁定驳回起诉

---

① 最高人民法院行政审判十大典型案例(第一批)。
② 最高人民法院(2017)最高法行申6100号行政裁定书。
③ 参见章志远:《行政争议实质性解决的法理解读》,载《中国法学》2020年第6期。

第九章　冒名婚姻登记纠纷的治理模式

率高,行政争议常因超过起诉期限、不属于受案范围、不具备原告资格等程序问题难以进入实体审查;二是宣示性判决率高、引领性判决率低,驳回诉讼请求判决、确认违法判决和撤销并重作判决占据多数,有明确的指引内容的履行判决、给付判决和变更判决数量少。[①]"司法是维护社会公平正义的最后一道防线。公正是司法的灵魂和生命。"[②] 为了摆脱程序空转的现实困境,行政审判应向实质性化解行政争议的方向前进,通过实体性审查和引领性判决回应相对人的现实需求,提升人民法院的司法能动力。

在冒名婚姻登记纠纷中,面对行政诉讼救济渠道的阻塞,当事人往往选择向法院提起行政诉讼。引领性判决的作出能够实质性化解行政争议,避免纠纷久拖不决,助力法治社会的实现。反之,将案件拒之法院门外或是不进行实质审查,很可能迫使当事人转向信访、上访等其他救济途径,甚至"宁信访不信法",激化社会矛盾。"尚某案"立足于全面保障当事人权利,是实质性化解行政争议的典型案例。第一,"尚某案"明确行政机关具有主动纠错的义务,实现人民法院对依法行政的有效监督。面对婚姻登记机关撤销权的限制,法院裁判并未拘泥于形式追求"结案了事",也未纠结于被告是否"只有受胁迫的情况下"有权撤销婚姻登记问题,而是直接认定被诉婚姻登记行为"重大且明显违法",属无效行政行为,并以"行政机关应依职权主动纠错"为由判决被告删除婚姻登记系统中尚女士的结婚信息。第二,该案精准适用判决类型达到行政争议的实质性解决,避免程序空转。裁判内容不仅限于"确认登记行为无效"这种一般性答复的宣告性判决,还包含"责令行政机关删除错误婚姻登记信息"这样具有明确给付内容的引领性判决,使当事人免予在不同地区、

[①] 参见章志远:《行政诉讼实质性解决行政争议理念的生成背景》,载《江淮论坛》2022年第4期。

[②] 习近平:《论坚持全面依法治国》,中央文献出版社2020年版,第147页。

不同部门之间穿梭奔波,真正做到"案结事了"。"尚某案"以当事人合法权益为中心的出发点和为当事人解决困难的魄力,产生了良好的社会反响。该案代表了多数"被冒名者"的真实诉求,通过法院裁判撤销错误婚姻登记能够切实解决公民的燃眉之急,实质性化解行政争议。党的二十大报告指出,法治社会是构筑法治国家的基础,应当加快建设法治社会。《法治社会建设实施纲要(2020—2025年)》指出"依法有效化解社会矛盾纠纷"是"推进社会治理法治化"的重要内容。对冒名婚姻登记案件予以司法救济,通过矛盾纠纷的化解提升社会治理法治化水平,不仅能够推进多层次领域依法治理,还有助于弘扬社会主义法治精神,传承中华优秀传统法律文化。

(三)检察监督实现诉源治理

中央全面深化改革委员会第十八次会议审议通过的《关于加强诉源治理推动矛盾纠纷源头化解的意见》指出:"法治建设既要抓末端、治已病,更要抓前端、治未病。……推动更多法治力量向引导和疏导端用力,加强矛盾纠纷源头预防、前端化解、关口把控,完善预防性法律制度,从源头上减少诉讼增量。"许多行政争议并无法通过诉讼得到实质性的解决,极易陷入"循环诉讼""程序空转"的怪圈,而诉源治理聚焦于争议的源头预防,能够有效彻底地化解争议。社会治理现代化强调治理的共同性,即社会多元主体共同参与治理,并兼具处理社会矛盾、协调社会利益、调节社会关系、规范社会行为、促进社会公平正义等多重功能。① 尽管诉源治理的提出最初是为了解决法院"案多人少"的矛盾,但在社会治理现代化语境下不宜对其作过窄的解释。对诉源治理的"诉"应作广义理解,"诉"的来源不仅包括法院的诉讼案件,还包括潜在的或已经发生

---

① 参见魏礼群:《如何认识社会治理现代化》,载《前线》2020年第1期。

第九章 冒名婚姻登记纠纷的治理模式

的其他来源的法律纠纷;另一方面,"诉"所指向的纠纷化解方式不仅可能需要通过诉讼来解决,还可能需要通过检察监督、调解、仲裁等其他形式来解决。① 2021年,中共中央发布《关于加强新时代检察机关法律监督工作的意见》,明确检察机关"在履行法律监督职责中发现行政机关违法行使职权或者不行使职权的,可以依照法律规定制发检察建议等督促其纠正;在履行法律监督职责中开展行政争议实质性化解工作,促进案结事了"。综上所述,检察机关参与行政争议诉源治理符合新时代行政检察监督的职能定位,兼具正当性和合法性。

在冒名婚姻登记案件中,当事人的行政救济途径常因《婚姻登记工作规范》和《民法典》中的法律障碍受阻,司法救济途径也常因行政诉讼起诉期限制度而不畅。在前两种主要救济手段均难以施行时,作为行政监督机制的检察监督发挥了重要作用,能够有效实现诉源治理。例如,在"姚某案"中,当事人向福建省闽侯县民政局申请撤销因骗婚产生的婚姻登记被拒后,先后向广西壮族自治区某县人民法院、福建省福州市仓山区人民法院、福建省福州市中级人民法院、福建省高级人民法院提起五次诉讼,但均被以没有事实依据或超过起诉期限为由裁定驳回起诉。该案历时七年仍未解决,导致当事人姚某与现任妻子不能登记结婚,两个子女无法落户上学,其为撤销婚姻登记四处奔波,生活陷入困境。检察机关在接到姚某的监督申请后展开调查核实,进行公开听证与专家论证,确认该婚姻确实存在冒名登记。随后便向婚姻登记机关发出检察建议,建议其重新审查姚某的婚姻登记程序,纠正错误婚姻登记;同时针对"莫某某"冒用他人身份证明结婚、骗取财物涉嫌犯罪的行为,启动立案监督程序,通知县公安局依法立案侦查。② 在该案中,检察机关不仅督促

---

① 参见姬亚平、燕晓婕:《检察机关参与行政争议诉源治理的理据与工作机理》,载《人民检察》2021年第15期。

② 参见《最高人民检察院公报》2022年第1号案例。

行政机关依法履行纠错义务,更对骗婚案件作出处理,监督公安机关立案侦查,从源头上治理矛盾纠纷。新时代行政检察具有化解行政争议、促进行政争议案结事了的重要功能,这一功能是行政检察积极履行法律监督职能、解决实践中因行政诉讼"程序空转"而难以实质性解决行政争议等问题的现实需要。① 最高人民检察院在2019年开展"加强行政检察监督,促进行政争议实质性化解"专项活动后,又于2021年发布《"十四五"时期检察工作发展规划》,正式将"常态化开展行政争议实质性化解"作为检察工作的未来发展方向。诉源治理与行政争议实质性化解具有高度的耦合性,二者均体现了以人民为中心的价值理念,并都以争议的化解消弭为依归。但从另一个角度来说,诉源治理强调争议解决的多元性与协调性,强调各治理主体之间各司其职、互相配合、共管共治,相较行政争议实质性化解更能够彻底解决争议,避免争议反复发生并形成整体效应。② 在冒名婚姻登记治理领域,检察监督的职能不止于就案办案,更在于通过与登记机关、人民法院、公安机关之间的联动从根源遏制冒名婚姻登记纠纷,基于诉源治理的根本要求展开行政争议的实质性化解工作。

三、冒名婚姻登记纠纷治理的发展进路

法治一体建设强调各方共治,"要坚持和发展新时代'枫桥经验',完善社会矛盾纠纷多元化解综合机制,在共建共治中共享治理成果"③。像冒名婚姻登记这样涉及历史遗留问题的案件,"涉及法律关系极为复杂,

---

① 参见沈福俊:《行政检察化解行政争议功能论析》,载《政治与法律》2022年第7期。
② 参见姬亚平、燕晓婕:《检察机关参与行政争议诉源治理的理据与工作机理》,载《人民检察》2021年第15期。
③ 张清:《习近平"法治国家、法治政府、法治社会一体建设"法治思想论要》,载《法学》2022年第8期。

第九章 冒名婚姻登记纠纷的治理模式

单靠一种手段往往难以真正解决争议,要善于综合运用多种手段解决行政争议"①。2021年《指导意见》对司法机关和行政机关加强衔接、凝聚合力提出明确要求,规定法院对相关事实进行调查认定后认为应当撤销婚姻登记的,应当及时向民政部门发送撤销婚姻登记的司法建议书。检察机关根据调查核实认定情况、监督情况,认为婚姻登记存在错误应当撤销的,应当及时向民政部门发送检察建议书。公安机关应当及时受理当事人冒名顶替或者弄虚作假婚姻登记的报案、举报,有证据证明存在违法犯罪事实,符合立案条件的,应当依法立案侦查。经调查属实的,依法依规认定处理并出具相关证明材料。民政部门收到公安、司法等部门出具的事实认定相关证明、情况说明、司法建议书、检察建议书等证据材料,应当对相关情况进行审核,符合条件的及时撤销相关婚姻登记。四种治理模式中,最为简单经济的治理方式是,行政机关通过事前审慎履行审查义务和事后主动自我纠错落实依法行政,其次是通过法院裁判化解纠纷。当法院因起诉期限问题无法受理案件时,检察监督便应发挥其应有的效用。最后,在纠纷解决的同时,公安机关也应当依法立案侦查进行后续的犯罪追究。

(一)登记机关实现依法行政

婚姻登记机关的依法行政体现在冒名婚姻登记纠纷的事前监管与事后纠错,行政机关在婚姻登记时应当审慎履行审查义务,在冒名婚姻登记纠纷出现后应当主动履行自我纠错的责任。

在进行婚姻登记时,民政机关应当履行审慎审查义务。冒名婚姻登记案件频发,一定程度上反映了婚姻登记机关在审查结婚登记时存在瑕疵,以至于冒名者抓住程序漏洞实行违法犯罪活动。加强技术支撑、完

---

① 程琥:《实质性化解行政争议检察机关大有可为》,载《人民检察》2020年第21期。

善登记程序、弥补法律漏洞是解决冒名婚姻登记纠纷的根本性措施,还待后续改进。婚姻登记改革之路漫漫,当前高效可行的办法是提高婚姻登记机关的审查强度。《婚姻登记条例》《婚姻登记工作规范》与《民法典》均对民政部门的婚姻登记审查职责作了相应规定。为了从源头上避免冒名婚姻登记,婚姻登记工作人员应当对当事人提交的证件、证明、声明进行严格审慎检查,并对相关情况进行询问,避免当事人弄虚作假。民政机关应当严格参照《婚姻登记工作规范》第三章的要求,对登记人员进行统一考核、任命、培训,提高登记员的专业水准。

在冒名婚姻登记纠纷出现后,民政机关应当主动或依当事人申请纠正错误婚姻登记。混淆"婚姻效力"与"婚姻登记效力"是行政机关拒绝主动纠正错误婚姻登记的主要原因。婚姻效力与婚姻登记效力是完全不同的概念,前者是平等主体之间缔结的民事关系,属于民事实体法和民事诉讼法调整的范围;后者是一种具体行政行为,属于行政实体法、行政程序法及行政诉讼法调整的范围。① 婚姻登记机关与行政相对人之间产生的是行政法律关系,涉及婚姻登记效力的认定;婚姻登记当事人双方之间产生的是民事法律关系,涉及婚姻效力的认定。民政机关以《婚姻登记工作规范》第53条为由拒绝为相对人撤销错误婚姻登记,实际上是混淆了瑕疵婚姻和瑕疵婚姻登记。《婚姻登记工作规范》规范的是婚姻效力而非婚姻登记效力。冒名婚姻中婚姻关系主体不明,婚姻登记名义上双方并无结婚合意与共同生活的事实,所谓的婚姻关系根本不成立,更谈不上有效、无效问题。因此,冒名婚姻不存在婚姻效力的认定问题,不实际涉及当事人之间的民事法律关系。在此基础上的婚姻登记作为瑕疵行政行为,仅涉及婚姻登记效力认定问题,其撤销与否不应受《婚姻登记工作规范》的限制。行政机关行使自我纠错责任撤销的是"婚姻登记"

---

① 参见潘元松:《婚姻登记法律实务研究》,辽宁人民出版社2011年版,第235页。

而非"婚姻",并不违背《民法典》与《婚姻登记工作规范》的规定。诚如"尚某案"判决所言,"对法律条文的理解应当符合法律规定的目的性,不能拘泥于法律条文的字面含义,僵化执行法律法规。"对此,各地方政府纷纷推出针对行政机关自我纠错的相关文件,如浙江省民政厅下发的《妥善处理因当事人以非真实身份进行结婚登记案件的指导意见》(浙民事〔2019〕5号)与南通市委全面依法治市委员会办公室发布的《关于加强行政行为自我纠正的实施意见》(通委法办〔2021〕4号)等。综上所述,行政机关主动纠错是依法行政的应有之义,也是执法为民的内在要求。尽管如此,学界普遍存在对婚姻登记机关行使撤销权危害既有婚姻关系的担忧,对此,《指导意见》给出详细的解决方式:一是民政部门撤销婚姻登记后,应当在15个工作日内送达当事人及利害关系人;二是民政部门撤销婚姻登记后,应当在婚姻登记管理系统中备注情况说明并上传决定书。

(二)人民法院统一裁判方式

由于行政诉讼相关法律规范的不成熟与不完善等多方面原因,起诉期限已经成为阻碍行政相对人权利救济的一大障碍,并因此产生大量的同案不同判案件。司法实践中,有的法院以超过起诉期限为由判决驳回原告诉讼请求或裁定驳回起诉,还有一部分法院无视或以各种理由突破起诉期限的限制受理案件,并作出撤销或确认无效判决。"过期之诉"中,法院支持原告诉讼请求的裁判理由各异。例如,"尚某案"裁判"结婚登记行为具有人身效力指向,且影响效力始终处于存续状态"属于应当予以救济的特殊情形;"方某诉启东市民政局行政登记案"适用《行政诉讼法》第48条第1款裁判,由于存在属于"不能归责于起诉人"的耽误起诉期限的正当事由,应当认定方某的起诉并未超过起诉期限;[①]"罗某诉

[①] 参见江苏省南通市中级人民法院(2016)苏06行终200号行政判决书。

岑溪市民政局行政登记案"适用《行诉解释》第64条第1款,认为因婚姻登记的特殊性,应从当事人明确知道婚姻登记的另一方当事人身份为虚假之日起计算;①"郝某诉商南县民政局行政登记案"以"无效的行政行为自始无效、当然无效,没有公定力、确定力、拘束力,行政相对人可不受起诉期限的限制"为由作出确认无效判决。② 大量"过期之诉"裁判有过度扩大法律解释之嫌,使法律的权威受到威胁,五花八门的裁判理由与截然不同的判决结果导致裁判乱象纷呈,行政相对人的诉求难以得到公正对待。

起诉期限相关制度的完善并非一朝一夕之事,起算点、中断制度、司法审查等问题均有很大的探讨空间。在冒名婚姻登记诉讼领域,能够较快做到的是统一过期冒名婚姻登记诉讼的裁判方式。针对司法实践中超期受理的乱象,《指导意见》第1条明确指出,对被冒名顶替者或者其他当事人不属于其自身的原因耽误起诉期限的,被耽误的时间不计算在起诉期限内,但最长不得超过《行政诉讼法》第46条第2款规定的起诉期限。这意味着冒名婚姻登记"过期之诉"应当适用《行政诉讼法》第48条第1款"公民、法人或者其他组织因不可抗力或者其他不属于其自身的原因耽误起诉期限的,被耽误的时间不计算在起诉期限内"与《行政诉讼法》第46条第2款"其他案件自行政行为作出之日起超过五年提起诉讼的,人民法院不予受理"。起诉期限的起算点对被冒名者而言,应自其知道自己"被结婚"之日起算;对假冒婚姻登记的另一方当事人,应自其知道自己"被骗婚"之日起算。当事人因为被盗取个人信息或被骗婚而登记结婚的,因其不了解真实情况而耽误的起诉期限不应当计算在内。同时,最长起诉期限不受上述情形的影响而中断,案件受理应当严格适用

---

① 参见广西壮族自治区岑溪市人民法院(2021)桂0481行初3号行政判决书。
② 参见陕西省洛南县人民法院(2019)陕1021行初40号行政判决书。

最长起诉期限规定,法院对作出超过五年的撤销婚姻登记之诉应裁定不予受理。

严格适用起诉期限规定必然导致一部分冒名婚姻登记案件被挡在行政诉讼门外,无法得到救济。司法建议制度作为实质性化解争议的重要手段,应当发挥其应有的作用,解决审判权无法解决的问题。自2007年最高人民法院发布《关于进一步加强司法建议工作为构建社会主义和谐社会提供司法服务的通知》后,司法建议制度在司法实践中得到广泛运用,并逐渐成为法院参与社会治理的手段。《指导意见》也提出将司法建议制度运用于解决冒名婚姻登记纠纷中:"人民法院对相关事实进行调查认定后认为应当撤销婚姻登记的,应当及时向民政部门发送撤销婚姻登记的司法建议书。"这赋予了法院对过期冒名婚姻登记诉讼的事实调查责任,当法院经过调查认定当事人确实存在被冒名登记结婚或被骗婚的情况时,应向民政部门发送撤销婚姻登记的司法建议书,使当事人的合法权益不至于落空。再者,可以"建立起法检司联动格局,当明知会发生程序空转,在法院不予立案前,由法院向检察机关移送撤销婚姻登记行政争议线索,由检察机关进行调查核实,提出检察意见,联合法院、司法局及时组织调解或利用公开听证等手段,监督民政局撤销瑕疵婚姻登记,及时化解行政争议,节约司法资源,减少当事人诉累"[①]。

(三)检察机关加强检察监督

《指导意见》指出,人民检察院办理当事人冒名顶替或者弄虚作假婚姻登记类行政诉讼监督案件,应当依法开展调查核实,认为人民法院生效行政裁判确有错误的,应当依法提出监督纠正意见。认为婚姻登记存

[①] 潘宇昕:《检察机关实质性化解婚姻登记瑕疵行政争议探究——以虚假身份信息骗取婚姻登记为视角》,载《中国检察官》2021年第21期。

在错误应当撤销的,应当及时向民政部门发送检察建议书。发现相关个人涉嫌犯罪的,应当依法移送线索、监督立案查处。据此,对检察机关监督法院、公安机关、登记机关三方主体处理此类案件提出具体要求。在监督人民法院依法办案方面,检察机关有权力也有义务展开调查核实,通过向有关机关调取信息、走访调查、询问证人等方式查明案涉婚姻是否存在冒名登记。针对法律适用、事实认定等具有争议的情况,应当展开专家论证和公开听证,统一法律适用分歧,查明案件事实。针对法院裁判有误的情况,检察机关应当及时提出纠正意见。实践中常见法院对是否超过起诉期限判断失误。针对当事人起诉超过起诉期限被裁定不予立案或驳回起诉的情况,检察机关应当及时展开实质性化解行政争议活动,在查明案件事实的基础上,向登记机关发出检察建议,督促其及时履行自我纠错职责。在监督行政机关依法行政方面,检察机关主要针对登记机关的自我纠错义务和公安机关的依法立案侦查义务进行监督。行政争议实质性化解的前提和基础都在于规范政府行政行为,既要靠法治政府建设又要靠监督,这正是检察机关发挥职能作用的重要切入点和着力点。①

"检察机关根据诉源治理要求展开行政争议化解,是行政检察承担社会责任或发挥社会功能的重要方面。诉源治理既包括检察机关参与到争议解决前端,如建议行政机关改进工作、完善制度,也包括在末端具体争议解决中提出源头解决的建议,发挥一般预防、减少同类纠纷的功能。"②现有的检察监督介入冒名婚姻登记纠纷时点一般在当事人提起行政诉讼被驳回起诉后,属于"末端治理"。实际上,"行政争议的预防性化解应当

---

① 参见程琥:《实质性化解行政争议检察机关大有可为》,载《人民检察》2020年第21期。
② 江国华、王磊:《检察机关实质性化解行政争议的制度分析和实践完善》,载《国家检察官学院学报》2022年第3期。

成为一种趋势,检察机关应当依争议双方的申请或邀请及时参与化解活动"①。为尽快解决纠纷,避免程序空转,有必要提前检察机关介入的时点。"在即将落入程序空转的节点,即当事人向法院提起行政诉讼,法院因当事人请求撤销瑕疵婚姻登记已过起诉期限,拟不予立案时,由检察机关介入,及时开展行政检察监督。"②检察职能不限于就案办案,还应积极参与社会治理。对于还未提起行政诉讼的冒名婚姻登记纠纷,尤其是针对明显超过起诉期限的"历史遗留"案件,也可以主动介入,发挥争议前端解决效能。

(四) 公安机关依法立案侦查

《指导意见》指出,"公安机关应当及时受理当事人冒名顶替或者弄虚作假婚姻登记的报案、举报,有证据证明存在违法犯罪事实,符合立案条件的,应当依法立案侦查。经调查属实的,依法依规认定处理并出具相关证明材料。"同时进一步强调,"民政部门对于当事人反映身份信息被他人冒用办理婚姻登记,或者婚姻登记的一方反映另一方系冒名顶替、弄虚作假骗取婚姻登记的,应当及时将有关线索转交公安、司法等部门,配合相关部门做好调查处理。"冒名婚姻登记纠纷多源于骗婚案件,减少骗婚案件的发生是实现诉源治理的关键。骗婚是指男女双方或一方不符合结婚的实质条件,而虚构事实,骗取婚姻登记机关予以登记的行为。一般表现为以与对方结婚为诱饵,取得对方财物后,拒绝或逃避结婚。③

---

① 安兵等:《行政争议实质性化解检察参与机制的解释论研究》,载《西北民族大学学报(哲学社会科学版)》2021年第3期。

② 潘宇昕:《检察机关实质性化解婚姻登记瑕疵行政争议探究——以虚假身份信息骗取婚姻登记为视角》,载《中国检察官》2021年第21期。

③ 参见舒锐:《警惕"合法骗婚"中的"陷阱"——法官调研后揭秘"骗婚人"六种惯用伎俩》,载《人民政协报》2011年8月15日第B04版。

骗婚案件多有以下特点:一是犯罪主体团伙化作案,"媒人""待嫁女""亲人"分工明确;二是违法手段多种多样,违反民事责任,甚至触犯刑法;三是犯罪后果严重,犯罪对象大多是农村大龄青年及贫穷、病残和文化水平低等群体,受骗家庭因"婚"致贫,承受精神和经济双重压力。[①] 概言之,骗婚案件影响恶劣,严重危害社会的和谐稳定,亟待公安机关介入。公安机关及时立案侦查,严惩骗婚者或盗用他人信息者,有助于引导公民尊法守法。

---

① 参见李冰、刘亚萍:《乡村骗婚案件样本分析》,载《人民法院报》2013年6月30日第7版。

第十章

行政争议调解中心的浙江探索

在推进全面依法治国的历史进程中,坚持法治国家、法治政府、法治社会一体建设,深刻反映了中国特色社会主义法治发展的内在机理。[①]发轫于浙江的行政争议调解中心,坚持和发展了新时代"枫桥经验",按照"党委领导、政府牵头、法院指导、司法监督"的思路,不断探索协调型解决行政争议新模式,为法治浙江建设做出积极贡献,是对法治国家、法治政府、法治社会一体建设的全新探索。浙江行政争议调解中心运行以来,一大批涉重点工程、重大项目等涉党政中心工作及征地拆迁、违法建筑拆除等"官民矛盾"多发领域的行政争议得到实质性化解,对服务保障高质量发展建设共同富裕示范区、法治中国示范区和"大综合一体化"行政执法改革起到关键作用的同时,助力一体推进法治国家、法治政府、法治社会建设。本章将围绕浙江行政争议调解中心的建设历程,挖掘其背后的制度功能,并对未来展望提出三大进路,以期对调解中心建设提供有益思路。

---

① 参见张清:《习近平"法治国家、法治政府、法治社会一体建设"法治思想论要》,载《法学》2022年第8期。

一、行政争议调解中心的生长轨迹

（一）试点先行的初创期

在试点先行的初创阶段，浙江省内最先推广行政争议调解中心的是湖州地区，湖州市人大常委会出台《关于行政争议实质化解的决定》，逐步构筑起以"人大决定"为统领，以调解规程、收总确认、容错免责等"九项制度"以及领导小组、线上调解、入驻矛调等"六项机制"为主要内容的"1＋9＋6"行政争议解纷体系。2017年3月，湖州市安吉县人民法院与市政府法制办联合设立了全省首个行政争议调解中心，成为全国首家设在诉讼服务中心化解"官民矛盾"的专业平台，也成为浙江法院行政争议多元化解经验的原创标识。2017年4月6日，省高院下发通知确定十个基层法院（安吉县、杭州市余杭区、宁波市鄞州区、余姚市、温州市鹿城区、瓯海区、绍兴市柯桥区、衢州市柯城区、丽水市莲都区、台州市椒江区）为试点法院开展行政争议调解中心试点工作，探索在行政诉讼中深入推进"大立案、大服务、大调解"三大机制建设的具体方案。2017年11月，德清县人民法院成为全省首个设立行政争议调解中心的行政案件非集中管辖法院。2017年12月，湖州中院挂牌成立全省首家设区市行政争议调解中心。"三个首家"行政争议调解中心的设立，凸显了湖州在行政争议化解工作中的创新意识，发挥了浙江省内调解中心建设的"领跑"作用。2018年2月至4月，南浔区人民法院、吴兴区人民法院、长兴县人民法院先后与当地区县政府共同成立行政争议调解中心，实现行政争议调解中心在湖州地区的全覆盖。同时，浙江省高院在全省法院行政审判工作座谈会上明确在全省全面推广建立行政争议调解中心。

（二）稳步推进的生长期

在行政争议调解中心稳步推进的阶段，浙江各地探索出了不同的生长路径，推动行政争议的诉源治理。比如，衢州地区健全行政程序中先行解决矛盾机制，加大县级社会矛盾纠纷调处化解中心化解合力，进一步推动在县级矛调中心专门设立行政争议调解中心，着重化解行政争议。衢州通过探索"法院建议、党政一把手批办、分管县领导交办、调解中心协调化解、处理结果及时反馈"的闭环工作机制，层层压实责任，确保了行政争议调解中心高效运行。又如，温州地区通过一系列文件建立了激励约束机制、败诉风险预警防范、人财物保障、司法确认、跨县域联动调处等较为完备的机制体系。《温州市人民政府温州市中级人民法院关于依法推进行政争议调解工作的实施意见（试行）》《温州市人民政府关于加强行政诉讼败诉案件过错责任追究与容错免责工作的通知》《温州市行政争议特邀调解员选聘及履职评价办法（试行）》等配套文件的出台，见证了温州地区逐步探索行政争议调解中心建设的轨迹。与此同时，线上调解机制的建设为全省行政争议调解中心的推广奠定了良好基础。湖州法院对接数字化法院改革，实现线下争议线上化解，积极探索行政争议线上化解模式，努力实现行政争议化解线下线上融合，搭建起行政争议在线化解平台。2018年12月，浙江省检察院与省高院联合下文，支持全省法院与当地政府机关全面推广建立行政争议调解中心。2019年1月，全国首家海事行政争议调解中心在宁波海事法院挂牌设立，这是第一家设置行政争议调解中心的专门法院。2019年4月，时任最高人民法院专委贺小荣到安吉法院调研指导，对行政争议调解中心平台建设工作予以肯定，行政争议调解中心在浙江多地稳步发展。

(三) 全省覆盖的推广期

在全省全面推广的阶段,行政争议配套考核评价机制的建立助推实质性化解行政争议的实际效果。浙江对涉复议、诉讼行政机关的参与调解率、行政争议化解率、调解协议自动履行率等行政争议调解情况,均纳入考核。浙江各地均不同程度地建立了相应机制。比如,浙江省政府明确将各级行政机关参与行政争议化解率、调解协议自动履行率等情况纳入法治浙江考核内容;嘉兴法院建立"正向激励+反向倒逼"考核机制,构建奖优罚劣双向评比体系,推动将案件败诉率、行政争议化解率、调解协议自动履行率等列入政府及职能机关"五型机关""依法行政"考核并提高权重,增强实质性化解工作实效;衢州地区完善调解监督考核机制,将行政机关参与行政诉讼调解及协议履行情况纳入法治政府建设重点工作考核范围,并形成定期通报制度。浙江在全国率先实现行政争议调解中心省、市、县三级全覆盖,2021年协调化解了39.2%的行政案件,协调撤诉率连续三年领跑全国,行政争议调解中心成为行政审判领域改革的创新举措。[①]

在浙江行政争议调解中心蓬勃推广之际,全国各地结合不同法治环境、行政审判实际,构建各具特色的行政争议化解机制,充分满足人民群众对多元纠纷化解机制需求。上海市高级人民法院于2018年5月24日成立行政争议多元调处中心,并发布《关于进一步完善行政争议实质性解决机制的实施意见》,在全市三级法院设立行政争议多元调处中心,开展自上而下、法院主导的调解中心建立模式,以应对案件区域差别较大、类型多样、辖区覆盖更广、化解难度更大的局面。福建省泉州市泉港区

[①] 参见余建华等:《优管辖 强审判 重调解——浙江法院促进行政纠纷实质性化解工作纪实》,载《人民法院报》2022年8月31日第4版。

第十章　行政争议调解中心的浙江探索

人民法院在当地党委领导下,于2018年5月与泉港区政府、丰泽法院、洛江法院联合成立"行政争议调解中心",集合党委、政府、法院、司法、调解组织等各方力量,形成异地管辖下的全程全域行政争议调解"泉港模式"。泉港法院依托府院良性互动机制,成立由区政府主导的调解工作联席会议和联络员制度,并以"行政发包制"的形式,在泉港区各镇和街道设立行政争议调解分中心及调解室;同时,依托法官工作室,深化法院与司法局的协商共建、诉调对接机制;此外,还通过组建行政争议调解人才库和政府购买服务等形式解决调解工作经费和专兼职调解员的待遇问题,打造专业性、稳定性和群众工作经验兼备的行政争议调解员队伍,做好配套机制建设。

二、行政争议调解中心的功能阐释

浙江行政争议调解中心的发展,经历了"试点先行的初创期—稳步推进的生长期—全省覆盖的推广期"三个阶段,逐步成为引领行政争议调解中心发展的有益探索,个中经验做法值得系统总结提炼。2019年2月,最高人民法院印发《关于深化人民法院司法体制综合配套改革的意见》,并将之作为《人民法院第五个五年改革纲要(2019—2023)》贯彻实施,明确提出"完善'诉源治理'机制,坚持把非诉讼纠纷解决机制挺在前面,推动从源头上减少诉讼增量"的多元解纷机制改革任务。2021年2月,中央全面深化改革委员会第十八次会议审议通过《关于加强诉源治理推动矛盾纠纷源头化解的意见》,强调要坚持和发展新时代"枫桥经验",把非诉讼纠纷解决机制挺在前面,从源头上减少诉讼增量。对此,有必要从法治一体建设的视角阐发浙江行政争议调解中心的功能内涵。

(一) 由司法主导到府院互动

在矛盾纠纷化解的图谱中,人民法院行使行政审判权化解纠纷,是参与社会治理的最直观方式。① 行政审判是对"官民矛盾"的直接处理,法院围绕行政行为的合法性进行审查,但"给说法"式的司法裁判往往难以直接关切当事人实质利益诉求,无法实现所有争议的"一揽子解决",且容易引发程序空转的现象。② 在行政争议调解中心出现之前,行政争议的化解主渠道是通过法院主导的司法途径进行定分止争。但近年来,大量行政争议矛盾纠纷直接进入司法领域,从而引发司法需求急剧增加与司法资源有限短缺之间的既有张力进一步强化,一定程度上损害了行政审判的司法公信力和司法权威。创新社会治理,其中包含创新社会矛盾纠纷的化解,而"官民矛盾"的化解是其主要方面。因此,行政争议化解是法治社会建设的重要问题之一。社会矛盾化解,包括"官民矛盾"化解在内,本身就是法治社会建设、创新社会治理的题中应有之义。党的十八大以来,习近平总书记高度重视坚持和发展新时代"枫桥经验"。完善社会矛盾纠纷多元预防调处化解综合机制,需要切实把矛盾纠纷化解在基层。其中,至为重要的就是要坚持党的群众路线,相信、依靠群众,不断创新密切联系群众的制度机制,健全矛盾纠纷排查调处工作机制,全面提高正确处理人民内部矛盾的能力和水平。坚持和发展新时代"枫桥经验",必须进一步营造法治环境,运用法治思维和法治方式畅通社情民意渠道,疏导理顺群众情绪,打造社会治理的综合格局。

在助推诉源治理工作更好融入社会治理体系方面,行政争议调解中

---

① 参见杜前、赵龙:《诉源治理视域下人民法院参与社会治理现代化的功能要素和路径构建》,载《中国应用法学》2021年第5期。

② 参见危辉星:《构建实质性化解行政争议协同治理新体系的思考》,载《人民法院报》2022年12月29日第5版。

第十章　行政争议调解中心的浙江探索

心的建设能够充分发挥人民法院的业务指导作用,在做好协同疏导工作的同时,促进行政纠纷通过行政程序提前解决。此前,最高人民法院印发了《关于建设一站式多元解纷机制一站式诉讼服务中心的意见》《关于深化人民法院一站式多元解纷机制建设推动矛盾纠纷源头化解的实施意见》,都将主动融入党委和政府领导的诉源治理机制建设列为首要的工作要求。法院通过积极参与党委和政府牵头的一站式社会矛盾纠纷调处化解中心建设,健全诉讼服务与公共法律服务等领域的工作对接机制,拓宽与政府及其职能部门的对接途径。浙江行政争议调解中心是党委和政府主导的社会治理工作平台,具有集成性、系统性、权威性等显著优势。在这个多组织、多部门参与的工作平台中,人民法院要充分发挥审判专业优势,实现诉讼服务与政府公共法律服务的有效对接,努力形成"把非诉讼纠纷解决机制挺在前面"的行政争议解决格局。

从人民法院的空间到物理层面的互动,法院的力量延伸到党委和政府的争议调解中心,进行深度的府院互动,是浙江行政争议调解中心的创新之举,也取得了良好的现实效果。通过召开府院联席会、行政复议与行政审判联席会、行政执法与行政审判例会"三会"的方式,助推府院理性沟通,高规格的府院联席省级会议推动府院良性互动。2021年6月,时任省长郑栅洁到省高院召开第十次府院联席会议,系全国首例省长出席的府院联席会议。全省三级法院与行政机关共召开各类联席会议138次,其中10个设区市政府主要领导和中院院长均出席府院联席会议。[①]

(二) 由事后补救到事前调处

基层是法治社会建设的主要场域,在各项环节中居于基础性地位,体

---

① 参见《浙江高院2021年全省行政案件司法审查情况报告》,载最高人民法院行政审判庭编:《行政审判通讯》2022年第8期,第9页以下。

现法治社会建设相对于法治国家、法治政府建设的特殊性。基层是国家政权与社会接触的一线,是国家权力分布的末梢,是民众与国家权力体系产生联结的开端。① 党的十八大以来,加强预防和化解社会矛盾机制建设、正确处理人民内部矛盾成为执政党领导人民创新社会治理、开展社会建设的重要内容。在2019年1月召开的中央政法工作会议上,习近平总书记提出"坚持把非诉讼纠纷解决机制挺在前面"的科学论断;在2020年11月召开的中央全面依法治国工作会议上,习近平总书记强调"我国国情决定了我们不能成为'诉讼大国'","法治建设既要抓末端、治已病,更要抓前端、治未病""要推动更多法治力量向引导和疏导端用力"。2021年2月,中央全面深化改革委员会第十八次会议审议通过《关于加强诉源治理推动矛盾纠纷源头化解的意见》,强调把非诉讼纠纷解决机制挺在前面,从源头上减少诉讼增量。党的十九届六中全会通过的《中共中央关于党的百年奋斗重大成就和历史经验的决议》在总结中国特色社会主义新时代社会建设上的重大成就时,将"坚持系统治理、依法治理、综合治理、源头治理"作为一条重要经验。

  作为一项重要的创新社会治理理念,把非诉讼纠纷解决机制挺在前面具有丰富的理论内涵。一方面,它强调纠纷非诉解决机制相对诉讼解决机制的优先地位,描绘了将大量社会矛盾纠纷止于未发、解于萌芽、终于始发的理想状态;另一方面,它凸显分类分级预防化解社会矛盾纠纷的基本思路,形成因地制宜、分门别类、分层递进的多元纠纷化解格局。这一理念虽然主要是针对近年来巨量民事争议化解提出的,但其核心要义同样能够适用于行政争议的多元化解。全国法院一审行政案件总量近年虽仅占民商事案件的2%,但行政案件社会影响之大、时间跨度之广、法律关系之杂、实质性化解之难远超一般的民商事案件。萌发于民商事

---

① 参见陈柏峰:《中国法治社会的结构及其运行机制》,载《中国社会科学》2019年第1期。

纠纷解决领域的诉源治理策略扩展到行政争议解决中,对行政审判制度产生了广泛影响。"诉源治理意见"提出"推动将民事、行政案件万人起诉率稳步下降至合理区间"的任务,"行政争议多元化解意见"则形塑了人民法院在行政争议多元化解体系中源头预防参与者、前端化解引导者和诉非衔接规范者的三重角色。

从浙江行政争议调解中心建设以来,事前调处和化解行政争议取得了受案量下降的实际效果。据统计,2021年,全省一审收案15297件,比2019年下降20.91%,比2020年下降0.82%,系全国唯一实现行政诉讼案件数量连续两年下降的省份;一审行政案件人口比(每万人)为2.24,低于全国平均值,体现出依法行政水平的持续提升以及行政争议预防和化解工作的持续深化。从地区分布来看,一审行政案件主要集中在温州、杭州、金华等地。从部门看,乡镇街道、自然资源和规划、公安、综合执法四部门案件数集中,占全部收案数的67.06%。从行为类型看,行政强制、行政处罚、信息公开类案件5199件,占全部收案数的33.99%。①从法院深度嵌入我国社会建设的角度来说,法院绝不能满足于消极被动的"后端处理"角色,在行政争议预防中多维度发挥作用,是法院在这个科技更新和社会转型的变革时期提升司法权威的重要契机。通过促进行政机关依法行政,为行政机关提升行政水平、规范行政程序提供必要指引,能够发挥府院互补优势,助力法治建设;通过府院联席会议和数字化建设等积极联系,与行政机关互通信息、共商难题,能够改善法院外部环境,提升司法效率。

(三)由利益对抗到理性沟通

和谐是中国特色社会主义的本质属性之一。建设法治社会,是构建

---

① 参见《浙江高院2021年全省行政案件司法审查情况报告》,载最高人民法院行政审判庭编:《行政审判通讯》2022年第8期,第9页以下。

和谐社会的必然要求。早在浙江工作期间,习近平总书记就明确指出,"只有把社会生活的基本方面纳入法治的调整范围,经济、政治、文化和谐发展与社会全面进步才有切实的保障,整个社会才能成为一个和谐的社会。……构建和谐社会与建设法治社会是有机统一的。同时,法治也为社会和谐提供重要保证。法治通过调节社会各种利益关系来维护和实现公平正义,法治为人们之间的诚信友爱创造良好的社会环境,法治为激发社会活力创造条件,法治为维护社会安定有序提供保障,法治为人与自然的和谐提供制度支持。"①在现代社会,法治的价值目标是多层次、多方面的。实现社会和谐,无疑是法治社会建设所追求的主要价值目标之一。"和谐社会应该是法治社会"这一重大论断,科学揭示了和谐社会的法治属性,意味着法治社会与和谐社会具有内在的统一性,必须把和谐社会构筑在坚实的法治基础之上;②意味着坚持全面依法治国基本方略,坚持法治国家、法治政府、法治社会一体建设,就必须把国家和社会生活纳入一个规范有序的法治化轨道;也意味着要在全社会大力弘扬社会主义法治精神,在全社会形成维护法治的尊严和权威的良好氛围。

行政争议的事前调处具备坚实的法治民意基础和传统文化根基。中国自古以来推崇"和为贵"的传统美德,提倡息事避讼。在许多情况下,诉讼程序的对立地位会增加双方的对抗情绪,即使是在表面上排除了冲突所引起的社会障碍,也难以消除主体心理上的利益对抗,甚至是在诉讼程序之外异化为主体间后续长期的对抗,这在"官民对抗"的行政诉讼案件中尤为明显。"民告官"的行政诉讼事实上并非民众所期望面对的结局。诉讼双方当事人地位和利益诉求的悬殊,还为行政诉讼中衍生案

---

① 习近平:《干在实处 走在前列——推进浙江新发展的思考与实践》,中共中央党校出版社2006年版,第354—355页。

② 参见中共中央文献研究室编:《习近平关于全面依法治国论述摘编》,中央文献出版社2015年版,第10页。

件的发生徒增了可能性。最好的社会治理应该是在纠纷发生前就采取相应的措施,因此对于纠纷化解机制目标的重塑,就是要达成"通过矛盾纠纷多元化解机制保证法治和社会的可持续发展"这一价值目标共识。在矛盾纠纷源头治理过程,要将矛盾纠纷化解的端口不断前移,从而形成行政争议矛盾纠纷"漏斗式"分层化解模式。因此,对尚未处于诉讼系属之下的事前调解可以直面当事人真实诉求,跨越司法裁判的程序性阻碍,有效舒缓"官民对抗"的内在情绪,弥补当事人损失。[①] 通过调解或撤诉方式定分止争,既让当事人一方守住了利益弥补的"里子",又让政府一方保住了行政效率的"面子",浙江争议调解中心的做法促进双方达成"共赢"局面,实现双方和谐、理性的沟通,不失为有效化解行政诉讼现实困境的一大途径。

三、行政争议调解中心的发展进路

《法治政府建设实施纲要(2021—2025年)》提出"坚持将矛盾纠纷化解在萌芽状态、化解在基层""推动诉源治理"的建设目标。法治建设既要抓末端、治已病,更要抓前端、治未病。要坚持和发展新时代"枫桥经验",把非诉讼纠纷解决机制挺在前面,推动更多法治力量向引导和疏导端用力,加强矛盾纠纷源头预防、前端化解、关口把控,完善预防性法律制度,从源头上减少诉讼增量。行政争议调解中心的未来发展进路也需要坚持法治底线,坚守自愿、合法的诉前调解基本原则,坚持司法对诉前调解协议的审查,同时,加强诉前调解与立案登记制的衔接是应当重点思考的问题。

[①] 参见危辉星:《构建实质性化解行政争议协同治理新体系的思考》,载《人民法院报》2022年12月29日第5版。

(一）坚持自愿、合法的诉前调解基本原则

自愿、合法的原则是诉前调解应当坚持的基本原则。在立案登记制的要求之下，诉前调解是在法定登记立案前人为加入的另外一道程序，适用诉前调解应当以当事人自愿为前提。① 调解所达成的双方合意内容，不能侵害国家利益、社会公共利益，不能侵害案外第三人利益，不能违背当事人真实意思，不能违反法律、行政法规的禁止性规定。这是调解不得违法的要求所决定的，也是平衡"解决行政争议"和"监督行政机关依法行使职权"两个立法目的所带来的必然要求。由于我国现行法律和司法解释没有规定调解前置制度，也没有设置当事人拒绝调解可能承担的不利后果，从法律文本上看，本质上还是自愿基础上的先行调解。因此，应当承认当事人具有诉前调解的程序选择权。但法院应当积极引导当事人选择诉前调解，可在立案前向当事人发放诉前调解程序确认书并介绍诉前调解的功能和优点，当事人同意诉前调解的，进行诉前调解，当事人不同意的，依法立案。

此外，诉前调解的合法性问题有待论证。有相反的观点对诉前调解达成调解合意的可能性持怀疑态度，认为既然当事人起诉至法院，说明必然无法自行解决争议，也无调解可能；有观点认为，法院以审判为主要职能，由法院主导推进诉前调解不免"舍本逐末"；也有观点认为，诉前调解可能在实践中流于形式，变相成为程序空转的表现形式和暂存行政诉讼案件的"蓄水池"。② 因此，在行政争议调解中心的运作基础上，进一步构建行政诉前调解协议的司法确认审查机制具有现实必要性。我们认

---

① 参见章志远：《行政诉讼程序繁简分流改革的法理解读》，载《中国法律评论》2021年第5期。

② 参见梁凤云、陈默：《行政争议诉前调解的功能定位和制度设想》，载《中国应用法学》2022年第2期。

第十章 行政争议调解中心的浙江探索

为,行政争议的协调化解必须要在法律许可的范围内,不能为达成案件协调的目的,而要求行政机关突破政策底线;但从另一方面看,也不能以坚持底线为借口,而不研究政策所允许的协调空间,从而对相对人的协调诉求置之不理。由此可见,行政争议的协调不能走向"泛化协调"和"拒绝协调"两个极端。

从行政争议调解中心的实践来看,在案件进入协调阶段后,也应注意协调的界限。和解与协调化解的区别在于法院的角色定位有些许不同,协调化解中法院的参与更加深入,角色更为主动。"在当前背景下,强调在一些案件中做案外协调工作,以实现法律效果与社会效果统一是完全必要的,但这项工作做得过头了也会适得其反,容易给当事人造成法律是橡皮筋儿的印象,可这样也可那样,其结果就是个案可能了结了,但给社会带来的价值导向有负面效应,没有彰显法律的原则性,如此越调纠纷越多,因为法院没有给社会一个明确的准绳。"[①]但是,法院在实践操作中依旧面临着不少困境。比如,在行政争议个案的协调中,行政机关的可裁量权范围常常缺乏明确的标准,不同主体对行政机关可裁量范围也有不同的解读与认知。行政争议协调化解倘若有明确的协调规范供参与协调的各方主体参考,化解的难度将大幅度降低。又如,在有的案件中,法院考虑到原告方的实际困难认为案件可协调,而行政机关却自认为超越其裁量空间,行政机关一方误以为法院片面支持行政相对人和追求协调化解率,致使双方误会不断加深,无助于协调化解。再如,由于行政机关和法院的工作人员未能正确把握行政争议协调化解的目的,将降低败诉率、提高案件协调化解率作为首要目的,致使案件在协调过程中突破或变相突破了政策,出现有违自愿、合法原则的现象,同样需要加以关注。

---

① 江必新:《论行政争议的实质性解决》,载《人民司法》2012年第19期。

(二）坚持司法对诉前调解协议的审查

2021年5月,最高人民法院印发《关于推进行政诉讼程序繁简分流改革的意见》,首次将诉前调解的范围扩大到"行政诉讼法规定可以调解的案件、行政相对人要求和解的案件,或者通过和解方式处理更有利于实质性化解行政争议的案件",并规定"经诉前调解达成和解协议,当事人共同申请司法确认的,人民法院可以依法确认和解协议效力,出具行政诉前调解书"。2022年1月,最高人民法院《关于进一步推进行政争议多元化解工作的意见》(以下简称《行政争议多元化解意见》)明确将行政诉讼中的调解前置于诉前程序中,增强了诉前调解的形式合法性,赋予当事人申请司法确认调解协议的权利。值得注意的是,《行政争议多元化解意见》指出:"经诉前调解达成调解协议,当事人可以自调解协议生效之日起三十日内,共同向对调解协议所涉行政争议有管辖权的人民法院申请司法确认。人民法院应当依照行政诉讼法第六十条规定进行审查,调解协议符合法律规定的,出具行政诉前调解书。"由此可见,这一规定依旧保留法院对诉前调解协议进行审查的权力。能够保证行政诉前调解书内容的合法性经由法院司法确认,是对行政争议多元化解仍需以司法为中心理念的贯彻。然而,鉴于行政争议化解与民事争议化解性质上的差异,《行政争议多元化解意见》并未"照搬"民事诉讼中司法确认和强制执行的程序,并未确立行政诉前调解书可作为申请强制执行的名义,这也体现出行政争议前端化解的行政诉前调解书依然具有效力上的有限性。法院出具行政诉前调解书的行为意味着法院对该行政争议处理方式的一种肯认,对不同主体有不同的影响力。对于法院而言,将影响法院对于类似行政案件的审理思路,尤其是涉及群体性行政争议的,行政诉前调解协议对其他相似群案争议处理结果的影响力不容小觑。对于行政机关一方而言,行政诉前调解书也将对行政机关之后类似争议的行政裁量和判断产生一定影响。

此外,对于行政诉前调解协议的司法确认审查,应当以形式审查为主、实质审查为辅,并应当集中审查以下几个方面的内容:第一是避免恶意串通调解、虚假调解的行为。第二是避免出现重大且明显违法的情形。根据《民法典》第153条、《行政诉讼法》第75条、《最高人民法院关于审理行政协议案件若干问题的规定》第12条的规定,当存在协议签订主体不具有行政主体资格,协议内容没有法律依据、明显违背公序良俗、违反法律法规强制性规定等几种情形的,人民法院不应当确认协议效力。第三是避免出现司法确认内容不明确、不具有可执行性的情况。当调解协议内容存在瑕疵,当事人对于纠正瑕疵能够达成一致意见时,法院可以在当事人纠正该瑕疵后,对补正后的行政诉前调解协议进行确认。①

(三)坚持诉前调解与立案登记制的衔接

建立诉讼程序与非诉讼解决方式之间的实质性衔接机制,有助于弥补行政争议诉前调解在法律规范上的供给不足,使人民法院在诉前调处和司法程序中的角色转换更为灵活,使行政争议多元化解图景更加立体。《关于推进行政诉讼程序繁简分流改革的意见》第6条强调,"当事人拒绝调解或者未达成和解协议,符合法定立案条件的,人民法院应当依法及时登记立案。立案后,经调解当事人申请撤诉,人民法院审查认为符合法律规定的,依法作出准予撤诉的裁定。"为避免双方"久调不决"的尴尬局面,影响当事人的权利义务,对行政争议诉前调解期限应当作出相应规定,浙江省各级行政争议中心普遍将这一期限确定为30日。由于诉前调解中经过送达起诉状副本、行政机关确定委托代理人等相关程序

---

① 参见梁凤云、陈默:《行政争议诉前调解的功能定位和制度设想》,载《中国应用法学》2022年第2期。

后,就往往已经耗费了十几天,因此,虑及当事人的程序选择权与保障司法效率等因素,30日到期后如果双方当事人书面同意延长调解期限的,应当允许延长调解期限。

事实上,除当事人主观因素外,由诉前调解到正式立案的衔接,关键在于把握法院对立案的审查程度。行政诉讼在实施立案登记制前曾存在"起诉难"的问题,有的地方为限制受理行政案件,形成了一些"立案潜规则",少数法院对当事人的起诉态度是既不立案也不作出驳回起诉的裁定,在立案受理问题上游离于行政诉讼法的条文规定之外,形成行政诉讼的"立案政治学"。①《中共中央关于全面推进依法治国若干重大问题的决定》指出:"改革法院案件受理制度,变立案审查制为立案登记制,对人民法院依法应该受理的案件,做到有案必立、有诉必理,保障当事人诉权。"《行政诉讼法》不仅在总则部分对保障起诉权利作了原则性规定,还通过第51条第4款的内容对"登记立案制"予以细化规定。行政诉讼立案登记制实施至今,在规范立案程序、提高立案率、保护当事人行使行政诉权等方面发挥了积极作用,但起诉条件范围不明的问题依旧存在。《行诉解释》第69条对于已立案应当裁定驳回起诉情形之规定,扩宽了《行政诉讼法》第49条对起诉条件的界定范围,将超过起诉期限、重复起诉、对合法权益明显不产生实际影响等均纳入起诉条件的范畴,将起诉条件的范围和程度向更广、更深层次延展,有学者指出这导致了起诉条件与诉讼要件的混同,出现起诉条件高阶化的现象。② 虽然起诉条件高阶化问题在民事诉讼中也同样存在,但是行政诉讼中权力和权利之间错综复杂的关系使得法院受理行政案件的难度进一步提高。③ 行政诉讼起

---

① 参见汪庆华:《中国行政诉讼:多中心主义的司法》,载《中外法学》2007年第5期。
② 参见杨寅、李晓:《行政诉讼立案登记制的成效与完善》,载《行政法学研究》2018年第2期。
③ 参见谭炜杰:《行政诉讼受案范围否定性列举之反思》,载《行政法学研究》2015年第1期。

第十章 行政争议调解中心的浙江探索

诉条件的高阶化突出表现为法院对起诉条件的审查从简单的形式审查变成了提前进行的实质审查,而这种立案阶段的实质审查由于缺乏听取双方当事人意见等程序保障,因此只要是法院不想受理、不愿受理的案件,法院均能以不属于受案范围为由将其拒之门外。

此外,"登记立案"写入《行政诉讼法》并未从实质上改变先前"立案审查制"的思维惯性,起诉条件的高阶化至今仍是饱受诟病的话题,引发了新一轮的"立案难"问题。有学者认为,这在无形中暗含着立案审查制的内核已然背离原本化解"立案难"的改革方向。① 正是将本该后置的诉讼要件乃至本案要件都纳入到起诉要件的审查行列,使得立案登记的难度不断上升。然而,在当下的司法实践中,对行政诉讼立案登记制并不局限于起诉状的形式审查,"立审分离"改革背景下设置的立案庭实则承担起部分审判职能,而立案庭对起诉状的审查已超出了形式审查的范畴,通常会在审查起诉要件的本职工作之外,还越俎代庖地审理诉讼要件乃至本案要件的内容,无形中增加了当事人诉累。

基于行政诉讼起诉条件的学理讨论和行政诉讼立案登记制的改革实践,降低行政诉讼起诉门槛、起诉条件的去高阶化势在必行。对此,应当从两方面思考修正目前行政诉讼起诉条件的内涵,回归其制度本位。一方面,我们有必要明确立案登记制的应有构造,让起诉条件的设定回归其在行政诉讼过程中的本位,并适当作一些"减法"改良。立案登记制应当有效避免法院"未立先审",需要剥离现行法规定的"起诉条件"中本属于诉讼要件、本案要件的内容,将这两部分置于立案之后的阶段进行审查,让法院在立案阶段仅审查起诉状中是否包含必要记载事项,且审查方式限于形式核对,进而完成现行法中行政诉讼起诉条件的低阶化回

---

① 参见梁君瑜:《行政诉权本质之辨:学术史梳理、观念重构与逻辑证成》,载《政治与法律》2017年第11期。

归,恢复正常的和社会所欲求的行政诉判关系,避免对权利救济的阻隔。这既是对形式审查的坚守,有助于回归学理上的起诉要件的理论支点,妥当发挥起诉条件的实效,也应当成为我国进一步推进立案登记制改革的应然面向。另一方面,实务中易于将维护行政意志和客观法秩序置于重要的法价值予以维护,体现出固守秩序行政思维的体现。这需要从价值位阶的角度出发,思考起诉条件设置的合理性问题。实质性解决行政争议、有效化解矛盾应当是行政诉讼更高层次的价值追求,高阶化的行政诉讼起诉条件不符合立法初衷,只有让当事人尽快从争议中终局性地解放出来,才有助于其权益的更好实现和国家经济的更好发展,实现当事人对司法权力行使的要求和期待。